中公文庫

清水幾太郎の覇権と忘却

メディアと知識人

竹内　洋

中央公論新社

物を書く人間は
別に精神的発見をしなくても、
他国を占領しなくても、
きわめて多様な仕方で誤ちを犯した人間であり、
彼の誤ちは、最も偉大な人間の真理と同じように
人類にとって重要である

一八三六年一月五日　フリードリヒ・ヘッベル「日記」
（ルードウィヒ・マルクーゼ『わが20世紀』西義之訳より）

目次

凡例

一　引用文のうち漢字は原則として新字を用い、引用出典が旧仮名遣いの場合はそのままとした。また、ルビを適宜補った。

二　引用文献については、本文中では新聞・雑誌についてのみ掲載紙誌の発行年月日、発行年月号を記載している。書籍については、原則として書名のみの記載とした。引用書籍については、巻末の主要参考文献一覧で出版社、発行年を確認できるようにしている。

三　清水幾太郎の論文やエッセイは、複数の著作に所収されていることが多い。単行本も『清水幾太郎著作集』全一九巻（講談社）に所収されていたり、文庫本で刊行されている場合もある。本文中の引用出所表記は、著者（竹内）が参照した文献によっている。

四　文中、著者の恩師などを除き、敬称を省かせていただいた。

清水幾太郎の覇権と忘却

メディアと知識人

序章　メディア知識人の原型

一九八八年八月一二日

「今日は自分にとってciticalな日になる」。生涯、克明な日記をつけてきた清水幾太郎《しみずいくたろう》（一九〇七〜八八）の最後の日記である。一九八八（昭和六三）年八月一〇日午前一一時〇五分、東京都新宿区信濃町の慶應義塾大学病院で清水は幽明境を異にすることになった。享年八一歳。一二日午後一時から新宿区若葉の四谷霊廟で密葬がおこなわれた。あるときから論敵となった丸山眞男（政治学者、一九一四〜九六）と福田恆存《つねあり》（評論家、一九一二〜九四）が臨席していた。丸山七四歳、福田七五歳である。

丸山は、葬儀会場となった霊廟の外にぽつねんと佇んでいた。丸山は、ある編集者に「先生、そんなところにいないで、中に入りましょうよ」と誘われ、葬儀場のなかに入った。清水と丸山は二十世紀研究所から平和問題談話会（雑誌『世界』の執筆者を中心にした平和運動団体）まで親密な関係だったが、六〇年安保闘争後は対立し疎遠となった。丸山の清水とのすぐる日の思いはどのようなものであったろうか……。

二十世紀研究所というのは、清水が、戦後すぐの一九四六（昭和二一）年二月、知人の基金をもとにつくった研究所である。芝公園の中央労働会館内に設けられていた。丸山のほかに、大河内一男（経済学者、東京帝大教授〔当時、以下同〕、一九〇五〜八四）、林健太郎（西洋史学者、東京帝大助教授、一九一三〜二〇〇四）、福田恆存（東京女子大講師）、久野収（哲学者、京都人文学園教授、一九一〇〜九九）など戦後日本の思想に大きな影響をあたえることになる面々が清水の呼びかけで参加した。

福田恆存と清水は、清水との関係が戦後にはじまった丸山よりもっと古くからの知己だった。戦前からのことである。それもかなり親密だった。

清水に徴用の通知（一九四二年一月一四日）がきて、ビルマ（現・ミャンマー）にいくことになったときに、親しい友人たちによって送別会が開かれた（一月一八日）が、福田は、清水の東京高等学校以来の友人宮城音弥《おとや》（心理学者、一九〇八〜二〇〇五）などとともに出席している。福田は、編集者として清水の本づくり（『常識の名に於いて』）にもかかわった。この本の序文の最後の謝辞に福田の名前が言及されている。翻訳（ジョン・デューイほか『創造的知性』河出書房、一九四一）の後記でも「友人福田恆存氏の努力を俟つて漸く成つたものである」と謝辞が述べられている。清水はドイツ語を第一外国語としたから、英語の翻訳では英文科卒の福田が頼りになったのであろう。清水は清水で定職がなかった福田に、太平洋協会アメリカ研究室研究員の職を紹介したりした。

しかし、福田は、清水逝去の八年前に発表された清水の「核の選択――日本よ　国家たれ」（『諸君！』一九八〇年七月号）を題材に、「近代日本知識人の典型――清水幾太郎を論ず」(『中央公論』同年一〇月号)を書いた。「私の読後感は不快感の一語に尽きる、怒りではない、寧《むし》ろ嘗《かつ》ての友人、先輩に対する同情を混へた嫌悪感である」と、清水を激しく論難した。

丸山も六〇年安保闘争後に「『清水幾太郎氏の闘い』に寄す」(「図書新聞」一九六〇年七月三〇日号、『丸山眞男集』8)を書いているが、これは、清水のほうから仕掛けた丸山らへの批判(「医者か? 坊主か?――清水幾太郎氏の闘い」同紙、同年七月一六日号)に応答したものである。すくなくとも清水の人格批判を目的としたものではない。

福田の「近代日本知識人の典型――清水幾太郎を論ず」は、清水とは長いつきあいだっただけに、その不満が噴出し、清水の来歴まで辿《たど》っての批判だった。戦前の清水の振舞については、唯物論研究会に参加しながらも、ブハーリンやオーギュスト・コント、プラグマティズム(一八七〇年代はじめのアメリカで、C・パースなどのグループによって生まれた哲学思想。プラグマはギリシャ語で行為や事実の意味。物事の真理を行動における有用性から解釈する)に依拠して、「何とか革命思想、或は革命運動に引込まれずに、しかも自由と進歩の旗手として知識人の身元証明を獲得しよう」という所作だったとし、「清水氏の場合、困るのは、人一倍、持てたい、床の間の前に座りたいと思ひながら、その気が全くないと思込める度外れの自己欺瞞(セルフ・デセプション)」と激しく批判した。絶交状にひとしい批判である。

清水の訃報を知った文藝春秋の編集者東眞史は、ある時期からの清水と福田の冷たい関係はよく知っていたが、「先生、最後だから（葬儀に）いきましょうよ」、と福田を誘った。葬儀場では、東は福田のそばにいた。東は、棺におさまった清水に合掌をして、福田のいるところにもどってきた。福田は「どうだった」と東に聞いた。東は、「すこし黒ずんでいましたが、やすらかなお顔でした」といった。そこで福田はこういった。「僕は、清水さんの元気なときの顔を覚えておくことにしよう」。四谷霊廟をあとにするとき福田が清水夫人にお悔やみの挨拶をすると、夫人は福田にこういった。「福田さん、あなたは清水の戦前からのお友だちでした。清水がまちがいそうになると、かならず書いてくれました。福田さんありがとう」。

むさぼり読まれた『社会学講義』

この密葬には、久野収も出席していた。久野も丸山と同じく、平和問題談話会から六〇年安保闘争のあるところまで、清水と歩みをともにした仲だった。それだけではない。久野の学習院大学への就職のために、学習院長安倍能成《よししげ》（一八八三〜一九六六）に橋渡しをしたのが清水だった。清水が学習院大学教授になったのは、このとき安倍が「あなたも一緒に（学習院大学に——引用者）来てくれるなら承知する」といったことによる。久野は、「読売新聞」（同月一二日朝刊）に追悼エッセイ（「清水幾太郎さんを悼む」）を書いている。

冒頭にはこうある。

いまの四十代後半から六十代前半のインテリたちで、清水氏の評論や行動によって深い感銘を一度も受けなかった人物がいるとすれば、それはモグリだといってもよいほどの影響力を及ぼしたのであった。

久野がこう書いたとき、わたしは四六歳。大学教師になってかなりたっていた。そのころは、わたしは清水の著作を読むことはほとんどなかったが、大学生のころ清水の本を何冊か読み、総合雑誌に発表された清水の論文もいくらかは読んでいた。

わたしは、一九六一（昭和三六）年に京都大学教育学部に入学したが、教育学部の王道学問のほうの教育学にすっかり興ざめしてしまった。なぜ、興ざめしたかについては、別の機会にふれている（『革新幻想の戦後史』）ので、ここでは立ちいらないが、教育学からすれば周辺学問である教育社会学を専門に選ぼうと思うようになった。当時は、東京大学出版会から『講座社会学』全九巻と別巻一（福武直《ただし》・日高六郎・高橋徹編、一九五七～五八）が刊行されていたくらいで、社会学のよい教科書というものがすくなかった。そんなことから、清水の『社会的人間論』（一九四〇）の角川文庫版や新版『社会学講義』（岩波書店、一九五〇）などを精読した。

戦前日本の社会学界では、社会学理論といえば、ドイツやフランスの社会学者の学説を研究するというのが主流だった。ウェーバーやジンメル、デュルケームなどの巨匠がそろっていたからである。一方、アメリカの社会学者であるパークやマッキーバーなどを研究する人は、すくなかった。ところが、第二次世界大戦後に、アメリカ社会学は一気に花開き、注目されるにいたった。戦勝国効果も大いに働いただろうが、戦後の日本の社会学へのアメリカン・インパクトは大きかった。社会学理論はアメリカ社会学に席捲されはじめた。ドイツ社会学はクラシック・ソシオロジーとなり、アメリカ社会学がニュー・ソシオロジーとして若い世代の関心を集めるようになった。

清水は、戦前からジョン・デューイ（哲学者、一八五九〜一九五二）の研究を手はじめに、アメリカの社会心理学や社会学を研究していた。だから、清水の『社会学講義』にはクーリーやサムナーなどのアメリカの社会学者に目配りした成果があらわれていた。社会調査についても頁が割かれていた。もちろん、「クラシック・ソシオロジー」（ウェーバー、ジンメル、デュルケームなど）の成果も盛り込まれていたから、新旧を同時に学べるものだった。わたしが読んだ清水の二つの社会学概論書は、戦前と戦後すぐに刊行されたもので時間がたっていたが、新鮮な社会学概論書だった。大事なところに傍線を引っぱったり、書き込みをしながら読んだものである。

戦後の社会学をリードした東大名誉教授富永健一（一九三一〜）は、清水の『社会学講義』こそ戦後日本の最初の体系的社会学書だったとして、その衝撃をつぎのように書いている。

私は学生時代に、清水幾太郎のこの本（『社会学講義』――引用者）を何度くりかえし読んだかわからない。じっさい一九五〇年代において、清水ほど社会学の戦後世代に強い印象を与えた社会学者は他にいなかった。この世代には、清水の『社会学講義』をむさぼり読んだ経験をもつものが多いのではないか。それほど、この本が戦後日本の社会学の形成に果たした役割は大きかった。（『戦後日本の社会学』）

ここで、富永健一は、清水幾太郎が社会学徒に強い影響を及ぼした時期を「一九五〇年代」としているが、もっとあとまで清水の社会学徒への影響はつづいたと思う。

わたしは富永より一一歳年少だが、わたしの世代では、清水の『社会学入門』（カッパブックス、一九五九）で社会学に興味をもったものは多い。わたしの友人のなかには、清水の著書を本棚に揃えていた者もいた。いやわたしより数歳年少の友人にも清水幾太郎の熱心なファンがいて、講演を聴くために京都から東京まで出かけたりしたほどである。一九六〇年代まで社会学徒には清水の大きな影響があったと思う。

忘れ去られた思想家

だからこそ、さきほどふれた久野収がいったように、清水逝去は、わたしがそうであったように、四〇歳代後半以上のインテリには、巨匠逝くの感慨があった。しかし、このとき四〇歳代後半だった者は、いまでは七〇歳以上になっている。そしていまの若い読者では、丸山眞男を知っている者でも、清水幾太郎となると、それほど多くの人が清水の肖像を描けるわけではないだろう。

わたし自身以前、当時四〇歳代はじめの編集者に清水のことを話したときに、「ああ、『論文の書き方』の著者ですね」という答がかえってきたことがある。『論文の書き方』（岩波新書）は、一九五九（昭和三四）年三月に刊行された。初版三万部がその日のうちに売り切れ、二刷三万部、三刷三万部もすぐに売り切れた。この年のベストセラー第二位。第一位は『にあんちゃん』（安本末子、光文社）。第三位が『不道徳教育講座』（三島由紀夫、中央公論社）。『論文の書き方』は、一九八七（昭和六二）年までの累計一三〇万部、それまでの岩波新書のうちでももっとも多くの読者をもった。二〇〇八（平成二〇）年六月末にいたっても、『大往生』（永六輔、一九九四）、『日本語練習帳』（大野晋、一九九九）についで岩波新書の部数ベスト3にはいっているロングセラーである。

だから、比較的若い世代にとっては、清水幾太郎といえば『論文の書き方』の著者ということになるであろう。しかし、それ以上の知識となると危うい。書店にいけば、いまでも丸山眞男の本はたくさん棚に並んでいる。大型書店では丸山眞男コーナーを常置している。しかし、清水幾太郎のほうは、翻訳の文庫本や新書、そして、東日本大震災をきっかけとして復刊した『流言蜚語《ひご》』（ちくま学芸文庫、二〇一一）を除けば、清水自身が執筆した本を書店でみつけることはほとんどない。

生涯の著作を平積みにしてもみずからの身長以上になるほども刊行したのだが、そのほとんどはいまでは絶版である。まして、清水幾太郎コーナーなどを常置している書店などに出会ったことがない。

丸山眞男の場合は、『丸山眞男集』全一六巻と別巻一（岩波書店、一九九五〜九七）、『丸山眞男講義録』全七冊（東京大学出版会、一九九八〜二〇〇〇）、『丸山眞男書簡集』全五冊（みすず書房、二〇〇三〜〇四）、『丸山眞男回顧談』上下（岩波書店、二〇〇六）などが続々と刊行され、丸山眞男論がいくつも出された。丸山眞男没後一〇年にも新聞にいくつかの記事が出された。わたし自身、このころ『丸山眞男の時代』を上梓した。また、「毎日新聞」の文化欄に「社会変化映したその軌跡（丸山眞男没後一〇年）」（二〇〇六年八月一三日）を寄稿した。

たしかに清水のほうも、没後、『清水幾太郎著作集』全一九巻（講談社、一九九二〜九三）が刊行されたが、早くから絶版である。管見のかぎり、清水の没後一〇年目に新聞に清水関係のエッセイなどをみることはなかった。没後一〇年目の近くには坪内祐三「戦後論壇の巨人たち20回　清水幾太郎」（『諸君！』一九九八年二月号）が掲載されているが、清水の没後一〇年として企画されたシリーズではない。

その意味で、清水は「忘れられつつある思想家」（大久保孝治「忘れられつつある思想家」『早稲田大学大学院文学研究科紀要』第四四輯第一分冊、一九九九）であろう。いやこういわれてからすでに一九年たった。いまとなっては、「忘れ去られた思想家」といったほうが正確かもしれない。

著書一〇〇冊以上

しかし、戦後をつくった知識人といえば、清水幾太郎は丸山眞男に優るとも劣らない存在だった。清水の娘の清水禮子と孫の真木による執筆目録（『清水幾太郎著作集』19）をみると、著書一三五冊、訳書三九冊、編纂・監修四三冊、合計執筆数（著書も含む）二五八二である。

単に著作が多かっただけではない。表P－1の「朝日新聞」論壇時評（一九五一～八一年）の言及頻度表をみよう。清水への言及頻度は四六回で、丸山の二一回（表外）よりもはるかに多い。清水への言及には、「核の選択――日本よ　国家たれ」などで大きく右旋回してからの否定的言及を含めて、計七回もの否定的言及があるが、それを差し引いても、丸山よりもずっと多い。中野好夫（英文学者、一九〇三～八五）の五一回についで二位（言

表P-1：「朝日新聞」論壇時評の言及頻度　上位10人

1	中野好夫	49	2
2	清水幾太郎	39	7
3	小田　実	40	1
4	日高六郎	35	4
5	加藤周一	38	−
6	坂本義和	36	1
6	都留重人	34	3
8	大内兵衛	33	2
9	竹内　好	30	−
9	久野　収	29	1

注：上段数字は肯定的言及、下段数字は否定的言及
出所：辻村明「朝日新聞の仮面」（『諸君！』1982年1月号）

及回数）である。多くの読者をもち、評判も高かった。昭和三〇年代半ばころまでは、清水の文章は中学校や高等学校の国語の教科書にもよく掲載されていた。

そもそも平和問題談話会の討議を声明文に起草したまとめ役は、清水だった。内灘や砂川などの米軍基地反対闘争で先頭に立ったのも清水だった。

六〇年安保闘争でもアジテーションを含めての獅子奮迅ぶりは、丸山よりも清水のほうが目立っていた。六〇年安保闘争後、丸山は沈黙したが、清水は現代思想研究会などで活動を再開し、やがて「戦後を疑う」（『中央公論』一九七八年六月号）で、戦前の治安維持法への憎悪と怨恨、「治安維持法への復讐」が戦後の知識人の左翼化の感情の元となった、といいはじめた。丸山眞男がいう「悔恨共同体」（戦争をくい止められなかったという知識人

の自己批判感情）の背後に、「（治安維持法への）怨恨」感情があったのだ、と主張したのである。

さらに、一九八〇（昭和五五）年に発表された「核の選択――日本よ　国家たれ」（『諸君！』同年七月号）は、賛否両論を呼び、論壇のみならず「戦後最大のタブーに挑んで話題騒然清水幾太郎氏の『核の選択』」（『週刊文春』一九八〇年六月五日号）などの週刊誌記事ともなり、世間を騒然とさせた。

このころの清水論文への反響は、航空幕僚長田母神敏雄が発表した論説「日本は侵略国家であったのか」（二〇〇八年）にはじまるかつての騒ぎのようなものであった。いや、清水論文がもたらした騒ぎは田母神論文以上のものだった。「（日本よ）核をもて」といったのが、平和問題の旗振りをした進歩的文化人中の進歩的文化人の清水だったからである。

この右旋回で、清水幾太郎は「土地ならぬ『論ころがし』」（野坂昭如「野坂昭如のオフサイド80」『週刊朝日』一九八〇年六月一三日号）の変節漢にすぎず、思想家などとはいえないという悪評のもととなり、後の忘却に拍車をかけた。だから、丸山眞男論は、死後かなりたっても多数刊行されつづけているが、清水を題名にし、清水を論じた単行本は管見のかぎり以下の六冊である。

松浦総三『清水幾太郎と大宅壮一――詐欺学と処世術の研究』世界政治経済研究所、一

九七八
天野恵一『危機のイデオローグ――清水幾太郎批判』批評社、一九七九
小熊英二『清水幾太郎――ある戦後知識人の軌跡』御茶の水書房、二〇〇三
松本晃『清水幾太郎の「20世紀検証の旅」』日本経済新聞社、二〇〇四
庄司武史『清水幾多郎――異彩の学匠の思想と実践』ミネルヴァ書房、二〇一五
小幡清剛『丸山眞男と清水幾太郎――自然・作為・逆説の政治哲学』萌書房、二〇一七

権威主義の遺風

このようにみてくると、年輩世代は、清水が忘れられた思想家になったのは、転向や変節がはげしく、時勢に付和雷同的であったから、ふりかえる意味がないのだ、というかもしれない。しかし、思想家を研究する意味は、現在からみた思想内容だけで決められない。現在からみて、思想内容にいかに瑕疵《かし》があろうとも、一時代に大きな影響をあたえた思想家ならば、それだけでも研究対象にするに十分値するはずである。その思想には大衆や大衆インテリのエートスや時代の空気が垣間みられるからである。

ところが、日本では、思想研究や学問研究に一流主義が蔓延している。思想家の思想内容が一流であれば研究に値するし、二、三流の思想内容であれば研究に値しないという一流主義が根強い。封建遺制ならぬ権威主義遺制である。

実際、こんなことがあった。ある国立大学の社会学教室のことである。この教室の教授は、大学院に進学希望の学生の卒業論文のテーマには、学説研究以外はご法度にしていた。スラム街のフィールド研究も、夫婦の勢力関係もりっぱな社会学的研究であるはずなのに、そういった経験的研究を「すぐれた」社会学的研究とは認めなかった。その社会学教室は文学部の哲学科にあったから、哲学者がみて恥ずかしくないものをと気張っていたのかもしれない。学説研究であれば、カントやヘーゲルを研究する哲学者の轍《てつ》を形だけでも踏んでいることになるというわけだったのだろう。

わたしの恩師で奇しくも清水と同年生まれの姫岡勤先生（一九〇七〜七〇）は違っていた。先生は、社会学の研究の王道は、日本社会をフィールドに社会学的な理論にもとづく実証研究をすることだといっていた。といっても学生に持論を押しつけることはなかった。修士論文や卒業論文で学説研究をしたからといって、邪道だと排除するようなことはもちろんなかったが、意気揚々と学説研究をした学生に少し意地悪な質問をした。「あなたの論文をドイツで発表したら、ドイツの学者はどのような反応をすると思いますか」。こんな質問をまったく想定しなかった学生は、返答に窮するだけだった。

社会学の研究に学説研究があってもおかしくはないだろう。しかし、それだけでは、あるいはそれを王道とするのであれば、社会学というより、社会学の学、つまり「社会学学」になってしまう。このような雰囲気は、いまふれたある国立大学の教授にかぎったものではなかった。つい一〇年ほど前までの社会学界の雰囲気そのものであった。社会学専門雑誌の巻頭論文に経験的研究が掲載されることはほとんどなかった。巻頭論文は学説研究ときまっていたのである。経験的研究論文はそのあとにつづいた。

こうなれば、大学院進学希望の学生は、卒業論文でできるだけ大物社会学者を取り上げることになる。いうまでもなく、大物社会学者は日本人学者ではない。ウェーバーやデュルケームである。もちろん大物社会学者を対象にしたからといって、それだけで評価が高くなるわけではない。どのような視点からとらえるか、論理的であるかどうかが評価の基準になる。しかし、二流社会学者を対象にすれば、いくら精緻《せいち》な論文を書いても、取り上げた社会学者が二流だからということで評価は低くなりがちである。

それについても逸話がある。職業についての実証的研究を卒業論文のテーマにしたいという学生がいた。しかし、さきのような研究室の雰囲気では、日本の職業の実証的研究をしても大学院に進学できない。そこで、エバレット・ヒューズというアメリカの職業社会学者の研究をした。口頭試問のときの教授の弁がふるっている。「ヒューズというのは、たいしたことがない社会学者だね」。ヒューズは、ウェーバーやデュルケームのように社会そのものの成り立ちや近代社会の行く末を考えた巨大理論家ではない。市井の職業と職業人を参与観察の手法で分析した学者である。ウェーバーやデュルケームとくらべれば確かに二流の社会学者かもしれない。しかし、仕事（労働）の現場について、鋭い観察と分析をおこなった職人的学者である。地味ではあるがその実績をわかろうともせずスーパー有名学者以外はうけつけないという雰囲気にあったのだから、こういうのを一流主義と呼ぶ以外ないだろう。

だから学生も学生ということになる。このころの大学院生や若い研究者は、初対面の挨拶のときに、名刺交換と同じように、お互いがなにを研究しているか、研究テーマをいいあったものである。そこではデュルケームだとかウェーバーだとか外国の学者名をいうのが定番となっていた。わたしが、「近代日本の立身出世主義」というと、「おもしろそうですね」と口ではいわれたが、「そんなの学問ではないよ」と蔑むまなざしがありありとわかる反応だった。おかしいのは、有名学者の名前を出したあとのことである。自分の答えた学者が相手があげた学者よりもビッグネームであれば、それだけで自分の研究が勝っているような気配だった。虎の威を借る狐である。

ここまで書いてきて、清水幾太郎の「竹馬学問」という言葉を思い出した。「竹馬学問」は、「竹馬経済」という流行語からつくられたものである。「竹馬経済」とは、一九四九年にアメリカの公使が記者会見で、当時の日本経済が両足を地につけておらず、アメリカの援助と補助金の竹馬に乗っているようなものだと評して命名し、流行語になった。清水はここから、日本の学問を外国学者の学説のお勉強という「竹馬（に乗る）学問」だとしたのである（「或る社会学者への手紙」『現代文明論』）。この表現によってみれば、一流学者を研究するのは、高い竹馬ということになるだろうし、複数の一流の外国学者の研究をするのは、竹馬を二段から三段、ときには五段に増やすということになるだろう［注］。

思想家の研究でも一流主義が蔓延していないだろうか。もちろん一流の思想家には時代が経過しても変わらずくみ尽きぬ泉があり、多くの人がひきつけられるのはわかる。しかし、二流、三流の思想家の方が大衆や大衆インテリや時代の空気を知るにはよいという場合もある。

清水幾太郎は晩年に、戦後日本を研究したいという外国人に、総合雑誌の論文などより各種世論調査を資料にしたほうが「一億の日本人の気持の一斑が判るでしょう」と提言した（「戦後のインテリ」『諸君！』一九八五年一月号）そうだが、戦後日本を考えるうえでは、清水幾太郎はもとより、大宅壮一（一九〇〇〜七〇）、藤原弘達《ひろたつ》（一九二一〜九九）、そして竹村健一（一九三〇〜）などの一流とはみなされなかったものの、多くの読者をもった知識人や文化人を研究することがむしろ重要であると思う。

その意味での清水幾太郎論である。清水とは、「近代日本知識人の典型」（福田恆存、前掲論文）、「日本型知識人としての立場を徹底したひとつの見本」（袴田茂樹「清水幾太郎」『文化のリアリティ』）そのものであるからだ。

思想家？　それとも売文業者？

しかし、清水を取り上げる理由はそれだけではない。清水を代表的メディア知識人（メディアを舞台にしたオピニオン・リーダー）とみれば、清水についての研究は現代史的意味さえもっている。活字やテレビで活躍するメディア知識人の原型として清水をとらえれば、年輩世代の「いまさら（清水）」論にも、「清水って誰？」と思う若い世代にとっても、「昔は昔、いまはいま」ではなく、「昔は昔にあらず、いまはいまにあらず」である。

清水といえば、進歩的文化人としてであれ、保守の論客としてであれ、いずれにしても天下国家を論じる知識人というお堅い知識人のイメージが先立つ。しかし、女性誌に女性のための人生論を書いたり、銀座の街についての対談にでたり、月刊誌や女性誌のグラビアに何度も登場するなど、いま風の文化人の要素をあわせもっていた。一瞬だが映画にも出演している。自己をメディア知識人として同定するにはばからなかった。自分を「芸人」と称し、『わが人生の断片』では、「芸人にとって大切なのは、意地と技術」とした。『私の文章作法』では、そのことをつぎのように書いている。

私は、芸人という言葉の持つ悲しい響きを大切にしたいと思います。（中略）自分の歌や話がお客に判らなかったら、お客に楽しみを与えなかったら、お客を退屈させてしまったら、自分が生きて行かれなくなるのです。自分が生きて行くためには、是が非でも、芸を磨かねばなりません。芸というのは、見知らぬ人間の心の中へスルリと入って行く技術のことです。

この私にしても、まあ、一種の芸人なのです。ああ、笑わないで下さい。今は、売文や売文業という言葉は使われていませんが、フリーのジャーナリストというのは、元来、文章を売って生きる人間、売文業者という身分の低い貧しい芸人なのです。いつの間にか、芸人が芸能人という曖昧なものに仕立てられたように、近頃は、売文業者が誤って思想家などと呼ばれ、その責任とか使命とかが問題になっていますが、これは飛んでもない見当違いで、芸人にとって大切なのは意地だけです。


新刊をだすと、「(売れるかどうか——引用者)情けないほど心配なのだ」(「『愛国心』前後」『図書』一九五〇年一月号)と率直に書き、まとまったお金が必要だから新書を書いたという話や、原稿料の話などもしばしば書いている。自虐的といえるほどメディア知識人としての自己をさらけだしている。

こうしたメディア知識人の自覚・自虐と清水の天下国家論との関係はどうなっているのだろうか。清水の天下国家論もメディア芸人の技術からでた作品以上でも以下でもないものなのか。こうみると、清水的なるものの分析は現代のメディア知識人にも通底している何かを明らかにするはずである。

謎

本書は清水がなにゆえ知識人界の覇権を握り、にもかかわらずなにゆえ急速に忘れ去られた思想家となったかをつうじてメディア知識人の姿を明らかにしたいのだが、それは転向者や変節漢という通り一遍の清水論ではなく、なにゆえそういわれるようになったかをみていくことにもなる。そして清水の謎にも迫りたい。謎というのは清水が死の五ヶ月ほど前に書いた「若き読書子に告ぐ」のつぎのような言明である。

私の場合と同じように、所詮、諸君にとっての未来も深い闇であり、その前に立って、諸君は孤独な決断を迫られるであろう。

その時、今日と同様、予言者の如く振舞う人々が多く現れるであろうが、彼らの言葉を信じるべきではない。ただ頼るべきは、先人の遺した文字と諸君自らの思考とである。私は、そういう先人に敢えて自分を加えるほど不遜ではないけれども、私の綴った文字の一つでもよい、二つでもよい、或る瞬間、何か諸君のお役に立てば、というのが私の謙虚な期待である。

（『清水幾太郎著作集』19）

清水自身が終始予言者のように振舞ったメディア知識人ではなかったのか。「彼らの言葉を信じるべきではない」という文言は？　いったいこの言明には、どのような清水の思いと意味が込められていたのだろうか……。

本書の分析視点

序章の最後に本書の分析視点をあらかじめ呈示しておきたい。

思想家の思想や行動を考えるときには、当の思想家の書いた文章やおこなったことの内在的読解によって、その変遷を説明するアプローチがふつうである。思想史の方法がこれである。後年の変節などが初期の思想に孕まれていたとか、思想に孕まれていた矛盾の結果であるとかいう説明がこれである。しかし、ここでは清水の思想や行動の変遷はもとより、それらの特質についても、まずは思想内在的ではなく、思想外在的方法をとってみていくことにする。

このような方法をとるのは、フランスの社会学者ピエール・ブルデュー（一九三〇〜二〇〇二）の問題設定に沿ってである。ブルデューは、ある思想家の言説や著作という文化的生産物の理解の方法についてこういう。言説という生産物を外部の関係と切り離して、生産物そのもののだけのなかで分析すること、つまり当の思想家やその作品の客観的関係を無視して孤立状態で把捉するのではなく、「言説を生産する者たちによって占められた位置が分布する空間」における、「差異的な態度決定」として考察すべきだ（『ホモ・アカデミクス』石崎晴己ほか訳）、「言説の分析が今日、テキスト分析に矮小化されている」（『国家貴族』I、立花英裕訳)、と。

清水は、たしかに旧制高等学校→東京帝大文学部卒の学歴エリートで、その限りでは知識人界の正系だったが、丸山眞男(政治学者、一九一四~九六)のように、山の手階級出身ではなく、下町出身、丸山のように東大教授ではなく、ジャーナリスト(戦前)や私学教授(戦後)であった。丸山を正系的正系知識人とすれば、清水は正系的傍系知識人である。したがって、清水の言説を、正系的傍系が文化的正統派たるべく、自分の位置を高めたり維持したりしようとする無意識的あるいは前意識的な差異化戦略としてみていくことにしたい。その差異化戦略を、清水の知識人界における立ち位置に探ることにする。

このようにいうと、出自や立ち位置還元主義の誹《そしり》を受けるかもしれない。しかし、ゲオルク・ジンメルはこういっている。

異郷人は一定の空間的な広がり――あるいは、その境界規定が空間的なそれに類似した広がり――の内部に定着してはいるが、しかしこの広がりのなかにおける彼の位置は、彼がはじめからそこへ所属していないということ、彼がそこには由来せず、また由来することのできない性質をそこへもたらすということによって、本質的に規定されている。

(傍点引用者、ゲオルク・ジンメル『社会学』居安正訳)

「異郷人」と「彼」を清水に、「一定の空間的広がり」を清水にとっての知識人界とみることができるはずである。

[注]　「竹馬学問」は明治このかたの日本の学問の特色であった。マイルズ・フレッチャーは、昭和研究会に集った蠟山政道、笠信太郎、三木清の当時の著作を読み、驚きをつぎのように書いている。

「かれらは、一八六八年以来の日本の知識人の多くがそうであったように、ヨーロッパの最新の動向に追いついていかなければならないと思い込んでおり、ヨーロッパの思想や政策を解釈して摂取するのが自分たちの役割だと思い定めていたからである。かれらの書いたものを読んで驚くのは、日本が生んだこれまでの知的遺産になんら触れていないということである。関心は、もっぱらヨーロッパの思想家やヨーロッパ諸国の政策だけに向けられている。一九二〇年代のギルド社会主義やマルクス主義がそうであったように、一九三〇年代のファシスト・イデオロギーも、摂取しなければならないもう一つのヨーロッパ思想にすぎなかった。思想というものは取捨選択が可能で、新たな問題や新しいユートピア像に応じて取り換えられるものとみなしていたのである」（『知識人とファシズム』柏書房、竹内洋・井上義和訳）。

しかし、この「竹馬学問」は単に権威主義だけで存立したわけではない。近代化つまり西欧化を目標とした後発社会の学問は、先進国事情や先進国の流行の学問こそが、日本の近代化の範となるという背景があったのである。「竹馬学問」は、封建制打破を目指す講座派理論に刻み込まれていた。しかし、西欧への追いつきという近代化が完了したあとでも、そうした学問流儀が残ったときにそれは単なる権威主義になったのである。

一章　インテリになりたい

両津市での講演

わたしは清水幾太郎の講演を一度だけ聴いたことがある。一九五八（昭和三三）年、高校二年生のときである。ディビッド・ロレンスの『チャタレイ夫人の恋人』の翻訳（伊藤整《せい》訳）が猥褻《わいせつ》文書にあたるとして、発行元の小山書店代表と訳者伊藤整（作家、一九〇五～六九）の有罪が確定したのが前年だった。

そのころわたしが住んでいた新潟県両津市（現・佐渡市両津）に当時の大知識人中野好夫と清水幾太郎が岩波書店主催の文化講演会に講師としてやってきた。大人にまじって中学校の講堂で二人の講演を聴いた。たしか初夏のころだったと思ったが、いまから半世紀以上も前のことだから、演題など曖昧である。ある作家についての映画も上映された記憶があるが、これも曖昧である。

そこで岩波書店から出ている『図書』のバックナンバーを探してみた。というのも、当時、わたしは高校の図書室で『図書』をよく読んでいた。そこに岩波の文化講演会の予告がなされていたことが記憶にあったからである。すると、たしかに、あった。『図書』一九五八年六月号に新潟市、長岡市、上田市と並んで両津市の文化講演会が予告されていた。

つぎのようである。映画は、『志賀直哉』（岩波映画）であったことがわかった。

六月二十二日　両津市　両津中学校
開場五・三〇　開会六・〇〇
清水幾太郎氏　現代の読書と人生
中野好夫氏　ある歴史の教訓

清水の講演には、「マス・コミュニケーション」や「テレビ」、「大衆社会」という用語がでてきた記憶が鮮明にある。しかし、演題の「現代の読書と人生」と少しあわないのではないかと思ったので、この講演の内容も『図書』で探してみた。同年八月号に掲載されている。掲載原稿は両津市の講演の翌日長岡市でおこなわれたものによっているが、同じ演題である。副題に「テレビ時代」とある。内容を読んでみると、「マス・コミュニケーション」や「テレビ」、「大衆社会」という用語が出てきて、わたしの記憶と一致した。

中野好夫の講演のテーマは、文部省（当時）と日教組の間で紛争の的になっていた道徳教育についてだったと思う。テーマもさることながら話振りは庶民的でわかりやすいものだった。一方、清水の話は、片仮名用語が多く高校生には難解だった。

テレビは、このころ受信契約が一〇〇万台を突破したが、電波事情がわるかったことから、当時の佐渡島の両津市にはまだ一台もなかった。清水の講演でも、佐渡島には佐和田町に高いアンテナをつけたテレビが一台しかないとされている。まだテレビも普及していない島で、「マス・コミュニケーション」とか「大衆社会」とかいわれてもそれ自体が現実感に乏しかった。清水はこの年の『思想』一一月号に「テレビジョンの時代」を書いているから、この論文の構想とからめての話だったかもしれないが、田舎の高校二年生にわかりやすい話とはいいにくいものだった。

にもかかわらず、わたしが魅せられたのは中野好夫の講演よりも清水幾太郎のほうだった。内容はよくわからなかったのに。いったいどういうわけなのだろうか……。

清水幾太郎の名前は、岩波新書（『ジャーナリズム』『愛国心』）などで知っていたから、有名なメディア知識人を目でみることができたという感激だったかもしれないが、それ以上のものがあった。長身で姿がよく、いかにも都会のインテリといった清水の風貌と、そこから出てくる片仮名用語が魅力《オーラ》だった。外来語まじりの言葉は意味が十分わからなくても、いやわからないからこそ価値があった。

都会の大学に進学しようとしていた田舎の高校生には、清水幾太郎の難解そうな話は都会人や都会文化の純粋型にみえ、清水こそインテリ中のインテリに思えた。しかし、清水は当時わたしが勘違いしたような山の手の文化的家庭（知識階級）に育ったわけではなかったのである。

隣が竹屋で親父は清末ちゃん

清水幾太郎は、一九〇七（明治四〇）年七月九日、東京市日本橋区薬研堀《やげんぼり》町に生まれた。薬研堀は隅田川にかかる両国橋をすこし下った西側にあった堀。堀のつくりが薬研（薬種を砕く船形の器具）に似ていたことからとも、医者が多く住んでいたから、薬研堀町となったともいわれている。幾太郎は、父末吉《すえよし》、母寿々《すず》の間に長男として生まれる。幾太郎のあとには妹一人と弟三人が生まれる。父はその名前のとおり、四人兄弟の末弟。長兄は開成校（東京大学の前身）を卒業するとすぐに死亡、三兄は二〇歳にならぬうちに死亡した。父の次兄は体が弱く、家を継いだのは末弟の清水の父。幾太郎の伯父にあたる父の次兄は、二階で療養生活をしており、四〇歳代の終わりに亡くなった。

このあたりの当時の家並みや道路は、永井荷風の新聞連載小説『濹東綺譚』の挿絵などで知られる木村荘八《しょうはち》による手書きの地図（『東京の風俗』）にみることができる。それが図1－1である。一九〇〇（明治三三）年ころのものであるから、清水が生まれる少し前の地図ということになる。図1－1の下部の印をつけたところが清水の生家。竹屋と記されているところである。清水家の隣は西洋奇術師の松旭斎《しょうきょくさい》天一宅。現在の中央区東日本橋二丁目あたりである。

清水自身のいうところにしたがえば、祖父の代までは旗本。本所割下水に下屋敷があり、祖父は大の竹好きで諸国の竹を集めていた。そんなことから下屋敷は「竹屋敷」といわれていた。作家池波正太郎は、座談会で祖父の代に本所の割下水に下屋敷があったという清水の発言を受けて、こういっている。「(それじゃ)三千石以上」、別邸を許されていたのだから「四千石か五千石という大身旗本」(清水幾太郎・池波正太郎・植草甚一座談会「地震・カミナリ・火事・オヤジ」『文藝春秋』一九七三年九月号)。明治維新以後、禄を失った祖父は趣味の竹集めを生かして身過ぎ世過ぎで建築用の竹屋をはじめ、商売は父に引き継がれた。

しかし、商売はうまくいったわけではない。売り食い生活が続いた。「売れるものは私が育った頃には全部売り尽くしちゃった後のような状態」(清水幾太郎・柿沢弘治「こうじの江戸っ子対談」第二回『月刊新自由クラブ』一九八〇年一〇月号)だった。同じ対談で、清水はある研究者によるとして、幕府が滅びてから東京の士族が辿った三つの道をつぎのように説明している。一つは新政府に協力して名を遂げる人。二つめは新政府を攻撃する人。三つめは陋巷《ろうこう》に埋もれて遊芸に身をやつす人。こう分類して清水は、祖父や父を第三のグループとしている。

図1－1からでは読みとりにくいかもしれないが、清水家の右隣がさきほどふれた西洋奇術師松旭斎天一宅。清水の家の裏には長唄のお師匠さんが住んでおり、その隣は髪結いだった。清水の家の左隣は土工頭とある。清水幾太郎を検索ワードにネットサーフィンし

図1-1：薬研堀町界隈

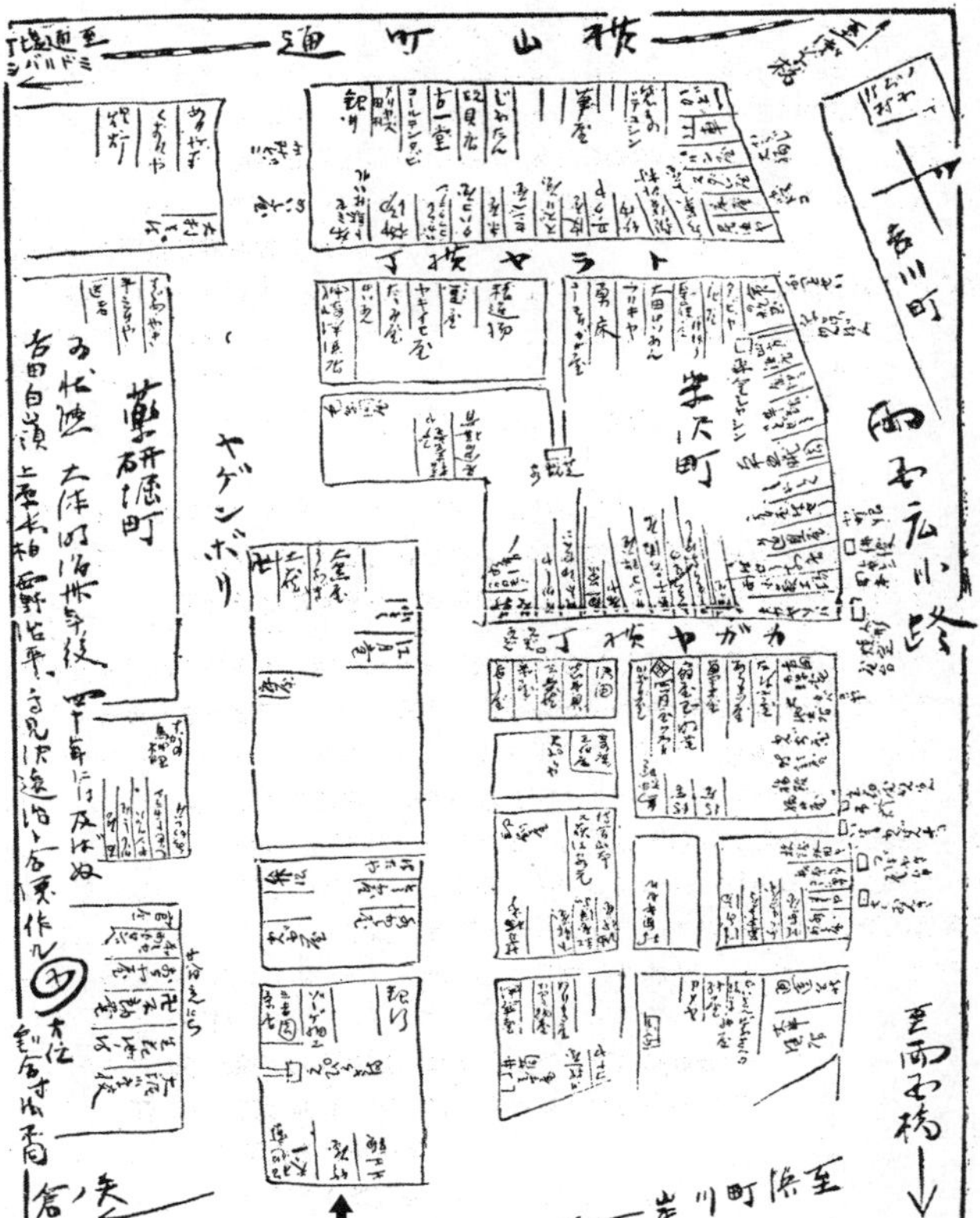

ていたときに、この土工頭とある家に生まれた人の想い出を記した随想が掲載されているホームページに出会った。想い出を綴ったノートを近親者がワープロ化してネット上に掲載したもの（「町火消しに組の頭　古川三右衛門の手記」http://www.k5.dion.ne.jp/~hikeshi3/index.html）である。

ノートの著者は古川三右衛門という人。一九〇五（明治三八）年生まれ。一九五八（昭和三三）年秋に、「五十才を三ッ四ッ出た過去、明治、大正、昭和、三代に渉る移り異りと終戦後の急変した世相を思ふと無学浅才ではあるが思い当たるまゝに古い万年筆を動かす事を想ひたち此の稿を始めた」と書きはじめた随想ノートをもとにしたものである。

この著者は一九〇五年生まれだから、清水より二歳上ということになる。「隣りが竹屋で親父は清末ちゃんと云ひ、長男は現文学博士清水幾太郎氏、其の隣角は西洋奇術の祖、松旭斎天一宅」（「随想」――「想い出」）とある。清末ちゃんというのは、清水の父清水末吉のことである。清水の生家界隈にいってみたいという思いが沸々とわいてきた。

生誕の地界隈

そこで、二〇一〇年三月中旬のある日、清水生誕の地のあたり、東日本橋二丁目を訪ねた。清水はこの場所に生まれ、小学校六年生のとき、すなわち一九一九（大正八）年まで住んでいた。そこから幾星霜。一世紀近くもたっている。関東大震災（一九二三〔大正一二〇年九月一日）、一九四五（昭和二〇）年三月の下町大空襲、戦後の高度経済成長、八〇年代のバブル経済などいくつもの変貌を経ている。したがって道路や区画が大きく変化している。ビルやマンションが立ち並び、往時の面影はほとんどなかったが、中央公論新社ホームページ連載時の担当編集者がさきの地図（図1－1）をもとに清水生誕のころの地図と現在の地図を精査してくれた。清水の生家は、現在、堀津ビルがあるあたりではないだろうかということになった。

鈴蘭通り

都営地下鉄東日本橋駅をおり、堀津ビルにむかった。ビルの一階には喫茶店があった。お客が誰もいなかったので、店主の堀津詔子《のりこ》さんと話ができた。茶道具屋だった堀津家は、関東大震災で日本橋から現在の場所にうつってきたという。清水家は清水幾太郎が小学校六年生のとき引っ越すから、その五年くらいあとのことである。堀津ビルの前の通りはすずらん通り。戦前はずいぶんにぎやかな通りだったらしい。すずらん通りは、もとは漢字で鈴蘭通りと表記し、関東大震災後の区画整理でできたもののようで、道の両側に鈴蘭灯が並んでいた。

ここで前頁の震災後の薬研堀あたりの写真をみてほしい。鈴蘭通りという記載はないが、道路の両側に鈴蘭灯があるから鈴蘭通りにまちがいないだろう。鈴蘭通りは関東大震災以後のものだから、清水がここに住んでいたときの通りではないが、清水は写真に写っているこの界隈で生まれ育ったということにはなる。写真右側手前から二軒目には竹をめぐらした家がみえ、清水家の生業だった建築用竹材の使われ方もわかる。

すぐそばに大川とよばれていた隅田川がある。清水の『私の読書と人生』の第一章が「隅田川のほとりで」であることを思い出した。喫茶店を出て隅田川べりを歩いた。三月中旬の春らしい日和。ちぎれ雲と波頭が太陽を浴びて光り、鷗《かもめ》が舞っている。一世紀前の清水は、大相撲のふれ太鼓がきこえるこの河岸で魚をとり、印を結び、呪文をとなえ猿飛佐助遊びでかけめぐっていたのだろう。やがて『日本少年』にのっていた有本芳水の詩を口ずさみながら、大川（隅田川）べりを歩いていたのだろう。

清水自身が三〇年ぶりに生誕地を訪問したときのことにも想いがはせられた。一九五一（昭和二六）年、清水四四歳のとき、『世界』編集部が浅草探訪を企画した。

両国橋から汽船に乗り隅田川を遡って吾妻橋から別の汽船に乗り換え仲見世にいくという趣向だった。両国には大花火の桟敷ができていた。途端に清水は大花火に夢中になった少年の日に戻る。汽船が出るまでの時間を生家のあたりを散策して過ごす。小学校の同級生がこのあたりにいたのではないかと見当をつけながら標札をみるも、違っている。この商人の町を離れ、学問の道に志して以来、ふるさとを忘れていたが、「来てみれば、ふるさとも私をわすれてゐる」と清水は書いている。

浅草の観音堂につく。おみくじを引き、浅草公園の小劇場で講談を聴く。子どものころ父と聴いたのと同じ人情話だった。下積みの庶民がお互いに慰めあう世界である。そして、こう書かれている。

学問に志した瞬間、凡ての人間は、上流の社会に生れたかのやうに、深窓に育つたかのやうに、温い幸福しか知らなかつたかのやうに振舞ひ始める。ふるさとと、それから、ふるさとの人々とは、かうして捨てられる。

（「ふるさとの人々」『世界』一九五一年九月号）

つぎのような少年時代の清水の鬱勃たる思いもリアルになってきた。清水は、東日本橋の生家での少年時代についてこう言っている。

……おやじは義太夫と謡だけが得意でして、あとはもう全然だめなんですよ。じいさんというのもどうも遊芸の方におぼれていったらしい。それで、長唄のお師匠さんのうちのけいこが聞こえるとか、おやじが、「三つ違いの兄《あに》さんと」なんてやっていたりすると、そういうところから自分を引き離さないといけないんじゃないかって、ちっちゃいときにおぼろげながら気がついたんでしょうね。それで、少しは勉強しないといけないと考えた。

（「こうじの江戸っ子対談」前掲誌）

生誕の地界隈を歩いたせいか、清水がぐっと近い存在に思えてきた。自宅に戻ると堀津詔子さんの「小林信彦さんが戦前のこのあたりを書いていますよ」という言葉を思い出した。『和菓子屋の息子』である。そこで、早速、購入して読んでみた。

作家小林信彦の生家である和菓子屋「立花屋」を舞台にした昭和戦前期の下町風景が活写されている。小林信彦の祖父母や父は清水家とは近所だったから顔馴染みだったはずである。その『和菓子屋の息子』を読んで驚いた。

小林は、さきの木村荘八の一九〇〇（明治三三）年ころの地図（図1－1）にならって、ほぼ同じ場所について一九三〇年代をふりかえって手書きの地図（図1－2）をのせているからである。地図は単行本版の二八頁にのっている。カバーの裏表紙にものっている。小林の描いた地図は、関東大震災以後のものであるから道路や区画は木村の地図と異なっている。しかし、居住した家の位置は変わらない。比べてみていると、木村の地図の村田キセルの隣が立花屋であったこと、井筒（そば屋）、印刷屋などいくつも同じものがみえ

図1-2：1930年代の薬研堀町界隈

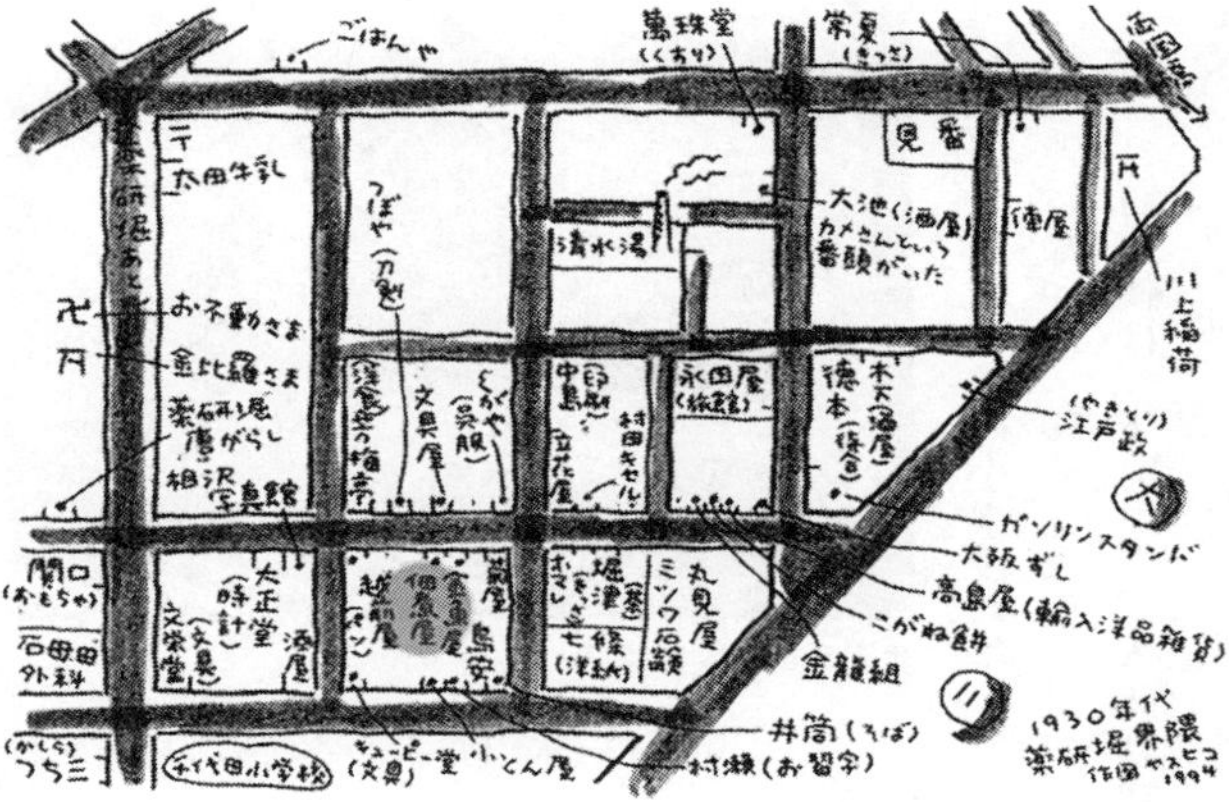

てくる。

おどろいたのは、小林の地図の左下の角にさきにネットサーフィンでみつかった「想い出」の作者の家があったことである。「(かしら)つち三」と書かれている。「つち三」という呼称は、古川家はもともと土を商いにしていたこととそのころの戸主がさきにふれたように、古川三右衛門だったことによるだろう。また、「かしら」とあるのは、古川三右衛門の家が江戸町火消し「に組」の頭《かしら》だった(前掲ホームページ)ことによるだろう。

であれば、清水の生家はその隣(図では左隣)ということになる。小林がこの地図で描いた一九三〇年代には、清水はもうここには住んでいなかったのだから、清水の生家跡ということになる。この小林の地図をもとに、現在の清水生誕跡地あたりを写真で掲載して

生誕地の現在の様子

おきたい。

ところで、さきに戦前の鈴蘭通りの写真を掲載したが、これを小林信彦の手書き地図とあわせると、清水の生家のあたりの様子がさらにわかってきた。さきの鈴蘭通りとみられる写真の真ん中に「つくだに」という看板がある。小林信彦作の地図に印をつけたが、「佃煮屋」というのがある。とすれば、清水の生家は、写真中央奥の道路を左に入ったあたりにあったことになる。清水生誕の地を歩いていて、ここまで辿りついた。

インテリになりたい

閑話休題。日本橋での幸福な少年時代はつかの間だった。清水が一一歳の小学校六年生のときに父親が竹屋の商売に失敗して、本所区に移転することになった。移転先は東京市の外れ、本所区柳島横川町。江戸時代からの繁栄と趣をもった日本橋は「下町」で、本所は地方からの流入者が多い「場末」と当時はみられていた。

本所に引っ越すために、清水の家族は家財道具を積んだ馬車とともに両国橋をわたった。清水より四つ下の妹は、「いつ両国に帰るの」と、しきりに尋ねた。引っ越し先は、たくさんの工場が建ち並び、空は煤煙で曇り、汚水が方々に泥沼のようにたまっていた。家族は、ここでメリヤスなどを商う雑貨屋をはじめた。ささやかな商売の成功を得たが、清水は本所には容易になじめなかった。本所へ引っ越しても電車で日本橋の小学校に通学していた。

日本橋の千代田小学校を卒業すると深川のある商店の小僧になる手はずだったが、神田にある商業学校に入学することになる。東京商工学校のことだと思われる。しかし、簿記と珠算という科目はもとより、商業学校の雰囲気がいやになって一学期で退学した。中学校に入学しなおそうとして、方々の中学校にあたってみた。しかし、どの学校も相手にしてくれない。そのため日本橋の高等小学校に入学して、中学入学を目指すことにした。このころについて、清水はこう書いている。

何になりたいのか。何でもよいのです、要するに、インテリでありさえすれば。インテリという言葉は知りませんでしたが、今ならインテリというところです。インテリでありさえすれば、何でもよいのです。（中略）何でもよいから学問と縁のある人間になりたい。それだけでした。

（「私の心の遍歴」『清水幾太郎著作集』10）

インテリになりたかったのは、清水が読書好きということが大きな要因だったが、生家が竹屋で失敗したときに、いやというほど味わった「金の力」に対する反感からでもあったと清水はいっている。

高等小学校に半年ほどいて、目白台にあった独逸《ドイツ》学協会学校中学に入学する。独逸学協会学校は、一八八三（明治一六）年ドイツの文化を移植する目的で創立された。初代校長が西周《にしあまね》（一八二九〜九七）。一八九三（明治二六）年、それまでの普通科を中学とすることで独逸学協会学校中学が誕生した。ドイツ語を重視したことから、医師志望者の進学が多い中学校となった。清水の同期生をみると半数近くが医師、歯科医師、薬剤師になっている（『独逸学協会学校五十年史』）。では、清水はなにゆえ医師志望者の多い独逸学協会学校中学に入学したのだろうか。

清水は、一九二〇（大正九）年——ということは高等小学校に入学したころになるが——、偶然易者に出会った。易者は、「医者になりなさい。医者になれば、直ぐ博士になるし、直ぐ金持ちになる」といったという。インテリ階級の家庭出身でなかった清水には、上級学校への進路を決めるときに相談する人もいなかったはず。そんなときの易者の助言だけに、清水の背中を押したということだろう。

入学すると、丸善にいって『ファウスト』の原書を買った。『ファウスト』を声に出して読み、インテリへの脱出の準備がなされた。

トルストイ、モーパッサン、クロポトキン、大杉栄など、「判ろうが判るまいが」なんでも手当たり次第に読んだ。やがて自分も何か書いてみたいと思うようになった。「書くべき内容が予めハッキリあるのではありません。ただ何かが書きたい」という気持だった。書くべき内容ではなく、使いたい言葉が先にたっていたという。これを邪道と思う人もいるかもしれない。あるいは、こんなところに清水ののちの売文者気質の芽生えをみる人もいるかもしれない。しかし、わたしには、必ずしもそのようには思えない。読書の悦びを知ったときのことを虚心坦懐に振り返ってみれば、誰しも経験のあるところではないだろうか。こんな言葉や表現を使えるのかと感動し、言葉や表現によって現実が奥行きをもってみえてくる。感動した言葉や表現でなにかを書いてみたいと思うのは、新たな現実の発見の悦びでもあるからだ。

「二年生か三年生の時」には、大西祝《はじめ》の『西洋哲学史』によって「アナクシマンドロスのト・アペイロンについて」という、衒学的というよりめちゃくちゃな演説をする。インテリ・コンプレックスのなせるわざだった。しかし、当時漠然と自分を託していた学問は、「決定的に山の手のものである」、インテリになりたいがインテリは山の手のものであると思ったときに複雑な気持になる。

誰が何と言つても、インテリは山の手のものです。これは認めなければなりません。私がインテリへの憧れを捨てない以上、私は、野暮で傲慢な山の手へ頭を下げなければならない。どうか、お仲間に入れて下さい、と頼まねばならない。こんな馬鹿らしいことがあるでしょうか。

（「私の心の遍歴」『清水幾太郎著作集』10）

ここでインテリは山の手のものといっているが、独逸学協会学校中学の生徒の出身階級そのものが医師や官吏など東京の山の手階級だったことにもよるだろう。本所からこの中学に通っている生徒は、清水以外ほとんどいなかった。

こうしたインテリへの愛憎並存《アンビヴァレント》な感情は、のちの清水の知識人と庶民の両義的アイデンティティ（分裂ハビトゥス〔ハビトゥスとは社会的に獲得された性向〕）につながる。清水は、庶民について、「豆腐屋のラッパ」や「秋刀魚を焼く煙」が思い出されるような存在で、市井に投げ出されたままで、背伸びして自己を超えようとはしない人間群だとする。だから庶民は、支配階級はもちろん知識人とも区別された人間群であるとする。ところが、そう言い切ったすぐあとにつぎのように続けるのである。

……私自身が庶民なのである。もとより微賤の生まれであって、庶民の哀歓は、本当のところ、一々この胸に堪《こた》えるのである。みずからそれを知りながら、あるいは知っているためか、かえってこれを知らぬ様子で文章を書き演壇に立っているのである。（中略）日本という社会のメンバーには庶民という古い悲しい名称で表現されるような側面があるのではないか。
（傍点引用者、「庶民」『日本的なるもの』）

清水は、「私自身が庶民なのである」「微賤の生まれ」といいながらも、他方で祖父が旗本であったことや東京府士族であったこと、親戚が集まると「世が世であれば」といっていたことをしばしば口にする。「庶民」や「微賤の生まれ」は山の手の知識階級への劣位感情を表すが、「旗本」「士族」「世が世であれば」は、山の手知識階級つまり新興階級に対する優位感情をあらわす。清水は山の手知識階級に対する劣位感情と反撥《はんぱつ》心、旗本の家系に対する矜持という複合感情をもった知識人界の境界人《マージナル・マン》だった。

「文落つ」それとも「文乙」

清水は、一九二五（大正一四）年四月、中学校四年修了で、東京高等学校文科乙類に入学する。旧制高等学校は外国語が重視され、第一外国語によってクラス分けされていた。文科乙類は第一外国語がドイツ語のクラスである。当時の中学校の修業年限は五年だったが、中学校卒業者だけでなく、四年修了者も高等学校の入学資格者としてみとめられていた。四修（四年修了で高校入学）は、秀才の代名詞だった。政治学者の丸山眞男は、清水の高校受験の五年後、一九三〇（昭和五）年に東京府立第一中学校四年修了（一六歳）で第一高等学校を受験した。しかし不合格だった。伯父に「眞男よかったな。（単なる）秀才でなくて」と慰められたという。丸山は翌年、府立一中を卒業して第一高等学校に合格し、入学している。

表1-1は、独逸学協会学校中学時代の清水の成績である。写真をもとに作成したため、読みとりにくいところもあり、また計算が合わないところがあるが、清水の成績がわかる。第三学年の代数、第四学年の物理が平均点に近いものだったことを除けば、他のすべての科目は七～一〇点である。九～一〇点が多い。

いま清水の中学校時代の成績は代数や物理を除いてはよかったとしたが、清水自身が後年、そのことに関して言及している。中学校に入学してドイツ語も代数も幾何も楽しみにしていたのだが、ドイツ語は期待どおりだったものの、代数や幾何の先生は「人生というものに疲れ果てたような人たち」で、「生徒を意地悪くいじめるだけが生き甲斐のような人たち」だったことから「代数も幾何もすっかり嫌いになってしまった」と書いている。高等学校の入試にはもちろん代数も幾何もあったが、他の科目の成績で「埋め合わされたのであろう」としている（「ネコの首に鈴をつけた話」『数学セミナー』一九六二年五月号）。

代数や幾何などは成績がとくによかったわけではないが、席順は一～一五番である。四修で旧制高等学校に入学したのももっともであると思われる。しかし、東京の中学校の秀

表1-1：清水幾太郎の中学校時代の成績

試験成績表 独逸学協会学校中学		大正十年度 第一学年		及落 及		大正十一年度 第二学年		及落 及		大正十二年度 第三学年		及落 及		大正十三年度 第四学年		及落 及	
科目	学期	第一	第二	第三	学年	第一	第二	第三	学年	第一	第二	第三	学年	第一	第二	第三	学年
修身		8	10	10	9	10	10	10	10	9	8	10	9	8	9	9	9
国語漢文	習字	8	9	9	9	9	8	7	8								
	作文文法	9	9	9	9	9	10	9	9	9	10	8	9	7	9	8	8
	国語講読	9	9	9	9	10	10	9	10	9	9	9	9	9	9	8	9
	漢文講読	10	10	10	10	10	10	10	10	10	10	10	10	9	9	9	9
独語	書取習字	10	10	9	10	8	10	8	9	9	10	9	9	9	9	8	9
	話方作文	9	9	9	9	10	9	9	9	9	10	10	10	7	8	10	8
	文法		9	9	9	9	9	9	9	9	10	10	10	9	9	9	9
	読方訳解	10	9	10	10	9	9	10	9	9	8	9	9	8	8	9	8
数学	算術	8	9	7	8												
	代数					10	9	8	9	4	5	6	5	6	6	8	7
	幾何									10	6	6	7	8	9	6	8
	三角																
地理		9	10	9	9	8	9	10	9	10	10	8	9	9	9	10	9
歴史		9	10	8	9	9	10	10	10	10	8	10	9	8	9	9	8
博物		9	10	10	10	10	10	10	10	7	10	10	9	9	10	10	10
物理										9	10	10	10	5	5	8	6
化学										9	7	6	7	9	6	6	7
図画		7	8	7	7	7	8	8	8	8	8	8	8	7	9	7	8
唱歌														9	9	9	9
体操		6	9	9	8	9	9	9	9	9	9	9	9	9	7	7	8
品行		中	上	上	上	上	上	−	上	上	上	−	上	上	上	中	上
点数合計		121	140	134	395	136	140	136	412	149	148	148	445	136	140	141	417
点数平均																	
席順		6	3		6	1	3		2	7	13		9	15	10		10
全級員		168	162		152	135	126		−	115	−		106	102	100		97
欠席日数		1	0	3		2	0	4		1	6	3		6	16	4	
遅刻度数		0	0	0	1	1	1	1	1	1	0	0		4	2	3	
早退度数		0	0	0		0	0	0		1	0	1		0	12	6	

学籍番号	三〇七〇
氏名	清水幾太郎
	四十年七月九日生
備考	退学　大正十四年三月

注：−は不明

才であれば、丸山がそうであったように第一高等学校志望が相場だった。ところが、清水にとって、一高は、競争率が高いのもさることながら、バンカラ風がいかにもわざとらしく感じられ、好きになれなかった。「天下を背負つて立つたような、浮世を見下したような態度も我慢がならなかつた」（「私の心の遍歴」『清水幾太郎著作集』10）。そこで創立間もない東京高等学校を受験する。

東京高等学校は一九二一（大正一〇）年一一月に設立され、翌一九二二年四月に開校した。校舎は、東京の中野にあった。このころ新設された七年制高校だった。第一高等学校がそうであるように、多くの高等学校は三年制だったが、七年制高等学校は、旧制中学校に該当する四年制の尋常科と三年制の高等科からなっていた。新設の七年制高校は、武蔵（一九二二年開校、以下同）、成蹊（一九二五年）、成城（一九二六年）、甲南（一九二三年）などのように私立に多かったが、東京高等学校は、官立の七年制高等学校だった。清水が受験したのは、東京高等学校尋常科の一期生が高等科に進学する年だった。高等科は内部（尋常科）進学者以外に外部からも募集した。はじめての高等科募集だから競争率が低いのではないかと思ったことも清水が東京高等学校を志望した理由だった。

ところが、志願者数が定員に達していないという発表が新聞に出ると、メガホン効果で逆に志願者が増えてしまう。当時の競争率は表1－2のようである。一高は八・五倍で高い競争率だが、東京高等学校は八〇人の入学者に対して志願者は一〇四三人。入学倍率は一三倍だった。清水の思惑とは反対に東京高等学校は「一高より高い競争率」となってしまった。

これでは落第すると思った清水は、私立大学の予科（旧制高等学校に相当する）も受験した。私大予科の受験をした数日後の夜中に電報がくる。電文は、タイプライターではなく、手書きで走り書きだったから、読みにくい。最初に「ブンオツ」とあったので、「文科を

表1-2：高校別入試倍率（1925年入学生）

	入学志願者	入学者	倍率
第一高等学校	3,188	376	8.5
第二高等学校	1,593	271	5.9
第三高等学校	1,874	310	6.1
第四高等学校	1,205	263	4.6
第五高等学校	1,583	279	5.7
第六高等学校	1,490	262	5.7
第七高等学校造士館	1,188	200	5.9
第八高等学校	1,548	262	5.9
新潟高等学校	838	149	5.6
松本高等学校	986	154	6.4
山口高等学校	805	162	5.0
松山高等学校	770	153	5.0
水戸高等学校	1,121	187	6.0
山形高等学校	1,259	196	6.4
佐賀高等学校	1,055	184	5.7
弘前高等学校	855	187	4.6
松江高等学校	946	177	5.3
東京高等学校	1,043	80	13.0
大阪高等学校	1,259	190	6.6
浦和高等学校	1,320	194	6.8
静岡高等学校	1,157	178	6.5
福岡高等学校	1,132	192	5.9
高知高等学校	960	185	5.2
姫路高等学校	1,323	188	7.0
広島高等学校	1,063	187	5.7
総　計	31,561	5,166	6.1

出所：日本帝国文部省第53年報自大正14年4月至大正15年3月

落第したという意味であろう」と落胆する。それにしても、「落第を通知してくれるとは親切な学校もあるものだ」と思った。ブンオツのあとに滅茶苦茶な字体で書かれてある文字を何とか判読して、ようやく「ゴウカク」と読めた（「私の心の遍歴」前掲書）。すこし出来すぎた話のようにもみえるが、落第を覚悟していたことと、誰しも入学試験の直後は悲観的になっているものだから、多少尾鰭《おひれ》がついているかもしれないものの理解できる反応である。

日本のイートン

東京高等学校の同級生には、すでにふれた心理学者宮城音弥（理科丙類〔丙類は第一外国語がフランス語のクラス〕）がいた。宮城とは高校時代に、新人会の東京帝大生の要請で「読書会」を組織したときに、ブハーリンの『史的唯物論』をともに読んだ仲。生涯の友だった。六期下に南博（理乙、社会心理学者、一九一四〜二〇〇一）、一〇期下に日高六郎（文乙、社会学者、一九一七〜）などがいる。

写真は、『文藝春秋』一九六五（昭和四〇）年六月号の「同級生交歓」に掲載されたものである。東京高等学校卒業の三七年後、清水、五七歳のときのものである。日向方斉《ひゅうがほうさい》（住友金属工業社長）、朝比奈隆（大阪フィルハーモニー交響楽団指揮者）、宮城音弥などと一緒に写っている。右から五人目が清水で、その隣（右から六人目）が宮城である。「清水は剣を吊って教練の隊長を勤め、宮城はバリトン歌手で記念祭の女学生をわかせた」とある。写真の建物は東京大学附属中学校・同附属高等学校。戦後の学制改革で旧制高校が廃止され、東京高等学校尋常科が東大附属の新制中学・高校になった（一九四九年）ことによる。

東京高等学校の同級生

第一高等学校と東京高等学校はいずれも東京にあったが、前者の第一高等学校は一八八六（明治一九）年の第一高等中学校からはじまり、一八九四（明治二七）年の高等学校令（勅令第七五号）によって第一高等学校になった。歴史のもっとも古い高等学校である。だから、第一高等学校のほうは全国の秀才が集まった、全国区選出校だった。それに対して大正時代にできた東京高等学校は、新興の高等学校だったから、東京出身者が多く、東京区選出校だった。

それだけに、東京高等学校には独逸学協会学校中学に輪をかけて、東京の中産階級出身の生徒が多かった。生徒の住居は東京の西部が多く、清水のような隅田川周辺からの入学者はめずらしかった。制服も学習院をモデルにしたハイカラなものだった。清水にとって居心地がよい学校ではなかった。

後年、清水は、入学式のとき、「本校は日本のイートンである」という校長の言葉を聴いて、イートンがどんな学校かわからずに、そばの生徒から「イギリスの有名なパブリック・スクール」と教えられたことを書いている。それを聞いて、これは大変な学校に来た、として次のように述べている。

こうして、「日本のイートン」の居心地の悪い三年間が始まった。私たち一家は、入学から一年半前、大正十二年九月の関東大震災で無一物になり、本所の焼跡のバラックで小さな商売を営んでいた。学校では、金持、役人、華族などの子弟が眼についた。居心地が悪かったのは、仕方のないことであった。

(『ジョージ・オーウェル「一九八四年」への旅』)

正系学歴軌道

東京高等学校を卒業して、一九二八(昭和三)年四月、東京帝国大学文学部社会学科に入学する。しかし、進学先には、京都帝大文学部も考えていた。京都帝大の若い社会学者五十嵐信《あきら》(一九〇〇~二八)が書いた論文(「フィアカントの社会学概念に於ける二三の問題」）に惹かれ、自分の関心と五十嵐の関心が重なっているようにみえたからである。「彼が私を京都へ招いているように感じられた」。さらに、谷川徹三（哲学者、一八九五～一九八九）や林達夫（評論家、一八九六～一九八四）、三木清（哲学者、一八九七～一九四五）などが第一高等学校から東京帝大ではなく、京都帝大に進学したという事実に刺激されたこともある。

そこで、つてを頼って京都で家庭教師の口が得られるだろうかと問い合わせたが、「非常に難かしい」という趣旨の返事をもらって、京都帝大進学を断念した（「この歳月」『清水幾太郎著作集』15）。断念した理由は清水にとって、大きなものである。関東大震災で本所の清水の家が倒壊し、そのころから父はめっきり老け込んでしまい、一家を養っていかなければならないという重荷が長男の清水にのしかかってきたからである。

かすかであっても、京都帝大進学を考えたことがあるからでもあろうし、またあとに詳しくみるように、東大での不遇な時代の思い出のせいもあるだろう。清水は学習院大学の教え子たちには、「東大（の学問）はよくない、京大はよい」ということをよく口にしたそうである。

それはともかく、清水は東京帝大文学部社会学科を志望する。東京高等学校のドイツ語教官は、清水に、海のものとも山のものともつかない社会学という学問を選ぶより「やっぱり、法学部へ行った方がよくはありませんか」と再三助言したが、「いいえ、社会学科へ参ります」という。当時のそんな気持を清水はこう書いている。

法学部へ行けば、結局、役人か会社員になるほかはないであろう。役人というのは、田舎者のやる仕事で、自分のような江戸っ子には関係がない。会社員になって金儲けをすることにも興味はない。

(「思想について」清水幾太郎編『人生というもの』)

役人は、「田舎者のやる仕事で」というところに、薩長土肥とその後裔《こうえい》である山の手階級への反撥が表れている。元旗本としての矜持をもつ清水の「インテリになりたい」という気持は、幕臣たちが明治新政府の官僚になるのを潔しとせず、文筆知識人を目指した志向と似たものだったように思われる。ただし、元幕臣から二代もたった清水が目指したのは「詩文人」ではなく、「近代的インテリゲンチャー」であり、そのぶん「無用の人」ではなく、「有用の人」への志向であったが。

清水の学歴軌道は、下町の秀才学校である「府立第三中学校」ではなく「独逸学協会学校中学」、天下の秀才高校である「第一高等学校」ではなく東京の秀才高校「東京高等学校」、帝大の中の帝大である「法学部」ではなく「文学部」ではあったが、ともかく旧制中学校→旧制高校→帝国大学というインテリの正系学歴軌道を踏んだ。清水のインテリへの道がはじまった。

医師志望を捨て社会学に

清水が東京帝大文学部社会学科に入学するところまでをみてきた。しかし、清水にとって、社会学を学ぶことは、中学生のときすでに決まっていた。中学四年生のとき、ガブリエル・タルドの『タルドの社会学原理』(風早八十二訳、岩波書店)を購入した。むずかしく、いきつもどりつして読んでいる。高田保馬《やすま》の『社会と国家』(岩波書店)も読んだ。上野公園の自治会館で開かれていた市民講座に社会学があり、これにも通った。だから東京高等学校に入学すると、すぐに日本社会学会会員になる。

旧制高等学校は戦後の新制大学の教養課程(一年と二年)に該当する。だから戦後の学校段階でいえば、大学一年生で学会に入会したことになる。その早熟ぶりにあらためて驚く。では、漠然とではあるが医師志望であった清水がなにゆえ社会学を専攻しようとしたのだろうか。

清水自身は、その事情をこう述べている。一九二三(大正一二)年九月、関東大震災があり、清水が住んでいた本所は壊滅的打撃を受けた。清水の家も一瞬にして倒壊し、「無一物、ほんとの裸一貫」になってしまった。そんな生活環境の激変のなかで「医者になるという気持はどこかにすっ飛んでしまった」(「インタビュー　初めて社会学文献に親しんだ頃」『現代社会学』二〇号、一九八五)。

清水は、関東大震災の直前にクロポトキンの『相互扶助論』や大杉栄の『正義を求める心』、大杉栄・伊藤野枝の『二人の革命家』などを読んでいた。「大杉栄は私の先生である。（中略）日本の軍隊は先生を虐殺した。先生を殺した力は、いつか、私にソッと近づいて、私を殺すであろう」（『人間を考える』）。社会学への志望は、こうした形での社会への開眼によるものであろう。社会学研究への水路づけがぼんやりとできかけていた。

大震災の年の「暮であったか、翌年の正月であったか」清水は担任の加藤先生宅を訪問した。それまでの医師志望を捨てることを先生に申し出た。「何となく厭《いや》になった」というのが正直なところであったが、先生に説明するとなると、理屈をいわなければならなくなる。いろいろな書物を読んで知っていた「社会とか、階級とか、資本主義とか、アナーキズムとか」を口にする羽目になった。それを聞いた先生は、では「法医学をやったらどうか」といわれた。医学は厭であったが、法律も薩長土肥のやるもので江戸っ子のやるものではないと思っていたので、肯《うべな》う返事をしなかった。

遠藤隆吉（一八七四〜一九四六）という社会学者に師事したこともある先生は、清水にこういった。「一つ、社会学という奴をやってみるか」。清水は、そのとき社会学を学ぶことに決めたといってつぎのように書いている。

私は思わず唸《うな》った。それに限る、それ以外にどんな道があるというのか、いや、それは何年も前から決っていたのではないか、そうだ、社会学ということにしよう、とその場で決定した。（中略）社会学は一つの学問である。丸善、『ファウスト』、ト・アペイロン、与謝野麟（中学校の同級生、与謝野鉄幹・晶子夫妻のこども――引用者）という系統に属している。これは疑いない。その上、社会学は本所のスラムと深い関係がある筈《はず》であり、また亀戸の紡績工場の事件とも繫《つな》がりがあるに決っている。社会学というのは、きっと威勢のよい学問であろう。下町と山の手との間に一本の道を発見することが出来たのである。

（『私の読書と人生』）

ここで「亀戸の紡績工場の事件」というのは、つぎのようなものである。関東大震災の翌年、本所から川一つ距《へだ》てた亀戸の大きな紡績工場で火事があった。清水は自転車を飛ばして見にいった。裏手から火がでたので、女工は表門にひしめいていた。しかし、清水も手伝ったが門は開かない。見物の一人がいった。「門を開けたら、女工が逃げてしまうから、会社は開けやしないさ。前借っていうものがあるからね」。火事は消えたが、清水は釈然としなかった。

火事の数日後に、学校で弁論大会があった。清水はこの火事について演説した。「その場の情景、泣き叫ぶ女工たちに対する同情、門を開けようとしない会社への非難。私は喋っているうち、次第に誇張と潤色とを加えて、話を面白くしてしまった」（前掲書）。そのとき臨席した生徒監によって調べられ、処分をうけそうになった、という。前掲書では、そのあと加藤先生のところに相談に訪れることになる。

社会学志望をめぐる、清水自身の動機の開陳には、細かい記述で自伝相互（『私の読書と人生』『私の心の遍歴』『わが人生の断片』）に食い違いがある（大久保孝治「自伝の変容――清水幾太郎の三冊の自伝をめぐって」『社会学年誌』三八号、一九九七）。いま引用した部分では「紡績工場の事件（火事）」→「加藤先生宅訪問」となっているが、『わが人生の断片』では、大震災の年の「暮であったか、翌年の正月であったか」とされているから、紡績工場の火事は、加藤先生宅訪問のあとのことになる。

誰しも何十年も前の記憶になれば、あやふやになる。まして活字にする場合は整合性をもたせようとし、ときには劇化しようとする。自己を振り返り遡及的な意味づけがおこなわれたり、出来事の順序が回顧的に構成《リトロスペクティヴ・コンストラクション》されやすい。「われわれが過去を想い出す時、何が重要で何が重要でないかという現在の考えによって、過去を再構築する」（P・L・バーガー『社会学への招待』水野節夫ほか訳）からである。いわゆる「後づけ」（後からつけた因縁）である。

清水は別のエッセイでは、医者志望をやめてしまった理由をこういっている。独逸学協会学校中学の同級生は医者の息子が多く、彼らに医者は冬の真夜中でも呼び出されれば往診しなければならないし、不潔もいいところで、異口同音に「あんな厭な商売はない」といわれたことが堆積したからであった（「独協時代の思ひ出」『日本の運命とともに』）、と。これも医師志望をやめた理由のひとつではあろう。その意味では、決定的な理由を探すより、清水が社会学を選ぶことにしたあとで、こう書いていることのほうが大切であろう。

他の多くの学問もよく知った上で、それらと比較して、社会学を一生の仕事に選ぶというような手順は、現実には不可能なものではないか。（中略）

「選ぶ」という、冷静な知的操作を思わせる言葉を使うべきではなかったのであろう。「社会学」という刺戟を与えられた瞬間に、以前から一つ一つ積み重ねられて来た材料が一度に爆発したようなものである。微禄の境涯から抜け出そうという気持、貧しい、汚い、臭い場末の生活、アナーキズムを初めとする社会思想の断片的知識、関東大震災で丸裸になってしまった身の上、捌け口を探していた荒くれたエネルギー……そういうものが積み重ねられていたところへ、「社会学」という小さな火花が落ちたのである。

（「わが人生の断片」『清水幾太郎著作集』14）

こうして、高等学校時代は、さきほどふれたように、同級生の宮城音弥などとブハーリンの『史的唯物論』の読書会をしながらも、ジンメルなどのドイツ語の社会学文献を読み進むことになる。八〇〇頁をこえるウェーバーの『経済と社会』を本郷の洋書専門店のバーゲン・セールで買い求めたりしている。社会学の独学対象はジンメルやウェーバーなどの社会学者の著作にとどまらなかった。社会学会誌（『ケルン社会学雑誌』）のバックナンバーまで揃えて、読みふけった。ドイツの形式社会学（形式社会学については二章で詳述）の主要文献の大部分を高等学校のときに読んでしまったのである。

さきに、清水が東京高等学校からの進学先に京都帝大文学部を考えてもいたと述べ、その理由のひとつが若き社会学者五十嵐信の研究に惹かれたということによると述べたが、五十嵐はジンメルやフィアカントの研究をしており、論文（「フィアカントの社会学概念に於ける二三の問題」『哲学研究』第一〇巻九、一〇など）や訳書（ジンメル『社会的分化論』岩波書店、一九二七）を刊行していた。清水がそれらを高校生のとき読んだことによるのだろう。

のちに東京帝大に進学して指導教授となる戸田貞三助教授（家族社会学者、一八八七〜一九五五）の研究室を訪れて、ジンメルの『社会的分化論』（原書）をかりたとき、戸田助教授に「何を読んだか」と尋ねられた。清水は、つぎからつぎへとぺらぺらと答えた。そんなにたくさん読んでいるなら「もう大学へ来る必要はない」。そういわれるほどだった。

二つの社会学イメージ

社会学で生きていこうと決めたころについて、清水はこう書いている。

私は、今日でこそ、マス・コミュニケーションの研究者ということになつていますが、実は、久しく、新聞や雑誌に眼を通さなかつたのです。そんな泡沫のような問題より、永遠の問題の方が大切であると信じていたのです。私は、一途に、一般的で抽象的な、つまり、哲学的な問題へ進んで行きました。どんな苦労をしても、高い地点に辿りついて、そこから一切の事柄を見下して、何人も文句の言えぬような包括的な解答を、しかも、一挙に与えてやろう、と秘《ひそ》かに考えていたのでしょう。

（傍点引用者、「私の心の遍歴」『清水幾太郎著作集』10）

林健太郎や丸山眞男が高等学校時代から新聞はもちろん『中央公論』のような総合雑誌の熱心な読者だったことと比較すれば、「新聞や雑誌に眼を通さなかつた」という清水の過ごし方はあまりにしゃちほこばった姿にみえる。

知的家庭に育たなかったが、知的野心が人一倍あったがゆえの一途さであり、余裕のなさのしからしめるところであったのだろう。清水自身、後年、高校生から大学生のはじめのころについてこう自省している。「社会学という専攻にも拘らず、私は日々の事件を眼下に見る悪癖へ益々陥つて行つた」と。そして「決定的な事柄を一挙に摑まうとする怠惰な野心」に囚われていた（「霧に包まれて」大河内一男編『学生生活』）とも。

このしゃちほこばった学問姿勢は、アカデミズム界への過剰同調ともみえるが、同時にアカデミズム界に対する転覆戦略でもあったことに注意したい。清水には、社会学こそが「一般的で抽象的な（中略）高い地点に辿りついて、そこから一切の事柄を見下して、何人も文句の言えぬような包括的な解答」を出してくれそうな学問にみえたのである。まさしく、清水の社会学への関心はインテリのなかのインテリになりたいという願望とつながっていた。

いまでも社会学を学びたいという人には二通りある。まず、社会学ならなんでもやれるからという雑学的魅力に惹かれた人たちがいる。たしかに、家族（家族社会学）も企業（産業社会学）も教育（教育社会学）も宗教（宗教社会学）も社会学の対象である。もうひとつの社会学参入者は、社会学こそ学問のなかの学問である哲学の社会科学バージョン、つまりメタ社会科学であると、知的野心を沸き立たせる人たちである。哲学は、それぞれの学問が前提にして出発する存在論、認識論、方法論そのものを対象にする学のなかの学であるが、社会学もなにかを前提にして出発するのではなく、前提そのもの、つまり社会を成り立たせている当のものを対象にするからである。

ここでいまふれたふたつの社会学イメージを区別するために、マックス・ウェーバーのいう「『英雄的』ないしは『達人的』」宗教意識（»Heroistische« oder »Virtuosen« - Religiosität）と「大衆的」宗教意識（»Massen« - Religiosität）という区別を借用しよう。「達人的」

宗教意識とは、現世利益とは無関係な救いをめざす宗教意識である。「大衆的」宗教意識とは、現世利益、つまり即効性をもとめる「宗教音痴」(die religiös Unmusikalischen) ともいうべき多数者の宗教意識である（マックス・ウェーバー『宗教社会学論選』大塚久雄・生松敬三訳）。

とすれば、さきほどの社会学＝雑学派は「大衆的」社会学イメージであり、メタ社会科学派は、「英雄的・達人的」（知的エリート）社会学イメージである。清水はもちろん後者のメタ社会科学としての社会学に惹かれたのである。清水はこう書いている。

当時は、社会学科はあまり人気のある科ではなく、本当は法学部へ進みたいのだが、受験に成功する自信がないので、入学試験が一般に楽な文学部の中で、一番法学部に近そうに見える社会学科……というような消極的な理由で入学してくるものが多かった。私のようにムキになって社会学を目指すという学生は稀《まれ》であった。

（『社会学入門』）

社会学科に進んだほとんどの学生は、社会学を雑学という「大衆的」社会学イメージで受けとめ、しかも就職に有利そうということで選んでいたというのは、当時の文学部の就職率からみてもよくわかるものである。

表1-3：昭和8年の東京帝国大学文学部の就職率

文学部	卒業生数	就職者数	就職率（%）
全　体	347	129	37
国文学科	38	16	42
国史学科	26	12	46
支那哲文学科	24	8	33
東洋史学科	113	11	10
西洋史学科	26	13	50
哲学科	26	4	15
印哲梵文学科	7	3	43
心理学科	20	9	45
倫理学科	12	4	33
宗教学科	7	2	29
社会学科	17	9	53
教育学科	13	3	23
美学美術史学科	6	3	50
言語学科	3	2	67
英文学科	42	24	57
独逸文学科	24	4	17
仏蘭西文学科	13	2	15

出所：『帝国大学年鑑』帝国大学新聞社、1934年

表1-3は清水が卒業した二年あとの一九三三（昭和八）年の東京帝大文学部の学科別の就職率（昭和八年五月時点）である。このときの、法学部就職率四一%、経済学部就職率七〇%に対して、文学部就職率三七%である。文学部は就職率でもっとも低いが、学科によって大きく異なっている。独逸文学科や仏蘭西《フランス》文学科、哲学科は一五〜一七%でもっとも低率である。もっとも就職率がよいのは、言語学科の六七%だが、卒業生が三人だけだから、これを外すと、英文学科の五七%がトップで、社会学科は五三%の第二位である。英文学科の就職がよかったのは、旧制中学校や高等女学校の英語教諭、旧制高等学校、大学予科などの英語教授の求人が多かったからである。

清水の指摘は、清水より三〇年以上もあと（一九六一年）に大学に入学した、わたしの世代で社会学を専攻した学生たちをみてもよくわかることである。

当時、企業の事務系社員はもっぱら法学部や経済学部などの社会科学系学部卒業生に限定されていた。文学部生は教員や新聞社や放送局などのマスコミ産業くらいにしか応募することができなかった。しかし、文学部のなかでも社会学は法学部や経済学部に近そうだということもあって、就職には相対的に有利だった。そのようなことから、文学部に進学して社会学を専攻する学生が結構いた。教育学部で教育学や教育史を選ぶのではなく、公務員などの就職に有利ということで教育行政学を選ぶ学生が結構いたことと同様である。

そんななかでムキになって社会学を目指す清水は、メタ社会科学派の「英雄的・達人的」（知的エリートたちの）社会学派ということになる。両者（英雄的・達人的社会学と大衆的社会学）の中間には、法律学者や経済学者が対象にすることがすくない家族社会学のような隙間学問におさまろうとする者がいた。清水の師の戸田貞三のようなニッチ的社会学派である。

文化的弱者への訴求力

清水が社会学とともにマルクス主義に大いなる関心をもったのも、「一般的で抽象的な（中略）高い地点に辿りついて、そこから一切の事柄を見下して、何人も文句のいえぬような包括的な解答」を出してくれそうな体系だったからであろう。清水と同世代の昭和初期の知的青年たちにとって、マルクス主義は、メタ社会科学どころか既存の哲学さえも超克する学問であり、思想だった。マルクス主義は、ドイツの哲学とフランスの政治思想、イギリスの経済学を統合した社会科学だとされたからである。

マルクス主義が総合科学であるとする考え方は、『新興科学の旗のもとに』第一号（一九二八年一〇月）の編輯余録にもみることができる。『新興科学の旗のもとに』は、羽仁《はに》五郎（歴史学者、一九〇一～八三）と三木清が中心になって刊行され、戸坂潤（哲学者、一九〇〇～四五）や向坂《さきさか》逸郎（マルクス主義経済学者、一八九七～一九八五）、有沢広巳（経済学者、一八九六～一九八八）などが執筆していた。第一号の編輯余録にはこう書かれてある。

現存学術雑誌はおほむね各々の大学の各々孤立した研究室報だ。内容からいへば、哲学、経済、法律、政治、芸術等のいづれかひとつの専門に限られてゐる。だが今や到るところ綜合的研究の必要が痛切に感ぜられて来た。マルクス学の発展がなによりもこの情勢を誘致した。本誌が綜合的理論雑誌たる所以である。（中略）新興科学といへば、もとよりマルクス主義的研究が主となるのは自然だ。

新興科学、つまり官学教授が避けているマルクス主義こそが専門分化した大学の学問を総合するためのものである、と高らかに宣言されている。かれらの自負がみてとれるが、その後ろにみえるのは、マルクス主義の知的青年への訴求力である。丸山眞男は、当時の知識人が受けたマルクス主義の衝撃についてこういっている。

……ヨーロッパ直輸入の、専門的に分化した高等教育制度の下でアカデミックな訓練を受けた日本の知識人にとって、マルクス主義の方法は綜合的体系的知識として、また、諸科学を統合する世界観として、驚くべく新鮮に見えた。

（『日本政治思想史研究』英語版への著者序文」『丸山眞男集』12）

マルクス主義の知識人への訴求力は丸山のいうとおりだろう。しかし、マルクス主義の若者世代への訴求力はそれだけではなかったはずである。一挙に社会全体の見取り図を与えるかにみえる社会学もマルクス主義も、既存の学問や文化を「読みが浅い」とか「ブルジョア文化や学問」と否定し、その上に立つことができる。ここらあたりは、一九八〇年代に、フーコーやデリダなどのフランス現代思想が紹介されたとき、多くの知的大学生が飛びつき、大学教授たち年長者の「古びた」学問を「上から目線」で睥睨《へいげい》するようすがとしたのと相似である。

医師でロシア思想研究家だった松田道雄（一九〇八〜九八）は、清水とほぼ同世代であるが、旧制高等学校で読書会に参加し、マルクスの『猶太人問題を論ず』を読んだときの様子をつぎのように書いている。

この論文（『猶太人問題を論ず』——引用者）は私には全く歯がたたなかった。けれども他の会員たちは文学部や経済学部だったからか、よくこなしていた。少くとも私にはそう見えた。大学の哲学や歴史の教授にその連中は憐愍みたいなものを示すので、この会はひょっとすると大学で一ばん高度な研究をしているのかも知れないと思ったりした。（傍点引用者、『日本知識人の思想』）

引用の傍点部分に注意してほしい。さきほどふれたように、既存の学問や文化を「読みが浅い」とか「ブルジョア文化や学問」と否定し、その上に立つことができるからこその大学教授連への「憐愍」なのである。

それだけではない。マルクス主義は、文化資本（教養・上品な趣味・高学歴などの文化的所有物）弱者が文化資本強者と同等に勝負でき、あるいは勝つことのできる数少ない学問やイズムである。文化的に徒手空拳の者のほうが、なまじいの文化ブルジョアより有利でさえある。あるいは文化資本弱者の若年世代が文化資本強者の年輩世代を乗りこえる世代闘争の武器ともなる。下町の庶民階級出身の青年だった清水にはここらあたりも魅力だっただろう。

ここで、すでに引用した「社会学というのは、きっと威勢のよい学問であろう。下町と山の手との間に一本の道を発見することが出来たのである」という清水の言明を思いおこそう。この言明には、文化ブルジョアに対する転覆戦略としての社会学とマルクス主義という無意識の思惑があらわれている。当時の清水は庶民階級出身であり、若者であるという二重の文化資本弱者だったからである。

山の手文化に入り込み、食い破る

しかし、単なる文化資本弱者なら、山の手文化に跪拝《きはい》し、同調行動をとることもありうるだろう。しかし、清水の、元旗本で生粋の江戸っ子ということから生まれた矜持が薩長土肥にはじまる山の手階級の跋扈《ばっこ》への反撥を強めた。自家の零落も、居心地の悪かった中学校や東京高等学校も、清水の山の手階級へのルサンチマンを増すだけだった。

清水は山の手に対する愛憎並存感情をしばしば書いているが、「思いでの記」の末尾にはこうある。清水が長い間「心のしこり」としてもっていたものは、下町の人間のもつ山の手の人間に対する感情で、それはつまるところ「(山の手の人間は――引用者) 大きな面をしているが、結局は田舎者ではないか」というものだった。つぎのように続けている。

しかし、それだけなら、何もしこりというほどのことはなかろう。本当は、その田舎者が、こちらの持っていない権力を持っているというところから、このしこりは生れているのである。いや、それだけなら、まだよいのだ。私のように、下町の貧しい生活の中で学問に志すということになると、そこで事柄は非常に面倒になる。学問は、所詮、下町とは関係のないもの、山の手のもの――いや、山の手を越えて遠い西洋のもの――なのであるから。私は一方で軽蔑しながら、他方で頭を下げねばならない。

（「思いでの記」『清水幾太郎著作集』15）

清水は関東大震災ですべてを失った焼け野原で、「これから自分が勝つに決まっている試合が始まるように思われた」（「わが人生の断片」『清水幾太郎著作集』14）と書いているが、社会学こそが「勝つに決まっている試合」の武器と思ったはずである。

清水は、『私の読書と人生』のなかで、当時高校生が読んでいた『三太郎の日記』（阿部次郎）も漱石も読まず、俳句にも親しまなかったことを披瀝している。人間の意味は心のなかよりも、「社会の中にある」「社会との関係の中にある」と、社会の力のほうに興味が誘われた（『本はどう読むか』）ことによるだろう。「社会の力」への関心は、本所での生活の悲惨さから生みだされた。清水は、もし日本橋に居つづけたら、自分の下町風は趣味的なものにとどまっていただろうが、本所の生活は趣味ではなく、一つの問題を突きつけたとして、こう言葉を接いでいる。

時代に追い越されて行く江戸の空気でなく、現在の秩序と約束とから食《は》み出したものを見せてくれた。山の手の連中がオットリと澄ましていられるのは、本所が見せてくれる現実にソッポを向いているからだ。

（『私の読書と人生』）

大杉栄やクロポトキンの著作に感化され、社会の悲惨さをいやというほど知った清水には、人生論や詩歌に没頭することで現実におこっている問題にふれようとしない山の手知識人階級に対する批判の思いが強かっただろう。清水は敗戦直後一九四五（昭和二〇）年九月二日の「読売報知」社説「知識人に訴ふ」でこう書いている。

ギリシアの彫刻を云々するのも結構であるし、吾々の祖先が築いた詩歌の世界に入るのもよい。だがかういふ価値の世界に溺れて、生の力が動き戦つてゐる現実の諸問題に触れることを屑《いさぎよ》しとせぬ傾向が、とかく吾が知識人の間に見られはしなかつたか。

山の手知識人を範型とする日本型知識人への積年の不満がこの社説の言明に集中的に表

現されている。

ところでさきほどふれた『私の読書と人生』のなかでは、「私の下町風の気持が、正面から人生問題を取扱った書物を何か厭味なものに感じさせた」と、人生論と「下町風」との違和感にも言及している。清水の人生論にはじまる文学や芸術へのコミットメント回避は、山の手出身のインテリの象徴的暴力の罠に嵌《は》まることを警戒したからとも読むことができる。

清水の文学や芸術へのコミットメント回避は、耽溺（文学・芸術のための文学・芸術）による現実問題の回避を回避するという「信念」であり、同時に象徴的暴力の回避という文化資本弱者の回避「戦略」でもあった。清水にとって、社会学、そしてマルクス主義が「下町と山の手との間」の道になるというさきの言明は、社会学やマルクス主義を武器にして山の手知識人のなかに入り込み、山の手文化を食い破るという宣言と同義であった。

プロザーイッシェル・メンシュ

もっとも、こんなところから清水は、イエズス会のある神父に「プロザーイッシェル・メンシュ」（散文的人間）といわれたり、鋭い知性をもった社会学者であり啓蒙知識人ではあるが、『古今集』『新古今集』の繊細な美的世界もエリオットもジョイスの文化的感覚も解しない、「本質的な意味での『文化の人』ではなく、大部分の日本型知識人のように芸術や文化のもつリアリティ、あるいはその麻薬的な力とは無縁な人」（袴田茂樹「清水幾太郎」『文化のリアリティ』）とされることにもなった。

皮肉なことに、こうした袴田の清水批判の形式こそが象徴的暴力としての山の手文化をあらわに示しており、清水が回避戦略をとった所以がよく理解できることにもなる。といっても、袴田がいうように、清水が文学や芸術の造詣が浅かったかといえば、そうとはいえない。

清水の「日本人の自然観――関東大震災」（『近代日本思想史講座』3）には、芥川龍之介や鴨長明、ヴォルテールの作品を素材にしながら日本人の自然観が見事に描かれている。東京高等学校一年生のときには、「影蒼さめし菩提樹の」ではじまる「文乙の歌」を作詞（作曲：田中敬一）している。また海外紀行では、建物や美術品への目配りもなされている。太宰治のファンでもあった。漱石論（「自己本位の立場」『日本文化形態論』）も書いている。『現代思想』はピカソの「アヴィニョンの娘たち」とキュビスムの解説からはじまっている。社会学者ジンメルに傾倒したのは、文学への関心からだったともいっている。清水の『私の読書と人生』や『私の心の遍歴』『わが人生の断片』は、すぐれた自伝文学である。とすれば、清水の意識的な文学・芸術回避戦略が散文的人間らしさを際立たせたということにすぎないのではないだろうか。

二章　断たれた東大教授への道

卒業論文

清水の卒業論文は、「オーギュスト・コントに於ける三段階の法則」だった。このテーマが選ばれたのは、つぎのような事情からだった。

マルクス主義からみれば、社会学はブルジョア科学とみなされていたから、「マルクス主義を生かそうとすると社会学を捨てねばならず、社会学を生かそうとすると不誠実に陥らねばならら」なかった。かくて、社会学の創始者であり、マルクスとも少なからず重なっているコントの古典的な社会学説を選んだ。「やがてはマルクスに辿《たど》りつくとしても、私としては、コントという迂路《うろ》を通るべきではないのか」、そのことで「この（社会学かマルクスかの――引用者）窮地から救われるであろう、と思っ」たからである（「コントとスペンサー」『世界の名著36　コント　スペンサー』）。こう考え、卒業論文にとりかかったのが、二年生になったときである。清水自身は、卒業論文をこう自己評価している。

……三段階の法則と科学分類の法則とを稍々《やや》詳細に解説し、マルクス主義に足場を定めて、それに犬の遠吠えのようなコント批判を試みるという貧しい結果に終った。

清水の自己評価はかくの如くだが、卒業論文の一部は、谷川徹三のすすめで「オーギュスト・コントに於ける秩序と進歩」と「コントに於ける人類の観念」という題名で、『思想』一九三一（昭和六）年八月号と翌年四月号に二回にわけて掲載された。掲載されると、三木清から清水宛に葉書がきた。そこにはこう書かれてあった。

（『オーギュスト・コント』）

コントに関する御論文、大変に興味深く拝見しました。是非、一度お目にかかつて、いろいろなお話を承りたいと思います。お暇な時、お出で下さいませんか。

清水は欣喜雀躍した。学生時代から三木清に私淑し、文章を模倣したほどだった。そんな三木に褒められることほどうれしいことはなかったからである。

清水より六歳年少の林健太郎は、大学入学前にこの論文を知っていた。高等学校三年生のときである。西田幾多郎《きたろう》（哲学者、一八七〇〜一九四五）の『善の研究』を読んでおり、清水の名前の幾太郎が西田と似ていることから記憶に残った。林は、『『思想』にものを書くくらいだからよほどえらい人なのだろう」と、清水をてっきり教授か助教授だと思っていた。

林は一九三二（昭和七）年に東京帝国大学文学部に入学する。入学して「文学部学生便覧」の各学科の教員構成一覧のところをみてびっくりする。清水の名前は教授や助教授の名前がある上段でなく、助手や副手（助手の下の職）の下段にあったからである（「月報6清水幾太郎氏の読書と人生」『清水幾太郎著作集』6、「昭和思想史と清水幾太郎」『諸君！』一九八八年一〇月号）。

清水の『思想』掲載論文のもとになった卒業論文は、四八〇字詰原稿用紙で一六九枚。当時としては普通の長さだったらしい。四〇〇字詰原稿用紙にすれば、二〇〇枚ほどになる。卒業論文や修士論文の字数は大学によってまちまちだが、わたしの大学時代（一九六五年）の卒業論文は四〇〇字詰五〇枚、修士論文は一〇〇枚だった。論文は字数が多ければよいというものではないにしても、旧制大学と新制大学は似て非なるものとあらためて思う。旧制大学の学部は新制大学の大学院に、旧制高校や予科が新制大学の教養課程と学部に相当するといわれるが、論文の枚数にもそれがあらわれている。

副手に

清水幾太郎は指導教授戸田貞三によって卒業と同時に副手に採用されることになった。その経緯はつぎのようである。

一九三一（昭和六）年はじめ、つまり清水が卒業をひかえた年のことである。清水は大学構内の学生食堂で昼食をとったあと、芝生で誰かと話をしていた。そこに、山上《さんじょう》会議所（東大構内にあった会議所。現在は山上会館）で食事をとったあとなのだろう、社会学科の主任教授戸田貞三がとおった。戸田は助教授から教授になって三年目だった。

清水の顔をみると、「ちょっと研究室に来てくれ」といった。清水は、戸田教授のあとにしたがって研究室のほうに歩いていった。「卒業後の問題だな」「研究室に残れというのではないか」と思った。研究室に入ると、戸田教授は普段の無愛想さに似合わずていねいな口調で切り出した。「色々の事情があるでしょうが、是非、研究室に残って下さい」「本当は助手になって貰いたいのですが、社会学科は一講座で、助手は一人ということになっていて、現在、H君が助手なので、暫《しばら》く副手で我慢して下さい」。清水は、「はい、畏《かしこ》まりました」、といった（「私の一生を決めた田山花袋『生』」『清水幾太郎著作集』19）。ここでHというのは、のちの東大文学部教授林恵海《めぐみ》（農村社会学者、一八九五～一九八五）である。

しかし、自らを秀才中の秀才と思っていた清水は、主任教授からの「研究室に残って下さい」という言葉を、うれしさより当然と受けとった。戸田教授の低姿勢な申し出を「はい、はい」と受け流した。のちに清水はそのときの気持をこう書いている。

戸田先生からお話があった時のことは、あまり特別な印象が残っていない。嬉しいという気持があったようには思うけれども、もし嬉しさが強烈であったら、特別な印象が残ったであろう。後から考えてみると、嬉しかったのも事実であるが、それと同時に、あたりまえだという気持があったように思う。私は成績が良かったし、むやみに自信があった。研究室に残すとすれば、僕以外にいるはずはない、と思っていた。

（「〝自信過剰〟で研究室をクビ　中世的世界にすぎなかった東京帝国大学……」『就職ジャーナル』一九六九年九月号）

ずいぶんな自信である。しかし、一章でふれたように、清水は高等学校のときにすでに形式社会学関係の本を読み尽くしていた。大学一年生のときから『社会学雑誌』に外国の社会学についての著書や論文も紹介している。副手になって「あたりまえ」と思うのには、十分な根拠があったわけである。

副手の給与は五一円。貧困層に入る師範学校卒の小学校教員の初任給（四五円前後）をやや上まわる程度だった。副手の月給は、当時の帝大卒一流会社サラリーマンの初任給七〇〜九〇円と比べればかなり低い。しかし、雑誌編集の手伝いと女学校講師などの収入もあわせると、このときは月収が二〇〇円を超していた。副手の仕事を終えると、浅草雷門の近くにあった東京市立浅草実科高等女学校の午後三時からの授業にかけつけ、修身、国語、英語を教えた。

こんなに稼がなければいけなかったのは、一章でふれたように、関東大震災で、清水の家は壊滅的な打撃を受け、父がすっかりやる気を失っていたため、清水が一家の働き手として、両親、妹、弟、叔母などを扶養しなければならなかったからである。副手の給与の割合は月収全体の四分の一以下だとしても固定給だから大いに助かったことは否めない。なお、清水はこの年の七月に神奈川高等女学校附設精華小学校に勤めていた渡辺慶子と結婚している。

「大学は出たけれど」

一章でふれたように、清水は一九二八（昭和三）年三月に東京高等学校を卒業し、同年四月、東京帝国大学文学部に入学した。清水が大学一年を終わるころの『中央公論』（一九二九年三月号）に、「就職難と知識階級の高速度的没落」という刺激的な題名の論文があらわれた。評論家大宅壮一が執筆者である。

論文は、前年（一九二八年）の調査結果からはじまっている。本所深川近辺で働いている自由労務者約四〇〇〇人を東京市社会局が調査したところ、そのなかに中等学校中退以上の学歴の者が五一六人、つまり一三％もいたという事実が指摘されている。このころ（一九二五年）の中等学校進学率は、男子二〇％、女子一四％、高等教育は男子五％、女子〇・三％である。割合だけでみるならば、当時の中学生は現在の大学生よりもエリートだったといえる。従来であれば、ほとんどが「無学者の群」だった自由労務者に「これだけの知識階級が最近流れ込んで来た」ことはきわめて重要な事実であるとして、知識階級の就職難と没落が論じられている。

清水が大学二年生のときの一九二九（昭和四）年九月には、小津安二郎監督の映画『大学は出たけれど』が封切られた。高田稔と田中絹代が出演している。大学を卒業しても職がない青年が、妻の献身で一念発起し、熱心に職探しをしてめでたく就職するという短編映画である。もっとも清水が映画『大学は出たけれど』をみたかどうか、それに当時どれほど評判をとったかもわからない。しかし、映画のタイトル「大学は出たけれど」は当時の世相を端的にあらわし、流行語になった。

『大学は出たけれど』が上映された一九二九年の大学専門学校卒業者就職率は五〇・二％だった。一九二五（大正一四）年は六六・六％だったのが、毎年就職率が悪化しつづけた結果である。しかし、就職率の悪化は一九二九年が底ではない。さらに下がり、一九三〇（昭和五）年四二・二％、一九三一年三六・〇％となる（中央職業紹介事務局『知識階級就職に関する資料』）。一九三二年は三八・四％で底をわずかに脱し、以後回復していく。清水の卒業のときが就職率の底だった。

このときの東京帝大各学部の非就職率を計算したものが表2－1である。文学部は大学院進学が三分の一（三三・五％）、未就職率が二二・〇％。ふたつをあわせると、五五・五％。卒業生の半分以上が就職できなかったのである。清水は、東京帝大卒業と同時に文学部社会学科の副手となったが、そのときのことについてこう書いている。

私といっしょに社会学科を卒業したのは二十八名。その中で、卒業と同時に就職したのは私一人で、同級生の大半は大学院学生になりました。学問に一生を捧げようとの熱意があつたからでなく、大学院というものが、就職するまでの待合室のような機能を果していたからなのです。

（「不義の富貴」『清水幾太郎著作集』10）

表2-1：昭和6年の東京帝国大学各学部の非就職率

学部	種別	%
法学部	大学院進学者	9.2
	職業未定または不詳の者	15.5
医学部	大学院進学者	0.7
	職業未定または不詳の者	11.0
工学部	大学院進学者	3.0
	職業未定または不詳の者	46.1
文学部	大学院進学者	33.5
	職業未定または不詳の者	22.0
理学部	大学院進学者	32.4
	職業未定または不詳の者	7.9
農学部	大学院進学者	6.2
	職業未定または不詳の者	11.8
経済学部	大学院進学者	6.5
	職業未定または不詳の者	13.3

出所：『文部省年報』

社会学科で「卒業と同時に就職したのは私一人」というこの清水の回想は、これまでふれたことからみると事態を誇張しているようにも思われるが、このころの帝大生の就職率がきわめてわるかったことはたしかである。

ただし「就職待合室」としての大学院進学は、清水が卒業するころにはじまったわけではない。その起源は古い。日露戦争後の東京帝大文科大学（文学部の前身）卒業生の未就職率はすでに一〇～四〇％、就職が決まるまでの待合室として文科大学卒業生の大学院進学率は一六～三六％にもなっていた。戦後、平和問題談話会で清水とともに活動し、のちに清水を学習院大学に招聘した安倍能成は、このころ（一九〇九年）の、就職先がないための大学院進学者の一人である。安倍が常勤職（慶應義塾大学予科講師）を得たのは、学部卒業後七年たった一九一六（大正五）年になってからのことである。

就職待合室としての大学院進学は、安倍能成がそうであるように、慢性就職難の文科大学や文学部の特徴だったが、清水が卒業する昭和初期には、法学部や経済学部までにおよぶ。一九二八～三一（昭和三～六）年の大学院進学率は、法学部で六～九％、経済学部で六～一〇％になっている。こんななかで副手のポストを得た清水は、幸運きわまりないはずである。

清水自身も卒業したら経済学部に再入学しようとしていたらしい。おそらくマルクス主義経済学を学びたかったからだろうが、文学部を卒業しても職の見通しが立たなかったということもあったかもしれない。経済学部に願書を出しに行ったら、前日に受付が終わっていた、と清水は書いている（『私の社会観』）。

だからいくら自信があったとしても現実に副手になったことは喜びであったろう。その喜びもさることながら副手になったあとのことを考えたときの喜びはひとしおのものがあったであろう。この副手という低い身分から「遠い将来の東大教授への微《かす》かな道が通じているのかも知れないと思うようになった」(「私の一生を決めた田山花袋『生』」『清水幾太郎著作集』19)からである。帝大の助手や副手は当時、帝大助教授への一里塚であったからである。事実、といっても当時の清水は知らなかったことだが、清水が副手だったときの助手林恵海も、清水のあとに副手になった一学年下の、のちの産業社会学者尾高邦雄(一九〇八～九三)も東大講師、助教授から教授になっている。しかし……。

「研究室を辞め給え」

指導教授の戸田貞三から「君は研究室を辞め給え」といわれたのが清水が副手を務めて二年ほどたったときのころである。「はい」と返事をする。それ以外の返事のしようがなかった。

清水は副手になったことを当然と思い、「遠い将来の東大教授」への道を思っていた。そんなときの辞職勧告である。相当な衝撃だったことはたしかである。清水の父は、「これで東大教授の道が断たれた」と思って落胆した様子だった、という(「東京府士族」『文藝春秋』一九八四年一二月号)。

しかし、清水の副手辞職にはその一年前に兆候があった。清水の副手二年目に戸田は清水の一学年下の卒業生尾高邦雄を副手に採用したからである。清水は副手職を解かれなかったが、給与は戸田のポケットマネーから支払われるようになった（「良心の迷路『昭和研究会』」三国一朗編『昭和史探訪』③）。婉曲的な辞職勧告ともいえる扱いだった。さきほど清水が戸田に「研究室を辞め給え」といわれて、「はい」という以外なかったといったが、このような前兆があったからなおのことである。副手二年目からは正式には尾高が副手だったから、すでにこのときから清水の東大教授への道は閉ざされていた感が否めない。では戸田はどうして清水を遠ざけ、やがて「君は研究室を辞め給え」というに至ったのだろうか。

清水の副手二年目の一九三二（昭和七）年に、尾高を官費給与の正式の副手にして、清水を戸田のポケットマネーによる副手にしたのは、戸田が清水に見切りをつけたことの表れである。戸田は清水に「辞めよ」のシグナルを送ったことになる。だとすれば、そもそも戸田は清水をなにゆえ副手にしたのだろうか。

清水は学生時代に、戸田の講義や演習には欠かさず出席していた。戸田に「今日は君が全部やり給え」といわれて、演習をまかされるほどだった。しかし、戸田は社会調査を重視する手堅い実証的家族社会学者だった。その研究は、日本の同族や家族の実態をデータによって明らかにするものだった。第一回国勢調査（一九二〇年）の抽出（全国一一二〇万世帯の一〇〇〇分の一、つまり一万一二一六世帯）写しをもとにした家族構成の実態調査研究をおこなっていた。

しかし、清水の関心は卒業論文で示されているように、学説研究ないしは理論研究である。清水と戸田の社会学への関心のありかたは、両極といっていいほど違っていた。だから清水が外国の学説を持ち出して戸田の意見を聞くと、不機嫌さを丸出しに、「そんなことは俺はしらん、松本にきけ」といっていた。

ここで出てきた「松本」というのは、当時法政大学教授で東京帝国大学文学部非常勤講師だった理論社会学者松本潤一郎（一八九三〜一九四七）である。松本は、清水が二年生のときから講義と演習をもっており、講義のタイトルは「階級の問題」、演習はフランスの社会学者C・ブーグレの『価値の進化』の講読だった。清水は講義だけでは満足できず、松本の自宅にも頻繁に教えを請いにいった。卒業論文でも教えを請うた。清水の学問の師をあげるとすれば、戸田ではなくむしろ松本のほうだった。清水の卒業論文が『思想』に掲載される縁をつくってくれたのも松本だった。松本が谷川徹三に清水の卒業論文について話してくれたことがきっかけになったからである。

戸田は、データをもとにしない議論を「お説教」と呼んで、「俺は、お説教は嫌いだ」と何度も清水にいっていた。だから、清水が言葉の真の意味での師として仰いではいなかったことは戸田本人にもわかっていただろう。それに清水は、副手就任のときに「僕以外にいるはずはない」と思うほど鼻っ柱の強い自信家でもあったから、戸田に好感をもたれたとは考えにくい。それでも戸田は清水を卒業と同時に副手にしている。ではそもそもなにゆえ、戸田は清水を副手にしたのだろうか。

学界雀と大学の人事

こんな疑問が湧くのは、講座制の助教授や助手を決定するときに、教授は当人の実績に関係なく、自分好みの人事をするという巷説《こうせつ》があるからである［注］。講座制とは、帝国大学にはじまって、いまは大講座制として一部国立大学に存続している教員組織のことである。社会学や宗教学などの各学問分野ごとに、教授・助教授・助手という階層組織をとった教員配置の仕組みである。講座制教員人事は教授の好悪や情実に大きく左右されるものだという巷説にしたがえば、戸田が清水を副手にした動機がわからなくなる。

そこで、大学の人事をめぐる「規範」についてふれておこう。大学が包摂される学問世界（アカデミズム）は一つの社会制度である。社会制度は、慣行や価値、規範をともなっている。大学人の評価や人事には、相手との個別的関係による「個別主義」ではなく、開かれた「普遍主義」、相手が何であるかの「属性主義」ではなく、何ができるかの「業績主義」にもとづくべきだという建前がある。

「普遍主義」や「業績主義」は、大学教授が従事する科学のエートス（道徳的な慣習）から帰結する価値や規範である（ロバート・K・マートン「科学の社会学」『社会理論と社会構造』森東吾ほか訳）。だからアカデミズムの評価や人事は個人的感情や思惑による情実ではなく、普遍主義や業績主義でおこなわなければならないということがその成員にある程度内面化されている。

しかも有名大学の大学教員人事であれば、学界や同じ学部の同僚、そして卒業生の注目が集まる。誰が助教授に採用されるかは、学界雀《ホモ・アカデミクス》の注目の的である。助教授は、講座のつぎの教授となるからなおさらである。学会員も卒業生も、一般論としては、普遍主義や業績主義で人事がおこなわれるべきだという建前をあげる。だからそれに反した人事がおこなわれれば、情実人事として格好の話題となる。情実人事をした教授は、学界雀からの不評というネガティヴ・サンクション（制裁）を甘受しなければならない。

類別主義的業績主義

もっとも、日本の有名大学の採用人事は、これまで各大学の出身者に限定されがちであった。いわゆる同系繁殖（inbreeding）である。同系繁殖は必ずしも逸脱人事とはみなされていなかった。いくら業績にもとづいた人事であっても、他大学出身者を採用すれば、「なぜ卒業生から採用しないのか」と、逸脱人事とみなされることが多かったほどである。

一九六二年の大学教員市場をめぐる調査においても、自給率は東大で九五・三％、京大で八八・九％、早稲田大で八三・二％だった（新堀通也『日本の大学教授市場』）。最近は同系繁殖人事への批判が大きくなった。それでも、二〇一二年現在でも東京大学法学部の同系繁殖率は八六・二％、京都大学法学部は八二・一％、京都大学文学部は七六・六％、東京大学文学部は七一・一％である。理工学部系では、東京工業大学は七一・五％、東京大学は七〇・五％である（『大学ランキング　２０１３年度版』）。

だから、より正確にいうと、日本の有名国立大学の教員人事の暗黙のルールにおいては「普遍主義」の浸透は弱かったものの、自校出身者であれば誰でもよいのではなく、そのメンバーの間では「業績主義」が建前となっていた。自校出身者優先は、ある個人との特別な関係を重視する「個別主義」というよりカテゴリー（同類つまり出身者）との特別な関係を重視するものだから、「類別主義」というべきである。

類別主義という用語は、社会学者対馬貞夫によって生みだされた（「組織体における閥の問題」新明博士還暦記念論文集『社会学の問題と方法』）。対馬は日本社会における学閥などの「閥」的行為の説明にさいして、それは普遍主義ではないことはもちろんであるが、そうかといって「友人・知己・縁故などの情実的態度」である個別主義でもない、派閥は地縁や学歴などによって特定のカテゴリーの成員に格別の配慮をするものだから個人的庇護や情実とは異なっている、類別主義ともいうべき特有の志向によって形成される、とした。したがって、日本の有名大学の伝統的人事の慣行は、「個別主義」「情実主義」というよりも「類別主義的業績主義」というべきだろう。

もちろん、「類別主義的業績主義」は一種の規範、あるいは建前である。しかし建前が存在するかぎり、教授は、自分の意思だけではなく、学界や卒業生や学部内の世間の目を意識せざるをえない。とすれば、教授が自分より能力の劣る者を採用して講座の学問生産力の縮小再生産をきたすような人事はこのような世間の目を無視した不適切な人事ということになる。

情実人事がおこなわれているという巷説がひろがるのは、事実として頻度が高いというよりも、これまでふれたアカデミズムの人事の規範（「類別主義的業績主義」ないしは「普遍主義的業績主義」）があることから、現実が規範との関係で測定されるぶん、逸脱が認知されやすいからだといえる。

アカデミズムの人事にまつわる巷説は情実人事を強調するが、一方で、教授が学界や卒業生などの目を意識して、自分の意思を抑えてしまい、いやいやながら業績主義人事をおこなう場合もある。情実人事をおこなう教授は指弾されやすく、業績主義にもとづく人事をおこなう教授は度量が広いといわれやすいが、後者にも単に世間の目を恐れたにすぎない場合もあるだろう。

現実の大学人事は、情実主義と業績主義のせめぎあいのなかでおこなわれる。業績主義はもちろん建前だから、破られたり、薄められたりすることはあるが、建前であるかぎり一定の力をもつ。しかし、同時にその枠内で、候補者に対する教授の好悪や情実などさまざまな思惑が働くというのが現実である。このように大学の人事をみることは、清水が副手に採用されたのはなぜか、そして、副手になって二年目に実質的な解雇シグナルをおくられたのはなぜかを考える重要な手がかりになるだろう。

「今年の首席だ。よろしく頼むよ」

前述したように清水はすでに、大学一年生のときから『社会学雑誌』に外国文献の紹介記事を定期的に書いていた。清水の長い執筆史のはじめを飾るものだった。もっともこの仕事を与えたのは、戸田教授で、清水が外国文献に詳しいことを知っていたことによるものだった。清水が最初に原稿料なるものを得たのがこの外国文献紹介だった。四〇〇字詰原稿用紙一枚の原稿料が七〇銭だった（「わたしの執筆史」『日本評論』一九五一年一月号）。喫茶店のコーヒー一杯が一〇銭のころである。

学会誌に毎号外国文献の紹介をする清水は、社会学者たちの間で若き秀才社会学学徒として知られていた。文学部の教授のうちにも、試験やレポートで清水が秀才であると認めていた教授も少なくないだろう。学生の品定めは大学教授が好んでする話題である。学部内の同僚教授にも清水が秀才であることはひろがっていただろう。とすれば、戸田はほとんど躊躇なく清水を副手にしたのではなかろうか。いくら生意気そうにみえても、まだ学生である。副手にすれば、変わっていくだろう……。そんな思惑もあったかもしれない。ともあれ戸田は業績主義の「規範」に沿った人事をおこなったのである。

清水に副手にすることを告げた数日後、戸田は文学部哲学科の教授大島正徳のところへ清水を連れていった。清水はそのときのことをつぎのように書いている。

「これは清水という男で、今年の首席だ。今後とも、よろしく頼むよ」と戸田先生が紹介して下さったが、「いや、この男は、よく知っているよ」と大島先生は言われた。それからは、私を放り出して、お二人で無遠慮な口調で雑談を始めた。（中略）「さあ、失敬しよう」と戸田先生が立ち上ったので、私も失礼することにした。何か用件があって大島先生をお訪ねになったのかと思っていたが、そうでもないようである。外へ出ると、四辺は、かなり暗くなっていた。近くの町角で、私は、上富士前のお宅へ帰られる先生と別れて、一体、何のために大島先生のところへ連れて行かれたのか、それを不思議に思いながら、雑司ヶ谷へ帰った。

（「わが人生の断片」『清水幾太郎著作集』14）

「何か用件があって大島先生をお訪ねになったのかと思っていたが、そうでもないようである」とあるが、戸田にとっては、秀才を副手にした自分の人選を自慢したかったこともあり大島教授を訪問したのかもしれない。学者として遵守すべき規範にしたがって人事をおこなったことを誇りに思ったがゆえに。

ねじれた師弟関係

しかし、戸田と清水の師弟関係は、最初からねじれていた。そのねじれが清水の副手馘《かく》首《しゅ》の伏線となる。ねじれた師弟関係というのは、清水の東大での学問上の師が、戸田というよりも非常勤講師の松本だったことに由縁する。戸田はそれをよく知っていたから「松本にきけ」といったのである。

清水は副手になってから戸田の学問に沿って家族社会学を研究しようと努力もした。カードやノートをつくって書き込んだりした。しかし、家族社会学の文献は何冊読んでも面白さを感じられなかった。そんなとき田山花袋の『生』を読む。母のことも、兄のことも、嫂《あによめ》のことも容赦なく、余すところなく描きだす筆力に圧倒される。「アカデミックな研究と小説とでは角力《すもう》にならない。アカデミックな家族研究がいつまでも家族という集団の周りをウロウロしているのに、『生』は私をこの集団の真中に叩き込む」（『社会学入門』）。こうして家族の社会学研究をあきらめてしまった。

師弟関係の感情のもつれというと、弟子の側からの師に対する感情のもつれを指摘する場合が多い。たとえば、フロイトは、ギムナジウム（ドイツのエリート中等学校）の生徒の教師への両義的《アンビヴァレント》感情、つまり尊敬と批判、愛と憎しみについてつぎのようにいっている。

……私たちは先生方に、愛と憎しみ、批判と尊敬の相半ばするものを感じていたのです。精神分析は、このような正反対の態度へと傾く心の構えを両価的《アンビヴァレント》な構えと呼び、そうした感情的両価性《アンビヴァレンツ》が発する源がどこであるかを、じっさい突き止めてもいるのです。

（「ギムナジウム生徒の心理学のために」道籏泰三訳『フロイト全集』13）

フロイトはこうした生徒の教師へのアンビヴァレントな感情の源を、家庭で全知全能の父親に抱いた尊敬と期待を教師に転移させ、さらに家庭の中で身につけた両価的な感情を教師にぶつけるからだとした。

ロバート・K・マートンは社会学者らしく、師と弟子の社会関係構造にアンビヴァレンス（アンビヴァレンツ）の源泉をみている。弟子には「師匠を愛し、師匠を見習わなければならない」という規範があるが、弟子のつくべきポストが乏しかったり多かったりというような構造上の理由がアンビヴァレンスを強めたり弱めたりするという社会学的見解を述べている。「徒弟愛の研究は、これらの構造がどのように相違するかによって、アンビバランスのほうが生じやすいか、それともユニバランス（univalence）が生じるかを考察することになろう」としている（「アンビバランスの社会学理論」『現代社会学大系13　社会理論と機能分析』森東吾ほか訳）。

フロイトは師弟関係がアンビヴァレントな感情をともなうことの心理的源泉を、マートンはアンビヴァレントな感情が強くなるか弱くなるかの社会構造的源泉を指摘しているわけだが、いずれも弟子の師へのねじれた感情の源を指摘しているにとどまる。

師のアイデンティティ

ここで大事なことは、師弟関係は弟子のほうだけに感情的アンビヴァレンスを蓄積するのではない、師のほうにもそれはおこるということだ。たしかに教師は権力者である。褒めるにしろ貶《けな》すにしろ、及第や成績などの処遇の生殺与奪の権をにぎっている。しかし、教師の権力は、自発的服従をもたらす権威にささえられている。すなわち教師の権力の基盤は脆弱なのである。権威は服従者が自発的に差し出すものだからである。学生が教師のまなざしに一喜一憂するとしても、教師もまた学生にどう思われているかにおののいているところがある。

師のアイデンティティは、父や母のアイデンティティがそうであるように、対になる学生（生徒）との関係によって得られる「相補的アイデンティティ」（R・D・レイン『自己と他者』志貴春彦ほか訳）なのである。子どもが子どもらしく行為してこそ母のアイデンティティが保持される。学生が学生らしく行為してこそ教師のアイデンティティが保持できる。子どもが、母を母と思わず、生徒や学生が教師を教師と思わない振舞をすれば、母や教師のアイデンティティは揺らいでくる。

戸田の、「そんなことは俺はしらん」「俺は、お説教は嫌いだ」という言葉に、清水との微妙な師弟関係があらわれている。戸田のようなニッチ的社会学者にとっては、学説研究や理論研究をもっぱらにする清水のような学生は師のアイデンティティを揺るがすに十分な存在である。

すでにふれたように、清水の卒業論文は副手一年目に『思想』に掲載される。おなじころに、『思想』編輯部はヘーゲル死後一〇〇年を記念した特輯号の「ヘーゲル文献」の作成を清水に依頼した。清水の準拠集団（価値や態度の基準となる集団）が、アカデミズムの理論社会学者以上に、『思想』を舞台にした三木清、谷川徹三、林達夫、和辻哲郎などの当時のメディア知識人系であることがはっきりする。和辻は、当時、京都帝国大学教授（倫理学講座）だったが、官学知識人というよりも、いま風にいえばメディア知識人（当時ならジャーナリズム学者）とみられていた。官学アカデミズムでは、哲学といえば西洋哲学の研究で、和辻のように、日本の思想や倫理の研究をする者は異端とみられていた（湯浅泰雄『和辻哲郎』）。官学アカデミズムの世界では、和辻のような研究をしてはいけないとまでいわれていたほどである。

清水が師と仰いで尊敬しているのが、三木清や谷川徹三などの花形メディア知識人であることがはっきりすればするほど、戸田は快く思わなくなっただろう。

戸田と清水はそもそもからして儀礼的・形式的師弟関係に近いが、それがいやますことになる。そこには、戸田に代表される当時の官学知識人のメディア知識人に対する穏やかならざる感情が介在していた。こうした戸田の微妙な感情を理解するには、当時のメディア知識人の擡頭《たいとう》とそれに対する官学知識人の微妙な感情の動きをみなければならない。

メディア知識人の覇権

ジャーナリズム界で有名になる在野知識人は、新聞や雑誌ジャーナリズムの誕生とともに存在した。しかし、新聞記者が羽織ゴロといわれたように、(フリーの)ジャーナリストは無頼インテリかせいぜい二流のインテリとしかみられてはいなかった。インテリ中のインテリは官学教授であった。しかし、清水が大学生のころの昭和初期には、メディア知識人の地位が急上昇しはじめていた。官学知識人も『中央公論』などの総合雑誌に執筆することで帝大教授としての威信が高まったほどである。

そんな時代に学生だった、清水幾太郎より六歳ほど年少の、元東大総長林健太郎は、旧制高校から大学にかけて、総合雑誌の巻頭論文を「読んで大いに影響を受けた人は私ばかりでなくたくさんあった」としている(臼井吉見ほか「座談会　総合雑誌と巻頭論文」『中央公論』一九五七年五月号)が、別のところではこうも書いている。

私ばかりでなく、当時の学生は一般に、恐らく今の学生よりも大学の講義を軽蔑する傾向が強かったように思う。こういう風潮はおそらく大正時代以来の日本の大学生の伝統だったのではあるまいか。殊に私などの時代はマルクス主義の権威がある意味で最も高かった時代であった。あまりものを知らないことにおいては今の学生に劣らなかったにも拘らず、大学で教えるものは「ブルジョア科学」で、真の科学——それはマルクス主義以外にはあり得なかった——は大学の外にあるのだという意識が何となく一般的であった。そして当時出た『日本資本主義発達史講座』とか雑誌『唯物論研究』などに載っている論文の方が、大学の講義などよりずっと学問的な権威を持っているように見えた。

（『歴史と体験』）

当時の学生たちが、官学教授が書いたものよりメディア知識人の書いたものに魅力を感じ、「真の科学は大学の外にある」と思ったのは、官学教授はマルクス主義に対して無知かそれを無視するかで、メディア知識人にマルキストやマルクス主義に造詣の深い者が多かったからである。マルクス主義の衝撃によって、アカデミズムは「ブルジョア・アカデミズム」とされた。

しかし、小林秀雄がマルキストでなかったということからもわかるように、アカデミズムの権威の低下は、マルクス主義だけの問題でもなかった。ジャーナリズム市場が成熟することにより、官学の秀才でありながら、官学教授ルートからはずされたり、自らはずれ

表2－2：大学生（71人）の尊敬する人物

氏　名	投票人数
安部磯雄	7人
長谷川如是閑	6人
三木　清	4人
ムッソリーニ	4人
賀川豊彦	3人
佐野　学	3人
頭山　満	2人
徳富蘇峰	2人
土田杏村	2人
杉森孝次郎	2人
大森義太郎	2人
ガンジー	2人
レーニン	2人

出所：「現代思想調査」『文藝春秋』1933年1月号

た、すぐれた知識人が帝大教授という立ち位置の縛りをもたず、ジャーナリズムを舞台に思いの丈を開陳できることになったのである。

一九三三（昭和八）年に、『文藝春秋』により学生に対して「尊敬する人物」のアンケート調査がおこなわれている。二人以上が挙げた人物が表2－2である。安部磯雄やムッソリーニ、佐野学（社会運動家、一八九二～一九五三）などの社会運動家や政治家以外では、長谷川如是閑《にょぜかん》（ジャーナリスト、一八七五～一九六九）、三木清、徳富蘇峰（ジャーナリスト、一八六三～一九五七）、土田杏村《きょうそん》（評論家、一八九一～一九三四）などメディア知識人のオンパレードである。表に挙げられている大森義太郎（経済学者、一八九八～一九四〇）は、すでに一九二八（昭和三）年に東京帝大を辞職し、メディア知識人として活躍していたから、表には官学知識人は一人もいないことになる。

ふりかえってみれば、わたしの大学時代も林健太郎がいうようなところがあった。林は、東京帝大教授の学問がすべてつまらなかったわけではなく、「すばらしい宝が蔵されている」ということをあらためて知ったところもあるとしているが、わたしも大学に入学して、少数であるがそういう先生や講義に出会ったことは否めない。

しかし、吉本隆明や鶴見俊輔などの書いたものに匹敵する迫力をもった先生や講義に出会うことはそう多くはなかった。吉本や鶴見などを合わせ鏡にして、「この先生からドイツ語の読解力を差し引いたらなにが残るのだろうか」と、つまらなさが明瞭になる場合も多かった。総合雑誌の論文のほうが、普通の京大教授の論文よりもはるかにおもしろく、少なくとも当時のわたしには訴求力があった。だから多くの知的学生にとっては、メディア知識人のほうが並みの大学教授よりはるかに威信が高かった。このようなメディア知識人の覇権のはじまりが昭和初期だった。

官学教授の穏やかならざる心中

三木清や羽仁五郎、谷川徹三、小林秀雄などは、昭和戦前期のメディア知識人の代表だった。かれらは官学教授ではなかったが、大学に籍をおいていなかったわけではない。三木清は法政大学文学部哲学科教授、羽仁五郎は日本大学日本史学科教授（三木と羽仁は治安維持法違反容疑で逮捕され退職）、林達夫は東洋大学文化科教授、小林秀雄は明治大学文芸科教授、谷川徹三は法政大学文学部哲学科教授。しかし、当時は、大学といえば帝国大学であり、私立大学は、名前は大学でも、帝大との差は今日の東大と専門学校くらいあった。

だから、かれらのアイデンティティは「(私立)大学教授」ではなく、「哲学者」や「文芸評論家」にあった。かれらは帝大の学問や帝大教授を軽くみており、それを随所で吐露していた。「今日の学者達の独善が容易に改まらないのは、彼等が本当に健全な無遠慮な読者を持つてゐない」からであり、「審判者が世間になく、学界といふ国のなかにだけゐるからだ」(小林秀雄「官僚と学者」『文藝春秋』一九三九年一一月号)とか、「政策を論じたがる学者が余りに多く、純理論家が少な過ぎる」(傍点引用者、三木清「大学の権威」『文藝春秋』一九三八年一月号)などである。小林秀雄や三木清などの当時のメディア知識人の大学(帝大)教授批判は、かれらが官学教授になりえなかったことからの怨恨というよりも、メディア知識人としての自負心から大胆に語られた。

自負心といえば、三木清のあとをうけて法政大学講師(一九三四年に免職)などを務めながら、メディア知識人でもあった戸坂潤(哲学者、一九〇〇~四五)は、東北帝大教授新明正道編の『イデオロギーの系譜学』(大畑書店、一九三三)の書評において、本書はイデオロギー研究として画期的であると評価しながらも、こういっている。「吾々はこのように活発な活動をし始めたアカデミーに対して、もう一遍評価のやり直しを試みなければならなくなるかもしれない」(「読書法」『戸坂潤全集』5)。アカデミーの「評価のやり直し」をしなければならない、つまりアカデミーも捨てたものではない、といっているのである。当時メディア知識人の自信がいかに強かったかがわかる。

このようなメディア知識人の擡頭によって官学教授たちの心中は不安定なものがあっただろう。そんな感情の淵源は、『三四郎』（夏目漱石）で、「偉大なる暗闇」、広田先生のモデルといわれる第一高等学校教授岩元禎《てい》（哲学者、一八六九〜一九四一）の漱石評にまで遡ることができる。岩元はひたすら西洋の学問に沈潜し、著作を残さなかった官学教授の原型だったが、漱石の表現活動を全く評価せず、「つまらんものを書きおって」といっていたという。

昭和初期のメディア知識人の活躍を前にしての官学教授の心理については、山崎正和がつぎのように忖度《そんたく》している。

……大学の内部には一般にジャーナリズムにたいする軽侮の念が高まり、研究者相互のあいだでも、新聞や商業雑誌に執筆する同僚に微妙な反感が向けられるようになった。彼らの信じるものは時流を越えた真理であり、行動の規範は学問研究の求めるディシプリンであって、当然、その生活態度は孤高の尊重に傾いた。（中略）

大学という制度のなかの学者たちは、他人の専門に口を出すことを慇懃に拒絶し、自分の専門に口を出す「素人」を露骨に軽蔑した。

（「『インテリ』の盛衰」『日本文化と個人主義』）

山崎が剔抉《てっけつ》しているのは、昭和初期のメディア知識人の擡頭によっておこった官学教授たちの専門への沈潜と「孤高の尊重」という屈折した心理である。当代のメディア知識人であり、毒舌家だった杉山平助（評論家、一八九五〜一九四六）は、ジャーナリストつまりメディア知識人に直面した大学教授の心理を端的につぎのように抉《えぐ》ってみせている。

> 普通水準の大学教授あたりとつきあつてゐて、直ぐにこちらのカンにひゞいて来るのは、彼等が大学教授といふ地位について、如何に無雑作な様子をしめしてゐようとも、心の奥底にひと方ならない誇りをいだいてゐるといふことである。つまり、我々ヂヤアナリストに対しては、心のどこかに軽視する念がひそんでゐるといふことである。しかも、面白いのはそれと同時に、彼等のうちに、何か自卑的なあんまり白日の中に照らし出されたくないやうな、陰気な自己隠蔽が感じられることである。つまり我々ヂヤアナリストに対してはどことなく圧迫されるやうなものを感じてゐることである。これは、ごく水準の通常な教授連中に見られるところだが、水準を抜いた一世の碩学といふやうなものは、自《おのずか》ら別であらう。
>
> しかし、さうした人物の中にも、精密に分析してみると、前記のやうな二つの心の動きは認められるのではないかと、私は推察してゐる。
>
> （「大学教授の頭を改造せよ」『日本評論』一九三八年八月号）

杉山のいう、ジャーナリストに対面して生まれる大学教授の自尊と自卑の間で揺れる感情は、山崎のいう官学知識人の「孤高の尊重」や「素人への軽蔑」、「ジャーナリズムにたいする侮蔑」という感情創出にみてとることができる。その振れの幅は、人によって違っていたにしても、戸田が、山崎や杉山によって剔抉されたような官学教授の気分をある程度共有していたことはまちがいないだろう。

そうした戸田からすれば、三木清に私淑しているらしい清水は快く思われなかったであろう。清水は、すでに高等学校時代から三木に傾倒していた。三木の文章スタイルを真似ていただけではなく、オーギュスト・コントの卒業論文をまとめるときも、三木が哲学の伝統のなかにマルクス主義を据えたことが頭にあって、「社会学の伝統の中にマルクス主義を据える」ことを考えた（「わが人生の断片」『清水幾太郎著作集』14）といっている。戸田の感情を逆撫でしたのは、まちがいない。

社会学批判のほうへ

副手二年目のときに、清水は唯物論研究会に入会する。唯物論研究会は、一九三二（昭和七）年五月、戦闘的無神論者同盟の川内唯彦（社会運動家、一八八九〜一九八八）が三枝《さいぐさ》博音《ひろと》（哲学者、一八九二〜一九六三）と岡邦雄（科学史家、一八九〇〜一九七一）に示唆をあたえ、両人が戸坂潤と相談し、理論的な領域に限定された合法的な研究会として企図されたものである。九月に趣意書ができ、発起人依頼がなされる。一〇月二三日に創立総会が開かれた。幹事には、長谷川如是閑、本多謙三（経済哲学、一八九八～一九三八）、三枝博音、服部之総《しそう》（歴史学者、一九〇一～五六）、戸坂潤、岡邦雄、羽仁五郎、林達夫などとともに清水が選ばれている。会員は創立時で四〇名ほど、一九三三（昭和八）年二月ころには二〇〇名を超えた。

清水の唯物論研究会への入会は突然の翻心ではない。その前に、清水は、樺《かんば》俊雄（哲学者、一九〇四～八〇。六〇年安保闘争で死亡した東大生樺美智子の父）や武田良三（社会学者、一八九八～一九八七）がおこなっていた研究会に参加し、文化社会学を研究していた。そこでマンハイムの『イデオロギーとユートピア』などを読んでいた。この研究会には戸坂潤も参加しており（樺俊雄「清水幾太郎――利にさとい合理主義者」『現代の眼』一九八〇年六月号）、清水の唯物論研究会への参加は、この研究会で知りあった戸坂潤の勧誘と、さきにふれた『思想』の「ヘーゲル文献」をまとめていたときに世話になった三枝博音の誘いによるものだった。

この研究会での清水の研究成果が「文化社会学とマルクス主義社会学」（『理想』一九三二年五・六月号）や「非常時の社会学」（『思想』同年一〇月号）である。唯物論研究会は創立以前に何回も会合を重ねていたから、清水がこの論文を書いたのは、唯物論研究会への参加がきまっていたか、すくなくとも打診をうけていたころである。そのこともあってか、「非常時の社会学」の末尾には、そのころの社会学の主流派である形式社会学を否定するのはもちろん、形式社会学をのりこえるべく擡頭した文化社会学さえも「社会学の最後の転身」であり、「文化社会学はブルジョアジーに対する社会学の最後のご奉公である」とされている。

いま「形式社会学」や「文化社会学」という用語がでてきたが、社会学史に詳しくない読者のためにそれぞれについて簡単に説明しておこう。

社会学は、遅れて登場したゆえに、学問陣地（対象）がなかったことから最初、法律も政治も経済も宗教もと、社会の総体を対象とする学問とされたが、このような「総合」社会学について、科学としては問題ありとする学者がでてくる。ジンメルは、百科全集のような総合社会学に強い不満をもっていた。歴史学、心理学、政治学などを「一つの大きな壺」に投げ込んで、ごたまぜにして「社会学」という共通の名称を貼ったところで、益するところはなにもないとした。そして、社会学は対象の領域を可能にする新しい概念を発見することによって独自性をもたなければならないとした。

ジンメルが企てたのは、「社会化の形式」という独自の概念によって新たな学問領域をつくり、社会学を確立することだった。社会化とは人々が関係しあって、まとまりがある状態のことである。社会化は個人間の相互作用によって存立する。相互作用は物質的利益や宗教的衝動などさまざまな関心や目的によって営まれる。会社や政党、芸術の流派、学校などそれぞれの集団におこる相互作用の「内容」は異なった動機や目的によって成り立っている。そのかぎりでは、相互作用の内容は集団によってそれぞれに異なっている。しかし、相互作用の「形式」に着目すれば、支配・服従や競争・党派形成など、学校にも会社にも政党にも共通なものをみつけることができる。つまり、社会学は目的を異にする集団や相互作用に共通にみられる支配・服従などの（社会化の）形式を追究する学問だとされた（『社会学』居安正訳）。これが形式社会学である。

しかし、一九三〇年代にアルフレッド・ウェーバーやカール・マンハイムなどによって形式社会学は歴史性や内容を捨象しているという批判が起こり、「文化社会学」が唱えられる。政治や経済、科学、芸術、宗教などを文化やイデオロギーという面からとらえ、社会学の歴史性と現実性を回復しようとする試みである。マンハイムの『イデオロギーとユートピア』が文化社会学の金字塔である。

一九三〇年代の日本の社会学者は、この文化社会学に大きな期待を寄せたが、清水は、マルクス主義の立場から、それを社会学の最後のあがきだと批判したのである。『唯物論研究』（三号、一九三三）に掲載された「社会学としての史的唯物論」では、社会学批判は、さらにヒートアップし、真の社会学は「史的唯物論」であり、そのためには「社会学が否定されなければならない」と断言するにいたる。師の影を踏むどころか、師そのものを踏んづけ、師弟の関係を清算する所業だった。

引力と斥力

清水をこうした社会学批判の方向に導いた力とはどのようなものであったのか。それは社会学批判の魅力に引っ張られる「引力《プル》」と社会学批判のほうへ押し出される「斥力《プッシュ》」とが合成されたものであったろう。

社会学批判の引力としては、オーギュスト・コントについての卒業論文がそうであるように、清水が大学時代からマルクス主義に大きな関心をもっていたことが挙げられる。社会学批判に押し出される斥力には、後輩の尾高邦雄が官費給与の副手に就任し、清水は戸田のポケットマネーの副手となったことで、研究室からの放逐が予期されるようになったことがあるだろう。放逐が予期されればされるほど、社会学研究室への怨みとかねてからのマルクス主義への傾倒が重なり、社会学批判のヴォルテージが上がることになる。

一九三二（昭和七）年一一月、清水が唯物論研究会で活動を開始したころ、戸田は、東京帝大にできた国粋主義の学生研究団体帝大満蒙研究会の責任者になっている。だから、戸田は、マルクス主義に大いに関心をもち、唯物論研究会の幹事となった清水とは水と油である。

戸田が清水の唯物論研究会幹事就任を知っていたかどうかはわからないが、副手二年目後半からの清水が書いたものは理論研究や学説紹介ではなく、社会学批判である。副手二年目の終わりころに発表した論文「社会学とは何か――社会学と社会学主義」(『理想』一九三二年一二月号)では、こう言い切っている。社会学者たちは社会学の学問としての独立への希求で頭が一杯になっているが、「社会学者ならぬ吾々にとって」は、社会学の独立より社会学の機能如何が問題なのだ。フォイエルバッハが「自分の哲学は哲学でない」といったように、吾々は「自分の社会学は社会学でない」と言おう、と。清水は講座の学問を否定する存在となった。

戸田と清水は、そもそもからして儀礼的で形式的な師弟関係であった。秀才だから様子をみようとして副手にしたが、初期の戸田のしこりはひろがり硬化するばかりであったろう。副手二年目にポケットマネー副手にしたのは、戸田の清水切りの第一弾だった。そして戸田は、ついに清水を研究室に残すべき人物ではないと見切りをつけた。それが副手二年目が終わるころの「研究室を辞め給え」の言葉になった。

清水は戸田による放逐を予期して過激な行動(社会学批判)に走り、戸田は清水の過激な行動(社会学批判)によって、放逐の決心をかためる。清水と戸田の関係の悪化はポジティヴ・フィードバック(燃焼と温度の関係のように、一方が高まることで、他方も高まる関係)になっていったということだろう。邪推すれば、こうもいえよう。戸田は秀才の清水を無視するわけにはいかなかった。しかし、何かきっかけがあれば、副手をやめさせたい。

戸田にそんな無意識の感情があったことが、戸田と清水の関係悪化のポジティヴ・フィードバックの大本なのだ、と。

社会学の清算

研究室を追われてから清水がとりかかったのは、「社会学の清算」である。一九三三（昭和八）年に刊行された『社会学批判序説』（理想社出版部）は、さきほどの『思想』掲載の「非常時の社会学」やコントについての卒業論文などを、加筆してまとめなおしたものである。謝辞には高等学校の恩師大塚金之助（経済学者、一八九二〜一九七七）や東大非常勤講師だった松本潤一郎などが出てくるが、恩師戸田貞三の名前は挙げられていない。マルクスの『経済学批判』が頭にあり、気負いもあっただろう。社会学批判というより社会学解体の書であった。序文にはこうある。

社会学の畑で育つた著者が大学を出て二年間にした仕事の一部を、人人の勧めに従つて、再びやり直して本書を編むに到つた所以は、一に著者自らが社会学に対して抱き始めた不信の念を社会学への関心を持つ人人に告げて社会学の本質の吟味へ動かしたいといふところにあつた。

本論はつぎのようにしてはじまる。社会学は社会を一定の方針で分析する社会理論のもとにあるが、この社会理論というのがくせもので、それは「社会の（一般――引用者）理論」というよりも「一定の（特殊な――引用者）社会理論」だということを忘れてはならない。ルネサンス以後、個人を原理とする自然法的社会理論が支配した。しかし、一九世紀になると、ブルジョアの危機意識によって社会と個人の関係を逆転させ、社会に原理をおくイデオロギーが擡頭する。それが社会有機体説である。社会有機体説とは、社会を生物有機体との類似で想定し、各部分の分業と協同で社会が成立しているとする社会理論である。社会学はこうした市民社会の危機意識から発生したイデオロギーにすぎないものだとする。

社会を個人に優越させる社会学は進歩的な学問ではないどころか、「元来反動的な学問」として成立したと糾弾する。かくて第一章（「社会学批判の課題」）の最後は、こう結ばれている。

……従つて吾吾はこの関係（社会学と史的唯物論の関係――引用者）に於いて唯一の真なる社会理論としての史的唯物論の建設と擁護とのために社会学を粉砕せねばならぬ。そして社会学の破壊的批判は実に社会学を担ふところの土台としての資本主義の破壊的批判の一部として遂行するのでなくてはならぬ。（傍点引用者）

ただし、この『社会学批判序説』について、清水は、のちに「傾向的で下品なもの」(「わが人生の断片」『清水幾太郎著作集』14)で「失敗作」としている。「傾向的」とは当時の風潮にのった左翼的なものということである。傾向的というだけでなく、乱暴な言葉遣いや粗削りな表現に後年の清水が不満を感じたからだろう。清水は後年、『社会学批判序説』とその二年後に刊行された『社会と個人――社会学成立史』上巻(刀江書院、一九三五)についてつぎのようにもいっている。

……私がこの書物によつて葬つたのは、社会学ばかりではなかつた。それと一緒に、少年の頃から学んだドイツ語を介して親しんで来たドイツの学問も葬つた。いや、それより大切なのは、世に所謂学者として、或は大学の教師として生きて行くといふ道を葬つたことであらう。社会学といふ学問に包括的な批判を与へながら、その学問を講じて世を渡ることが不可能なのは自ら明らかであつたし、人々は寄つてたかつて、ひよつとしたら、といふ私の迂闊な、虫のよい期待を粉々に打ち砕いてくれた。

(傍点引用者、『私の社会観』)

こうして、清水の東大教授への道は閉ざされた。いや、それどころではなかった。

［注］

日本にはじめて講座制が導入されたのは一八九三（明治二六）年であるが、このときの講座制は一講座を教授もしくは助教授または講師一人で担当するというものであった。一講座、教授一、助教授一、助手一〜三の教官定員を定めた講座制は、一九二六（大正一五）年の「講座制改革」によってできたものである。この講座制改革によって大学教員の「エスカレーター」式昇進システムができ、大学間の非移動性と閉鎖性、その結果としての同系繁殖がもたらされることになったとされている。しかし、教育社会学者岩田弘三の近年の研究（『近代日本の大学教授職』）によれば、一九二六年の講座制改革以前に非移動的、つまり同系繁殖が慣行としてすでに存在しており、講座制改革はそうした慣行を制度化したものである。同系繁殖は、本文のすぐあとで述べる類別主義的業績主義規範によるものであり、講座制改革は、その規範の制度化であり、講座制という制度化によってさらに同系繁殖が強化されたということになる。

三章　迎合・抵抗・差異化

街頭に放り出される

清水は、「犬の子のように」(『私の読書と人生』)研究室を追われた。そのことを帰宅して父に話すと、東大教授への道が断たれたとわかったらしく、「ガッカリした様子で、『ああ、そうかい』と言った」(「東京府士族」『文藝春秋』一九八四年一二月号)と、清水は書いている。「東大教授への道が断たれた」という思いは清水自身の思いでもあったろう。清水は、昭和初期の「大学は出たけれど」の就職難はクリアーしたが、問題は、「副手にはなったけれど」だった。副手職の辞職で東大教授への道が断たれたどころか、「一文の収入もない」状態で街頭に放り出された。一九三三(昭和八)年四月のことである。

二章でふれたように、副手のときの清水には、相当な収入があった。副手の給与五一円のほかに、雑誌の編集の手伝いや女学校講師など各方面からの収入があった。合算すると、二〇〇円を超えるほどだった。この時代の二〇〇円は、東京帝国大学の法学部や経済学部を卒業して財閥系の一流会社に就職して一〇年以上勤務したサラリーマンの月収に相当した。「東京に於ける文化生活の最低様は蓋し二百円なるべきか」(「サラリーマンの経済的基礎」『中央公論』一九三一年七月号)、つまり月収が二〇〇円あればなんとか中流階級らしい

表3-1：東京帝国大学の学部別　就職率推移（1930〜1943年）

	工学部	医学部	農学部	法学部	経済学部	文学部	理学部
1930年	82.3	94.7	79.4	32.1	39.2	37.3	70.2
1931年	73.5	97.4	61.5	25.5	33.1	55.6	60.8
1932年	73.0	100.0	55.2	34.4	44.8	27.6	50.5
1933年	91.9	100.0	80.2	40.7	70.3	37.2	50.5
1934年	97.0	100.0	64.6	46.2	63.7	31.1	62.0
1935年	95.2	100.0	84.3	57.3	70.0	36.9	62.9
1936年	96.0	100.0	86.2	57.4	74.8	34.5	62.5
1937年	97.2	100.0	88.6	72.0	80.1	44.3	64.9
1938年	97.6	100.0	96.9	81.1	91.3	56.7	73.6
1939年	96.8	100.0	96.0	90.1	96.0	76.3	79.0
1940年	96.2	100.0	100.0	96.3	99.4	81.7	94.6
1941年	99.4	100.0	98.1	91.5	95.3	87.8	88.1
1942年	100.0	100.0	96.2	86.3	95.8	48.2	89.5
1943年	99.6	100.0	94.8	90.2	95.2	42.1	93.1

出所：『東京帝国大学年鑑』（帝大新聞社）各年版より作成

生活ができるといわれたときである。清水は、二〇歳代半ばだったから相当な収入があったということになる。

しかし、悪いことは重なるというが、副手の給与がなくなったときに、それまであったいくつもの収入の道がつぎつぎになくなった。清水が副手になったのは同級生の多くが職を得られなかった時代であるが、副手を辞職させられたころには、世間は満洲事変以後で景気がよくなりはじめていた。

表3-1は、東京帝大の学部別就職率を一九三〇（昭和五）〜四三（昭和一八）年について時系列でみたものである。工学部、医学部、農学部は「大学は出たけれど」がいわれた昭和初期でも就職率が高いが、法学部、経済学

部、文学部の文系学部は軒並み就職率が低い。理学部もそれほど高くない。ところが表3-1を下にみていけば、一九三七（昭和一二）年に経済学部は就職率八〇・一％となり、以後、九〇％をこえていく。法学部も一九三八（昭和一三）年に八一・一％になり、以後、九〇％をこえる年が多い。理学部は一九四〇（昭和一五）年に約九五％となる。軍需景気によって工学部だけではなく、理学部の物理学科や化学科の卒業生の需要が多くなったからである。就職率がもっとも低く、昭和初期には三〇％台ですらあった文学部でも、一九四〇年には約八二％にもなるのである。

だからであろう、昭和一四年度版の就職ガイドブック『学生に贈る就職必携』（千倉書房、一九三八）の冒頭は、「現下の就職状況を見るに、日支事変の突破以来、軍需工業の全面的活況と大陸進出とによつて異常の好結果をもたらした」とある。

今度は清水が世間と反対に苦境に陥ることになった。「不義の富貴は浮かべる雲」だったとしている（「私の心の遍歴」『清水幾太郎著作集』10）。妻慶子の教師としての収入と自身の文筆活動で、両親（父は副手辞職の三ヶ月後急逝）、弟妹、叔母を含む一家の生計をたてねばならないことになった。

といっても戸田教授は、「研究室を辞め給え」といっただけで放置したわけではない。戸田は清水に「小野のところへ行ってみろ」といった。小野とは、当時、東京帝大文学部新聞研究室の嘱託をしていた小野秀雄（一八八五～一九七七、初代東大新聞研究所所長）のことである。小野は、「万朝報」や「東京日日新聞」記者の経験もあり、新聞社・出版社に多くの人脈があったからである。清水は小野に会いにいく。小野は、文藝春秋と読売新聞社宛に紹介状を書き、「これを持っていけば、何とかなる」といってくれた。帰り道、清水は、小野の指示に従おうと思って家につくと、「スイセンジョウシヨウスルナ　オノヒデオ」という電報が入っていた。何故、このような電報がすぐに清水のところに来たのかはわからないが、この電報で、このときの就職話は頓挫してしまった。

清水が副手を辞職させられる原因のひとつが依頼原稿の執筆だったが、それが今度は生きる糧となる。このころの執筆場所は、岩波書店の『思想』が中心であった。西洋の哲学の新刊書の概要を紹介する「海外哲学思潮」欄を担当する。三木清、戸坂潤、和辻哲郎、林達夫などと並んで『思想』の常連執筆者となった。副手辞職から半年たった一九三三年九月には、卒業論文をもとに『社会学批判序説』（理想社出版部）を刊行する。

しかし、『思想』に毎月原稿を書き、単行本を刊行したとしても、それだけで一家を養っていくのは無理だった。一九三五（昭和一〇）年五月に刊行することになる『社会と個人――社会学成立史』上巻（刀江書院）の編集で、清水は刀江書院に出入りしていたが、そこで知り合いになった堀秀彦（哲学者、一九〇二～八七）が清水の窮状を慮《おもんぱか》って、仕事をもってくる。刀江書院の『児童』や『子供の問題全集』への執筆の仕事が舞い込んできた。

プラグマティズムと社会心理学

そこで、清水は児童問題や育児問題を勉強するためにアメリカの研究書を読みはじめる。哲学者ジョン・デューイの『人間性と行為』やキンボール・ヤングの『社会心理学』に出会う。プラグマティズムやアメリカの心理学、社会心理学、文化人類学に瞠目する。清水は「昭和九年の或る日突如として思いも寄らぬ展望が開けた」(『私の読書と人生』)といっている。別のところでは、当時の感動をずっと親しんできたドイツの学問と比較して、「ここには自由がある、生命がある、人間がある」(『社会学入門』)といっている。

清水は、プラグマティズム自体は、東大の学生のとき大島正徳教授の授業で知っていた。一年から三年まで教授の講義に出たからである。大島教授については二章でふれたが、清水の副手就任の際戸田教授が清水をともなって訪れたときに、「この男は、よく知っているよ」といったその教授である。

しかし、そのとき知ったプラグマティズムは清水にとっては単なるアメリカ哲学についての知識にすぎなかった。頭はマルクス主義で一杯だった。ところが試験問題は「プラグマティズムについて書け」だった。清水はプラグマティズムの考え方は誘惑的だが、結局、無力であると書いた。数年後に同じ理論に出会って大きな感動を覚えるには清水のほうに変化が起きていなければならなかった。

卒業論文にはじまって『社会学批判序説』にまとめられた社会学論は、マルクス主義を武器に社会学の存立構造を批判するものだったが、一冊にまとめてしまったあと、「一体この世界を奥の奥で統べているのは何か」（ゲーテ『ファウスト』）という原理・原則探究型の学問に満たされない思いを懐《いだ》くようになったのであろう。清水は、プラグマティズムに接したときの感動を内容に立ち入ってこう書いている。

……プラグマティズムに登場する人間は、植物や動物と同じような有機体である。孤高の理性的存在ではない。有機体である以上、彼は、環境に適応せねば、或いは、環境との均衡においてでなければ生きていられない。思考や観念は、環境への適応のための、環境との均衡のための道具であり、その意味では、本能や習慣の親戚のようなものである。従って、多くの哲学説に見られるように、思考や観念が最初に来るのではなく、最初に来るのは生活で、そこでの問題の発生、その解決の必要から思考や観念が生れるのである。（「わが人生の断片」『清水幾太郎著作集』14）

アメリカの社会心理学に接したときの感動についてはこういっている。

……当時（一九三四年以前まで——引用者）の私は、マルクスやデュルケムの学説に固有な客観主義に対して強い不満を感じてゐた。個人的平面から独立の社会的平面を認めようとすれば、否応なしに、客観主義になる筈《はず》であらうが、私には、研究の便宜上、人為的に設定された社会的平面が同じく人為的に設定された個人的平面を傲慢に見下してゐるやうに思はれた。社会的なものの存在や運動は個人的なものの存在や運動の積分された結果であるのに、人々は、個人的なもの「にも拘らず」社会的なものは……、と言ふに急で、個人的なもの「の故に」社会的なものは……、といふ側面を忘れてゐる、と私は感じた。

（「文献解題」『社会心理学』）

社会と個人の関係を個人の平面からみる学問をアメリカの学問に発見したのである。自然法に肩入れした清水にとって、人間的自然状態を解明する学問を実証的なアメリカの学問に見出すことができたともいえるだろう。このとき、清水はアメリカの学問の「とりこ」となったといっているが、すでに清水は官立大学の研究室に鎮座する教授ではなく、文筆で生きるジャーナリストであったことが大いに関係しているはずである。ジャーナリストは視線を下げて論じることが要求される。デューイの哲学は庶民《コモン・マン》の哲学といわれたし、社会心理学は、分析対象を群集や世論、マスコミなど卑近な出来事においているから、視線を下げたジャーナリストの論説と親和性の高い学問であった。

プラグマティズムなどのアメリカの学問を研究して書かれた戦前の書物に『社会的人間

論』（河出書房、一九四〇）があるが、戦後一九五一（昭和二六）年に出された目黒書店版の「まへがき」にはこう書かれている。

当時（執筆当時の一九三〇年前後――引用者）は哲学的人間学といふものが流行してゐた。内容はさう大したものとは見えなかつたが、仰山にドイツ哲学の文献で飾り立て、深遠と深刻とを押売りするやうなものであつた。その批判といふより、それに対する反感に唆かされて、私はこの本を書いたと言へさうである。私は、一個の生物にほかならぬ人間が、この社会に生れ、種々の集団の間を遍歴して行く過程を描いてみようと考へた。

押しも押されもせぬジャーナリストへ

しかし、一九三五（昭和一〇）年ころまでの清水は、フリーのジャーナリストとはいいながら、全国紙や『中央公論』のような総合雑誌というジャーナリズムの本道では散発的に執筆を依頼されるだけで、常連執筆者ではなかった。

ジャーナリズムの本道で活躍をはじめたのは、一九三六（昭和一一）年に、「東京朝日新聞」に書籍の紹介原稿を数本書いたあたりからである。大学新聞や商業新聞への執筆が多くなってきた。このころの著書には、『日本文化形態論』（サイレン社、一九三六）がある。翌年（一九三七年）には、『人間の世界』（刀江書院）、『青年の世界』（同文館）、『流言蜚語《ひご》』（日本評論社）の三冊を出し、文筆家として知名度をあげる。「東京朝日新聞」の依頼原稿の評判がよかったこともあろうが、このころから単行本によって文筆家としての清水の知名度が上昇していたことも作用していただろう。一九三八（昭和一三）年はじめに「東京朝日新聞」の社外嘱託になる。「東京日日新聞」や「読売新聞」など他の商業新聞に一切執筆しないという条件で、月給五〇円をもらう。それに原稿料がプラスされるというものだった。

「東京朝日新聞」では、学芸欄の論壇時評、書評、文芸時評などを書いたが、「槍騎兵」という短評欄を小林秀雄や中島健蔵（評論家、一九〇三〜七九）と並んで担当する。一九三八年夏には、清水は昭和研究会（一九三六年一一月、近衛文麿のブレーン・トラストとして誕生。国策研究にあたり、新体制運動に大きな影響をあたえた）に文化委員会委員として招聘される。三木清の推薦によるものだった。「東京朝日新聞」の嘱託の仕事は、一九四一（昭和一六）年夏までつづいた。

この間に単行本は、一九三八年著作一冊（『自由主義とヒューマニズム』）と翻訳二冊（ジンメル『断想――日記抄』ほか）、一九三九年著作一冊（『現代の精神』）と翻訳一冊（ヴェーバー／シュミット『政治の本質』）、一九四〇年著作四冊（『社会的人間論』『常識の名に於いて』『組織の条件』『心の法則』）が刊行される。執筆場所も執筆本数も増え、掲載した原稿を本にする清水流の本づくりがはじまった。雑誌や新聞に書いたものを本にまとめることは、同じ原稿で印税が入るというフリーのジャーナリストにとっては大事な収入源になったが、そのほかに将来の固定読者を増やすことにもなった。
「東京朝日新聞」の嘱託をやって三年半ほどたった、一九四一年の初夏のことである。清水の卒業論文を『思想』に掲載することに手を貸してくれた谷川徹三から話がもちこまれる。「読売新聞」主筆から、清水に面識のある谷川に斡旋の依頼があったのである。「読売新聞」論説委員の仕事だった。そのときのことを清水はこう書いている。

五月の或る火曜の夜であつたと思う。その頃は火曜の夜を面会日と定めていたので、火曜日ということを覚えているのだが、丁度、面会日の夜、突然、谷川徹三氏の訪問を受けた。谷川氏は、この際、思い切つて、新聞社へ入つてはどうか、と勧められた。だんだん聞いてみると、読売の主筆高橋雄豺氏が私を論説委員にしたいと考えて、この件を論説委員石濱知行氏に依頼し、石濱氏がまた直接に私と知り合いでないため、更に谷川氏を煩わしたという経緯であつた。
（「はかなき抵抗」『文藝春秋』一九五二年一二月号）

そのときは、清水は依頼を断わった。さきほどふれた「東京朝日新聞」の学芸部の嘱託の仕事があったからである。いったんは断わったものの、「東京朝日新聞」の仕事は学芸欄の縮小にともない、六月一杯で終わることになったので、清水はこの話を受諾する。同年七月五日付で「読売新聞」の論説委員に就任する。東京帝大副手を退職して八年後にしての定職である。

月給は三〇〇円となった。いまや清水は押しも押されもせぬジャーナリストである。社説などの記事を定期的に書くが、『中央公論』など総合雑誌にも執筆する。発表原稿を単行本にすることにも拍車がかかった。一九四一年には、著作三冊（評論集『美しき行為』『新しき人間』『科学社会史』（共著））を刊行する。

官学知識人への羨望と憎しみ

清水は一九四二（昭和一七）年一月、陸軍に徴用されて、二月にビルマなどにいき、同年一二月帰還する。留守中、妻慶子の手で『思想の展開』『生活の叡智』が刊行される。清水が帰還したころから、用紙不足などで雑誌ジャーナリズムは低迷したから、「読売報知」（読売新聞社は一九四二年八月に報知新聞社と合併し、新聞紙名「読売新聞」は「読売報知」になる。一九四六年五月一日に新聞紙名はもとに戻る）の社説や論説を中心とした執筆活動だったが、一九四一（昭和一六）年までは、まさに、順風満帆のジャーナリスト時代だった。しかし時代が時代だった。清水はこういっている。

私の不幸は、ジャーナリズムへ入り込んで行く過程と、日本のファッシズムが進んで行く過程とが重なり合っていたところにある。私は文章を書く以外の方法で生きることは出来ない。衣食の道をこれに仰いでいるという意味でもそうであったし、社会との結びつきを確めるという意味でもそうであった。謂わば自転車に乗っているようなもので、走っていなければ倒れるより仕方がなかった。私は走り続けた。

（『私の読書と人生』）

時局に正面から逆らう文章は書けない。清水は、文章の隙間に「自分の意図や願望を吹き込」んだ。とはいっても、「自分への悲しい気休めと他人への見苦しい弁解以上の何物であるか。時代の汚れは、そのまま私の汚れであり、時代の傷は、直ちに私の傷である。私自身が時代の汚れと傷とに深い責任を持っているのだ」（前掲書）と率直な反省の気持を開陳している。

それだけに、この時代に官立大学の研究室という安全地帯にいて、生活のために危ない文章を書かなくともよかった教授たちへの憎悪愛《ハスリーベ》も人一倍強かった。自分は帝大教授でありえたはずという自負心も手伝ったであろう。清水はみずからをフリーのジャーナリストという「芸人」だと貶《おとし》めつつ、教授たちへの憎悪愛をこう書いている。

フリーのジャーナリストというのは、雑誌社や新聞社の注文を待ちながら、また、軍部や警察の眼を恐れながら、読者という不特定多数のお客にサービスする芸人であった。戦後は、見境もなく、自他に「思想家」という重たい名称を冠する傾向が行われているが、また、戦前戦後を通じて、この名称に相応しい人物が僅かながらいるにはいるが、私などは、何処から見ても、芸人の部類であった。芸人にとって大切なのは、意地と技術とであった。そして、フリーのジャーナリストの立場から考えて、羨ましく見える、というより、憎らしく見えるのは、大学の、特に官立大学の研究室の奥に住んでいる人たちであった。彼らは、内外の書物を読み、時に文章を書くという点では、私たちに少し似ている。しかし、大学の厚い壁によって守られ、安定した俸給を貰っているという点では、私たちと全く違う。むしろ、彼らは、私たち芸人が最も恐れる軍部や警察の仲間なのである。

（「わが人生の断片」『清水幾太郎著作集』14）

お尻がムズムズする

そんな清水だからこその逸話がある。戦後半年ほどたった一九四六（昭和二一）年二月、清水が知人の基金をもとに二十世紀研究所をつくり所長となったころの話である。四章で詳しくふれるが、所員には東京高等学校の同級生の宮城音弥、大河内一男、丸山眞男、林健太郎、福田恆存《つねあり》、久野収など、戦後日本の思想を担う人々が一七人もいた。
逸話というのは、二十世紀研究所所員の丸山眞男の講演がなされたときの話である。清水は、丸山の講演になるほどと感心しながらも「お尻がムズムズした」（「戦後のインテリ」『諸君！』一九八五年一月号）というのである。

丸山眞男のこのときの講演は、有名な「本来のインテリ」と「亜インテリ」という知識人の二類型で軍国主義を解明するものである。丸山の論壇デビューとなった「超国家主義の論理と心理」が『世界』一九四六年五月号に発表されて一年ほどあと（一九四七年六月二八日）に、東京大学東洋文化研究所主催の講演会で話されたものであるが、同じことを二十世紀研究所でも喋ったのであろう。その内容は翌年刊行された、『尊攘思想と絶対主義』（東洋文化講座2）に「日本ファシズムの思想と運動」として収められている。よく知られている論文だが内容を簡単に紹介しておこう。

丸山はファシズムの担い手を考えるときに中間階級を第一類型と第二類型に分けなければならない、とする。第一類型は「小工場主、町工場の親方、土建請負業者、小売商店の店主、大工棟梁、小地主、乃至自作農上層、学校教員、殊に小学校・青年学校の教員、村役場の吏員・役員、その他一般の下級官吏、僧侶、神官」である。第二類型は、「都市におけるサラリーマン階級、いわゆる文化人乃至ジャーナリスト、其他自由知識職業者（教授とか弁護士とか）及び学生層」である。第二類型は「本来のインテリゲンチャ」であり、第一類型は「疑似インテリゲンチャ乃至は亜インテリゲンチャ」である。ファシズムを煽ったものは、第二類型のような本来のインテリゲンチャではなく第一類型の亜インテリゲンチャであり、第二類型のような本来のインテリゲンチャは、ファシズムに消極的抵抗さえおこなった、というのである。

丸山眞男の循環論証

丸山のこの講演（論文）にはいまふりかえれば重要な問題がある。そのことについては、拙著『日本の近代12 学歴貴族の栄光と挫折』や『丸山眞男の時代』で詳述した。しかし、読者のなかにはこれらの拙著を未読の人も多いだろう。そこで再述をお許しいただきたい。

丸山の論文をいま読めば誰でも気がつくはずだが、肝心要の命題——第一類型こそがファシズム擡頭の犯人であり、第二類型は免責される——は論文のなかで実証されているわけではないのである。

ドイツやイタリアのファシズムについては、ナチ党員やファシスト党員がどのような職業階層の者によって占められていたかを統計的に明らかにする研究がおこなわれている。もし第一類型や第二類型などの社会階層別に軍国主義の担い手を論議するのなら、軍国主義的な団体の幹部や活動家がどのような学歴や階層や職業の者だったかの統計的検討が欠かせないはずだ。丸山の講演（論文）においては、社会階層と軍国主義の親和性は挿話的に例示されるだけである。丸山論文には軍国主義と社会階層に関する仮説命題はあっても検証に乏しいのである。

だから、われわれはただちに疑問が湧くはずだ。橘孝三郎（農本主義思想家、一八九三〜一九七四、第一高等学校中退、愛郷塾を主宰、五・一五事件で無期懲役）や蓑田胸喜《むねき》（右翼思想家、一八九四〜一九四六、第五高等学校→東京帝大文学部卒、慶應義塾大学教授）、大川周明（右翼思想家、一八八六〜一九五七、第五高等学校→東京帝大文学部卒）などの軍国主義のイデオローグは丸山のいう「本来のインテリ」ではなかったのだろうか、と。丸山論文の問題点については、マイルズ・フレッチャー『知識人とファシズム』（竹内洋ほか訳）やアール・キンモンス『立身出世の社会史』（広田照幸ほか訳）をはじめ、少なからぬ人々によって指摘されてきたが、すでに一九三八（昭和一三）年、杉山平助は「危機における日本のインテリゲンチヤを分析す」（『改造』同年四月号）という論文のなかで、つぎのように述べている。

> 日本に左翼運動のおこつたのは、もちろん社会的現実の必然性によるが、それに点火したものはインテリであつた。
>
> 同時に右翼運動の興るについても、それだけの社会的必然性があつたが、これに点火したのもインテリであつた。誰も、橘孝三郎や、某々軍人たちも、インテリゲンチ

ヤでないと云ふことは出来ない。

また、東京帝国大学生は丸山の類型でいえば「本来のインテリ」の核心部分であろう。しかし、満洲事変の直前、一九三一（昭和六）年七月の東京帝国大学生調査（『帝国大学新聞』）によれば、「満蒙に武力行使は正当なりや」の質問に「然り」とした者は八八％（七五一人）もいる。「然らず」と否定した者はわずか一二％（一〇三人）である。一方、これより四年ほどあとの「北支事変」をめぐる慶應義塾大学生の調査（一五二人）においては肯定的態度の者は四七％（七二人）で、批判的・否定的態度が二五％（三八人）もいる（大学新聞連盟編『現代学生の実態』）。

東京帝大生調査と慶應大生調査とでは調査対象となった事件が違う。調査時期に六年間の間隔もある。だから、同列に比較することはできないが、東京帝国大学生を中心にした「本来のインテリ」にもっとも近い層がもっとも反軍国主義的だったかどうかは、やはり疑問が残る。

いやそうではなくて、戦争に消極的だった人々こそが「本来のインテリ」であり、軍国主義に協力したインテリは「本来のインテリ」ではない、というかもしれない。しかし、これはインテリの定義を規範的に設定することによる循環論証でしかない。「本来のインテリ」というものはファシズムに協力するような人々ではない、したがって、「本来のインテリ」はファシズムに協力的でなかったという循環論証である。「インテリゲンチャの肖像を並べた展示会から魅力的な人物のみを取り出して〈真の〉知識人と呼び、あまり魅力のない肖像は壁に戻してしまうようなやり方」（G・コンラッド／I・セレニィ『知識人と権力』舟橋晴俊ほか訳）というものである。

さらに、こうもいえる。たしかにファシズムの走狗となった者は亜インテリに多かったかもしれないが、こうした走狗的亜インテリに軍国主義化の理屈を提供したのは本来のインテリではなかったのか、と。

だからこの丸山の講演（論文）は、ファシズムに加担せず、消極的であっても抵抗するのが「（本来の）インテリ」であるということを宣言し、聴衆や読者を「本来のインテリゲンチャ」として「主体化」させたものとしてみたほうがよいのである。いま風にいえば「癒しとしての（本来の）インテリ」論でもあった。

フリーのジャーナリストなど眼中にない

清水ならずとも「こういう話を聞けば、誰だって、自分は第二の類型に属している」と思う（思いたい）ものである。今次の戦争における「日本のインテリに無罪の判決を下したわけである」。「お尻がムズムズした」のは、そういう思いがあったからなのは間違いない。

また、清水を含めた知識人の戦争への態度が「単純に否認してゐたのでもなければ、単純に欺されてゐたのでない」、もっと「複雑で曖昧な屈折のある」「中間地帯」だった（「戦争の経験」『人間の再建』）ことを無視して、協力か否認かに分ける二分法にも違和感があっただろう。理想にむけて現実をすこしでも引き上げようとした人々もいたが、「総じて妥協の常として何時か現実をそのまま理想として説くやうな危険に陥り、批判の意図が往々にして弁明の効果を生み出すに至つた」場合が多いとした（「体験と内省」『朝日評論』一九四六年六月号）清水だけに丸山の二分法にはことのほか違和感があったと思われる。

官立大学の研究室の奥深くに住んでいて、敗戦後初めて発言するようになった「清純な人」や「川の向側にいた人」の言葉とみたのであろう。そしてなによりも、清水のように軍部や警察の目を意識しながら、文章を書きつづらなければならなかったフリーのジャーナリストの苦衷やジレンマなど眼中にない知識人論だったからこそ、「ムズムズ」を感じたのだろう。

だから、「清純な人」や「川の向側にいた人」のひとりに、丸山眞男が想定されていたことは間違いない。清水は丸山よりも、七歳年長。清水が日米開戦時三四歳、敗戦時三八歳であったのに対し、丸山は開戦時二七歳、敗戦時三一歳だった。丸山は、一九三七（昭和一二）年四月に東京帝大法学部助手に就任。一九四〇年六月、同助教授となる。一九四四年から召集され、広島市の船舶通信連隊などで暗号解読や国際情報収集の軍務につく。

召集解除は、一九四五年九月。

丸山は戦時中、助手そして若手の助教授であったことから、社会的発言をしなかったという世代的特権があっただけではない。二等兵として召集され、兵役についたという大日本帝国の被害者という個人的特権もあった。

だからこそ、一九四五年一一月二四日、緑会〔東京帝大法学部の教官・学生の懇親会組織〕主催の「復員学生歓迎会」で、丸山は、髪がボサボサのままでこう講演した。「私はごらんのとおり復員兵士ですが、諸君のようにポツダム少尉〔敗戦による特別昇進で兵卒から少尉〔将校〕になった者――引用者〕にはならず、ポツダム一等兵〔六月に一等兵――引用者〕で軍隊の身分社会的なヒエラルヒーの特殊な価値秩序に全くいためつけられ大いによい経験をしてきた一人であります」との前置きから、日本軍隊の前近代性について『陸軍内務令』などを引用しながら、話したのである。丸山が数ヶ月あとに『世界』に執筆することになる「超国家主義の論理と心理」の下敷きになった講演である。小論で話題にしてきた「第一類型」と「第二類型」のインテリ論の骨格もこのころできあがっていたと思われる。

迎合か抵抗か

しかし満洲事変以後の時代を文筆家として生きれば、軍部などに迎合した文章を書かないわけにはいかなかった。新聞社には、陸軍情報局などから、何は禁止されるか、何はどこまで許されるかなどの細かい指定がきた時代である。したがって、このころの清水の文章の片言隻句を挙げて、時勢への迎合を指摘したり、満洲事変以前のマルクス主義に傾倒していた清水とそれ以後の清水を比べて転向だと批判するのは簡単である。

しかし、すでにふれたように、清水は、あのような時勢のなかで原稿を書くときに、「運よく出来た隙間に向って、自分の意図や願望を吹き込んでいた」(『私の読書と人生』)としている。あとからの言い訳にすぎないとはいえない。『論文の書き方』のなかでも、批判を可能にする言論の自由などなかったから、隙間をぬって「自分の意図や願望」を吹き込んだことを具体例で示している。

『論文の書き方』のなかで、その例として取り上げられたエッセイは、清水が「東京朝日新聞」の嘱託となって「槍騎兵」という欄(一九三九年一一月八日付)に書いたものである。一九三七(昭和一二)年八月の国民精神総動員実施要綱の閣議決定と翌年の国家総動員法を経て、国民精神総動員中央連盟を中心とする精神作興運動が盛んなころである。神社の前を通るときは、歩行者も車内にいる者も必ず敬礼をしなければならなくなった。そんな時代のエッセイである。

題名は「敬神の思想」。内容はつぎのようなものである。著者は一人の青年とバスで乗り合わせた。青年は、バスから神社が見えると、帽子をとってお辞儀をした。青年の前に、子どもの手を引き大きな荷物をかかえた婦人が立った。青年は婦人に席を譲るかわりに、窓から表を見、神社があると脱帽し、お辞儀をしていた。くだんの婦人は別の人が席を譲って、座ることができた。この青年の行動から、敬神は大切であるが、「敬神の念さへ表現してをればそれでよいといふ態度」のあらわれだとしたら、「神を瀆すも甚だしい」とされる。清水はこのエッセイは、国家権力によって強制された慣習に「小さな皮肉を言ったつもり」だったといい、この時期は「一句でも、一行でも、自分の本音を忍び込ませるということに一種のスリルを味わっていた」としている。

たしかに、このエッセイは、清水のいうとおり、敬神運動への皮肉として読むこともできるが、敬神運動を社会道徳のなかに浸透させ徹底しなければならないという主張としても読める。エッセイの後半部ではこういっているからである。

　これ（敬神の観念——引用者）を国民の一般的な道徳と統一し、新しい社会の建設といふ問題と具体的に結び合せて行くことが、今後の精動（国民精神総動員運動の略称——引用者）の大きな課題であると考へる。

精神作興運動への皮肉という形で抵抗しているのか、精神作興運動の不完全さを指摘することで、あるべき（当為としての）敬神の思想を示し、より強く時勢に迎合しているのか。どちらともとれるし、どちらの読み方も想定しながら書いたともいえる。だとすれば、ある意味高度な修辞戦略であったのかもしれない。いま例示した文章は清水が皮肉＝抵抗の例として自らが選んだ自信作である。その自信作においてさえ、皮肉とも迎合ともどちらともとれる物言いである。

鶴見俊輔は、『流言蜚語』『常識の名に於いて』『思想の展開』などのこの時期に書かれた清水の文章を、戦時ジャーナリズムの要求の枠内における「奉仕」であると同時に「抵抗」であるとして、つぎのようにいっている。

そこには実用的な二義性（プラグマティック・アムビギュイティー）があった。時の権力者にたいしてはもっと効果的に権力をふるう方法を教え、権力の反対者にたいしては権力の隙間に効果的にくいこんで行く方法を教えた。

（「坂口安吾・清水幾太郎・伊藤整」『中央公論』一九五五年一一月号）

「権力者に効果的に権力をふるう方法を教えた」というのが、権力者側の意図を補完し完全化や徹底化という「奉仕」（迎合）で、「権力の隙間に効果的にくいこんで行く」が、皮肉という「抵抗」といえる。

清水が「読売新聞（読売報知）」論説委員として書いた社説を読み込んだマスコミ学者

香内《こううち》三郎も、清水の戦時中の文章について検閲官と読者に向けての使い分けの二重性があると特徴づけてこういっている。

読者には、文脈、結論抜きの「科学」「合理性」の強調、それによって全体を貫く非合理性、野蛮への批判を読みとって貰い、検閲官には、いや私は、こうすればよりよく戦争が遂行できると信じて提案しているだけでと抗弁する、といった使い分けである。

（「清水幾太郎における『社会学』の復権」『季刊ジャーナリズム論史研究』六号、一九七七）

そして、香内は、当局には「このままでは敗ける、もっと効率のよい総力動員体制をとらなければ」という「合理・計算的人間」がいたはずだから、結局、清水の言明は「合理的『戦争遂行』」に回収されるものだったとしている。

偽装転向説

ところがである。同じ鶴見による清水についての転向論（「翼賛運動の学問論」『転向』中）では、さきほど引用した鶴見自身による二重の言論効果説はみられない。

鶴見は、清水が転向（「権力によって強制されたためにおこる思想の変化」）しなかったとはいわない。すでにふれた清水のプラグマティズムへの傾斜を「第一の転向」といい、翼賛運動に便乗したことを「第二の転向」と呼ぶ。しかし、第二の転向の時代における清水の論文「新しい国民文化」（三枝博音編『日本文化の構想と現実』）を取り上げ、高く評価するのである。鶴見の清水論文の引用は長文なので、要約で紹介したい。

明治以来の日本の思想や文化は、「日本の内部に於ける発展の必然的な結果としての運動でなく、寧ろ海外事情の偶然的な反映」によってきた。だから一つの思想を輸入してもそれを消化して日本の力にする前に、「他の思想を輸入し、前者（それ以前に輸入した思想――引用者）をそのまま見捨てるといふのが今までの通例であつた」。どうしてそうなってしまったのか。それには二つの原因がある。第一の原因は、文化が漠然と国際的世界的規模で理解され、「基礎的社会の個性との結合に於て考へられることがなかつた」からである。ここでいう基礎的社会とは、個人にとってもっとも内なる家族集団の対極にある、もっとも外なる集団である。多数の社会成員と社会集団を含むもので、さしずめ国家としてあらわれてくる全体社会である。

第二の原因は、文化が生活からの距離で捉えられていたからである。「新しい思想や文化が生活から引き離されて、ただ思想乃至文化として存在してゐたために、それは人間の恣意のままに自由の浮動を続けることが出来たのである。浮動と変化とを妨げる強い力がなかつた故である」。

このような趣旨の清水の文章を引用して鶴見はつぎのようにいう。この文章は今日の国民文化会議（一九五五年七月に結成された市民の文化サークル・文化団体の国民組織。進歩的文化人が指導した。初代会長は上原専禄《せんろく》〔西洋経済史学者、一八九九〜一九七五〕）の序論になってもすこしも不思議はないとする。「よく見るならば、明白に、第一の転向点におけると同じ左派自由主義、社会的プラグマティズムの実質をもっている」と称賛する。そして、この論文の後半「教育刷新の根本理念」の末尾を引用して、清水は人間主義、自由主義、実用主義、実証主義の線から「一歩も退いていない」、そのかぎりで「非転向」であるとさえいう。

しかし、清水が翼賛運動の既成事実を美化して自分の理想を盛り込んでいるのだから、一般読者からは翼賛運動への支持と受けとれたであろうとも述べ、鶴見は、清水を「不完全な翼賛運動家と完全な偽装転向者」の例としている。この鶴見の指摘にしたがえば、戦中の清水は、タテマエが翼賛運動家で、ホンネは偽装転向につながる「抵抗」だったことになる。

鶴見自身がさきに剔抉した「権力者に効果的に権力をふるう方法を教えた」のはタテマエ（翼賛運動家）でホンネは「権力の反対者にたいしては権力の隙間に効果的にくいこんで行く方法を教えた」（抵抗）ということになってしまっている。鶴見がこの論文を書いたころは、清水が進歩的文化人として活躍していたときだけに、鶴見は清水と昵懇《じっこん》の間柄だった。なんとか清水の戦前の言動を救出したいという身内意識が先に立っていたとしか思えないほどである。あるいは鶴見は、『思想の科学』でプラグマティズムの可能性を実践していたから、プラグマティズムの影響下にあった清水の戦前の言論を救出したいという願望が働いていたのかもしれない。

日高六郎のオマージュ

日高六郎になると、偽装転向どころか、清水の言論活動は戦前、戦後でいささかもぶれていなかったという手放しのオマージュとなる。『現代随想全集13　三木清・清水幾太郎集』（一九五三）の解説である。日高は、戦争前から戦争後にかけて活躍している学者や評論家について、だれしも、その人の戦前の思想と戦後のそれとが、どのようにつながっているか、あるいはつながっていないかということを知りたいと思うだろうとして、清水についてつぎのようにいう。

清水氏のばあい、私がもつとも心を打たれるのは、戦前の氏の評論のなかで、現在公衆の前に持ちだされて、氏が顔を赤らめなければならないようなものが、まつたく存在しないということです。このことは、戦争前および戦争中のわが国の思想界の雰囲気を知るものならば、実に驚くべきことだといわざるを得ません。

日高は、清水の東京高等学校と東京帝大文学部社会学研究室の後輩である。そして、戦後の進歩的文化人としてともに肩をならべていた。しかも清水に解説を依頼された。そんなことはあるにしても、ここまで手放しの礼賛には、やはり疑問符がつけられる。

日高のこのような提灯記事ならぬ提灯解説は、さきの解説の前年に刊行された『社会的人間論』の「解説」にはじまっている。ここでは、清水の『社会的人間論』の初版が昭和一五（一九四〇）年に刊行されたことから説きはじめられる。この年は皇紀二六〇〇年の盛大な催しがおこなわれ、日独伊三国軍事同盟が締結された年である。多くの日本人はめでたいめでたいと浮かれ調子だったが、少数の人はそんな明るい光に背を向けていて、その一人が清水だったとしている。だから、この書物は平凡なアカデミックな本ではなく、「圧倒的な超国家主義の重圧から、なんとかして個人の権利を救い出したいという」意図で書かれたとしている。

一九五八（昭和三三）年刊行の清水の『社会学ノート』（角川文庫）も日高の解説である。戦前の清水の論文三篇と戦後の論文五篇が収録されているが、戦前の論文について「いずれも時代の反動的傾向への批判をふくみ、個人の行動の意味と権利を主張していることは、とくに私の興味をひきます」とここでも賛辞一辺倒である。

書物の解説というのは、著者が生存している場合は、著者から依頼される場合と担当編集者から依頼される場合とがある。後者であっても著者の承諾がいる。結局は、著者の意向が入っている。わたしもそうした解説をいくつか書いたことがある。著者から頼まれたという経緯はあっても、そもそも解説は、読者のためにその書物の読みどころを書くことになるから、批判がましい解説はありえない。そのかぎりで、いかに読むに価する書物かを解説することになるが、むろん限度を超えれば提灯解説になる。日高の解説はその限度を踏み外したものではないだろうか。それこそ清水自身が「お尻がムズムズした」のではなかろうかと思うほどである。

ミイラ取りがミイラになる

日高六郎が清水の戦前と戦後の言論を比較していささかもぶれがないと賛辞を呈したことに対して清水のほうはいささか面映《おもはゆ》かったのではないか、といま述べた。

というのは、清水自身は、戦後の論文のなかで、戦前の「読売新聞」の社説を書いていたころをふりかえり、率直にこう反省しているからである。まず、G・B・ディブリーの真のアイロニー論を引用する。真のアイロニーとは、一つの言葉で二つの知性に訴えるものである。一つの知性は「文字通りの意味を受取り」、もう一つの知性は「隠された意味を受取る」として、こういっている。

私が試みたのも（二つの知性への呼びかけ——引用者）、結局、一つのアイロニーであったのであろう。そして、「もう一つの知性」は、社説の「隠された意味」を受取って、支持賛成の投書を寄せてくれたのであろう。私はそれを疑わない。しかし、同時に疑わないのは、私が、あの一行か二行を通して、「もう一つの知性」を慰めていたにしても、その半面、文字通りの意味を受取っている「一つの知性」を励まして来たということである。換言すれば、私は、一方、少数の人々と頷き合いながら、他方、滔々たる社会の大勢を形作るのに寄与していたのである。

（傍点引用者、「マス・コミュニケーション」戒能通孝ほか編『日本資本主義講座』3）

ジャーナリズム関係者である自分（清水）の主観的な気持としては、主要な文脈をはずしたところでふれた文章の「隠された意味」を重要としたいところだが、文章全体の「客観的な役割」としてみれば、文字通りの意味を受け取らせるように働いたとしているのである。

このようなミイラ取りがミイラになってしまうディレンマについては、清水自身が「三木清の文化評論」（『思想』一九五一年一一月号）でも指摘している。三木はナチ式の日本主義を批判し、日本主義をナチ的なものから解放しようと試みた。しかし、そのためには、前提として「日本精神を認めてかからねばならない」というディレンマに陥ったと指摘し、こういっている。

> ……三木清が正しいことを言ひ続けたにしても、それは一つの正しいことを工夫の末に主張し暗示するのが精一杯で、昨日の主張が発展して今日の思想となり、それが更に成長して明日の文章に盛られるといふのではない。（中略）寧ろ日を逐ふに従ひ、前に強く主張されたことが、後には弱く暗示されるといふ方向を辿り行くほかはない。
>
> （傍点引用者）

この三木清論は、同じように文筆知識人として生きた清水ならではの内在的分析が光っているが、それは、自らの昭和戦前期の文筆心理をふりかえり、三木のディレンマを解いているからである。したがって、これは、三木清の文化評論についての論文であるとともに、自身の昭和戦前期の文化評論についての分析ともいえる。そうであればこそ、清水は、一九五四（昭和二九）年の座談会「知識人の生き方」（『日本読書新聞』同年一月一日号）で転向問題について、率直にこういっている。

> 僕は初めに積極的な観念のシステムをしっかりもっていなかったため、ドラマチッ

クな（転向の——引用者）形になりませんでした。（中略）凡てがナシクズシであった。ドラマティックな転向ではなく、「ナシクズシ」転向だったといっているが、さきの「三木清の文化評論」は、ナシクズシ転向のありようを抉《えぐ》ったものである。こうみてくると、戦前の清水と戦後の清水の言論にはいささかのぶれもないとする日高の清水評に対しては、どうしてかくも手放しの礼賛になってしまったかという疑問が湧く。

日高はなぜ手放しで称賛したか

鶴見や日高が戦前の清水に肯定的な評価を与えることについて、評論家菅孝行は、こういっている。それはかれらが清水の『社会的人間論』のような学問的著作だけを読んだからではないか、というのである。菅はこう書いている。

しかし、ここで注目すべきことは、清水の学問的な領域が、あくまでも学説批判またはそれに付随する領域にかぎられていることである。（中略）あきらかにそれは社会学でありながら、現実の日本の社会過程に対する批判を欠落させることによって、辛うじて維持された「抵抗」であったということができるだろう。

（「主体性はいかに考察されたか」『軌跡』Ⅰ、一九七七）

日高が解説を書いた本は、『社会的人間論』のように、現実の日本社会の問題を扱うというよりも一般的、抽象的なレベルの概論である。そうした著作であればこそ時局迎合はほとんどみられない。だから、清水の学問的著作だけを読み込んでなされた日高の清水論は、いささかも時局迎合がないという評価になる。しかし、新聞や雑誌の時評文になれば、時局迎合せざるをえない。抵抗は、せいぜいが文章の隙間に皮肉をこめるという修辞戦略程度しかない。菅は、清水の時評的文章においては、皇道主義的な言説こそ見出しにくいものの、「学問」的論文と違って翼賛一辺倒であり、「『進歩的』『合理的』な社会学の教養の一切を動員した、時代への翼賛が充満している」という。

しかし、日高の手放しの清水賛辞は、時評文を読まなかったからというだけではないだろう。また高校や大学の先輩だったとか、著者に頼まれたという以上のことがあるとかんがえられる。さらに、こうもいえる。日高の清水へのオマージュには、誰を祝賀するかの決定権力者である清水を「言祝ぐことによって、返礼祝賀の資本を潜在的に蓄積すること」（ピエール・ブルデュー『国家貴族』II、立花英裕訳）以上の交換関係があった、と。

日高は、さきの解説を書いていたころは東京大学新聞研究所助教授だった。当時の同僚である東大教授の社会学者たちが非マルクス主義で専門に閉じこもる研究をしていたなかで、日高は学問と実践を統一しようと積極的な活動をしていた。この点で官学アカデミズムのなかでは特異な位置にあった。

北川隆吉（労働社会学、法政大学教授、一九二九〜）や芥川集一（理論社会学、専修大学教授）など、東大教授以外の社会学者でマルクス主義社会学者を名乗る人々や集団もあった。しかし、日高は、非共産党かつ非マルクス主義社会学者だった。社会学者に、同伴的心情左派はたくさんいても［注］、積極的な社会的実践をなす者は少なかった。しかも日高は社会的実践がアカデミズム界での汚点になりやすい東大教授である。さらに、『近代文学』や『新日本文学』をはじめ『婦人公論』にまでわたる執筆活動をはじめていた。脱領野的かつジャーナリスト的でもある。

東大文学部社会学科教授という官学アカデミズムの頂点教授ではなく、新聞研究所という周縁位置にあったとしても、官学アカデミズムの中心の周縁にいた。日高にとって社会的実践、脱領野性、ジャーナリスト性といった要素を官学アカデミズムと調停するのは、簡単ではなかった。一九五八（昭和三三）年に当時の東大文学部社会学科教授尾高邦雄が、教え子である福武直《ただし》（農村社会学者、東大文学部社会学科助教授、一九一七〜八九）、日高六郎、高橋徹（東大新聞研究所助教授・同大文学部助教授併任、一九二六〜二〇〇四）についてのプロフィールを描いたエッセイを書いているが、日高のところにはこうある。

……日高君は思いつきと構想力の天才である。それなのに、まだ自分の仕事らしい仕事を発表していない。（中略）思いつきのよさはとかくジャーナリズムから重宝がられる。それだけに、社会学プロパーからやや遠ざかつたところで仕事をしている彼に、わたくしはもう一度社会学に帰れ、と呼びかけたいのだ。

（「福武・日高・高橋君のプロフィル」『書斎の窓』五六号、一九五八）

なお尾高についてはすでにふれたように、清水幾太郎が東大文学部副手を辞職させられた前年に副手に就任し、一九四五（昭和二〇）年に東大文学部社会学科助教授、五三（昭和二八）年、同教授に就任した。

日高は学問と実践の調停が容易とはいえない自らの立ち位置を正当化するためにも、非マルクス主義社会学者で、戦前、戦後一貫して社会的発言をおこない、脱領野的、ジャーナリスト的な清水幾太郎を自らの先達として称揚する必要があったのではないだろうか。清水は『社会学入門』の最後のところでこういっている。

……社会学を勉強するというのは、ただ社会学という名のついた本を読むことではない。そうではなくて、本当は、社会を勉強することなのである。私たちがそこに生き、そこで苦しんでいる現代の日本の社会の諸問題を取りあげて、その解決に向かって活動することである。（中略）現代の社会そのものに何の関心も見識もない社会学者などというのは、まったくのナンセンスである。

こうした清水の社会学者としての立ち位置こそ、当時の日高が目指す立ち位置と同じものだった。

このころの清水の著作は、時評的著作以外に『社会学講義』『社会心理学』などの学問的著作がよく読まれていたから、当時のわたしがそうであったように、読者は清水を文筆知識人としてと同様、いやそれ以上に社会学者とみなしていた。『社会心理学』(岩波書店)は、それまでの日本で紹介されることがほとんどなかった、マス・コミュニケーション研究など、アメリカの最新理論の研究の成果であり、清水の社会学者としての存在感をさらに大きくした。清水自身も日本社会学会のシンポジウムの司会をしたりし、社会学者としてのアイデンティティをもっていた。『社会学入門』もそのような清水の自負心から書かれたもののはずである。なお、この『社会学入門』のカバーの清水紹介文も日高が書いている。

社会学者作田啓一(一九二二～二〇一六)は、「日高六郎論――社会学の方法を中心に」(『思想の科学』一九六五年七月号)のなかで、日高と清水を比較して、日高の時事的評論は、「想像以上に社会学的であり、いくらか誇張すれば、時事的発言がそのまま彼の社会学の仕事となっている」として、清水については、日高ほどの一貫性がなく、清水の時評の魅力は、「社会学を超えたプラス・アルファの豊かさにある」としている。もちろんこの差は、作田もいうように年齢や経歴の違いによるところが大きいが、アカデミズム界の拘束力が東大教授日高にあっては強く、私学教授だった清水にあっては弱いという違いも大きい。

「敵としてのアメリカニズム」

ここで、さきにふれた抵抗か迎合かがわかるのは抽象的かつ一般論風な学問的著作ではなく、時評こそ、そのリトマス試験紙になるというところに戻ろう。

時評であれば、戦局が厳しくなればなるほど、言論の隙間がなくなる。一九四三（昭和一八）年に書かれた清水の「敵としてのアメリカニズム」（『中央公論』同年四月号）などを読めば、戦前の清水をとても偽装転向などといってはおられない。

清水は、退廃した風俗現象としてのアメリカニズムよりもその底にある本来のアメリカニズムが敵だとしている。この本来のアメリカニズム全体に対して「勝を制する」ために、「文化の戦線」をかためなくてはいけないというのが論文の趣旨である。この論文のどこに鶴見がいうような「左派自由主義、社会的プラグマティズム」があるだろうか。戦争がはげしくなって、言論に隙間の余地がなくなってきていたではあろうが、鬼畜米英感情に棹さし、強化していることは明白であろう。どうみても偽装転向などとはいいにくい。

ところが戦後になって、清水は、この論文で軍の報道部からひどい目にあったとしている。それはアメリカニズムを喫茶店だとかダンス・ホールなどの表面的なもので考えてはいけない、アメリカ人はアメリカニズムによって活動し戦っているのだ、「アメリカニズムは歓楽の面でなくして、実に生活と戦闘の面にある」という箇所についてである、と清水はいっている（久野収『久野収対話集　戦後の渦の中で』4）。

この叱責事件は、当時、掲載誌『中央公論』の編集部長だった畑中繁雄の『覚書昭和出版弾圧小史』にも載っている。

畑中は、四月二〇日に陸軍情報局二課（出版・雑誌所管）に出頭を命じられた。課長じきじきの尋問で、「清水さんをなぜいっしょに連れてこなかったのか」と叱責された。畑中の弁護と課長の譴責《けんせき》の応酬となった。課長は、「とにかくこの論文の文脈はあきらかに欧米者流の思考方法」であり、「利敵論文だ」と激しく非難した。しかし、畑中は論文の内容ではなく、清水を執筆者にしたことを非難されているのだと解した。畑中がそう解したのは、このときより一年すこし前の一九四二（昭和一七）年一月に警視庁特高第二課長に呼び出され、三木清、森戸辰男（経済学者、一八八八～一九八四）と並んで清水幾太郎についで捜査中であり、清水については「唯物論研究会グループの総検挙のおり、すでに逮捕すれすれまで追いこんだのであるが」といわれたことが頭にあったからである。

畑中の清水論文譴責の解釈は、論文の内容ではなく、譴責によって清水を執筆者から追放したいということが先にあったとする状況論であるが、清水自身は、この論文の「アメリカニズムは歓楽の面でなくして、実に生活と戦闘の面にある」としたところが問題だった、としている。清水のいうところにしたがって、論文の内容でみてみよう。

清水はこれまでのように、「敵としてのアメリカニズム」でも修辞戦略をとったつもりかもしれない。が、これはすでにふれた「もう一つの知性」に訴えかける「隠された意味」を発見されて叱責されたのではない。アメリカニズムを支える思想そのものが敵であるとし、当時の風潮に迎合したが、読みようによっては、アメリカニズムには世論などが考えているより深いものがあると、鬼畜米英論を批判したともとらえられる。

おそらく批判する意図は清水にはなかった。鬼畜米英の風潮に棹さしながら、結果として批判のニュアンスを含むことになった。迎合しすぎて勇み足になり、勇み足の揚げ足をとられたということになる。とすれば、清水の昭和一〇年代半ばまでの言説を、たとえ偽装転向だったと解釈しても、一九四三年の「敵としてのアメリカニズム」はやはり時局迎合論文ではなかろうか。

清水がアメリカの学問に出会って目から鱗《うろこ》の思いをしたことは、すでにふれたが、「敵としてのアメリカニズム」論文の四年前に刊行された『現代の精神』の序文では、自分はアメリカの哲学と社会理論を学ぶのが遅すぎたと後悔を述べているほどなのである。

日本人がその文化的思想的能力に対して常に軽蔑を表明してゐるアメリカ人は、凡そ吾々の想像を超えた偉大なものを創造し完成しつつあるのである。これを無視し看過することは、恐らく吾々の不幸と貧困とを深めるのみであらう。

そういっていたにもかかわらず、その四年後、――戦局が思わしくなくなって、検閲も厳しくなったこともあるが――、アメリカニズムそのものを敵として「総力戦の一翼としての文化の戦線」を煽る論文が書かれているのである。かつては、アメリカニズムには思想や哲学があるとし、これを無視することは「吾々の不幸と貧困とを深める」としていたのが、そこから四年たつと前段をそのままにして、今度は、だからこそ、アメリカニズムを支える思想や哲学そのものと闘わなければならないとしていることになる。

戦局が厳しくなり、言論統制が増していたから新聞や雑誌に皮肉めいたことを書く余地はほとんどなくなっている。清水をいたずらに責めることはできない。しかし、戦前の清水の言論と戦後の清水の言論（六〇年安保までの清水の言論）とを引き合わせて「氏が顔を赤らめなければならないようなものが、まつたく存在しない」（「解説」『現代随想全集』13）という日高の言明が大仰な賛辞であるということははっきりする。

真性ファシスト説

鶴見俊輔のように、「権力者に効果的に権力をふるう方法を教えた」をタテマエ（迎合）として、「権力の反対者にたいしては権力の隙間に効果的にくいこんで行く方法を教えた」をホンネ（抵抗）としてみるなら、これを裏返しにした清水論があってもおかしくはない。「権力者に効果的に権力をふるう方法を教えた」をホンネ（深層）として、「権力の反対者にたいしては権力の隙間に効果的にくいこんで行く方法を教えた」をミカケ（表層）として解釈することである。

評論家天野恵一（一九四八〜）の清水論は、鶴見の論法を裏返しにしたもっとも徹底的な清水批判である。天野は鶴見が言及したのと同じ、「新しい国民文化」を読み、鶴見とは違った部分を引用する。

……清水はこう主張している。「世界は単に諸民族の角逐の場所でなく、何等かの形式を以て内に諸民族を含む大地域の共同体の並存すべき場所となりつつある。日本を盟主とする大東亜共栄圏もまたかかる共同体の一つに外に《ママ》ならぬ。日本はただ一つの国として世界に立つのでなく、具体的にはこの共栄圏の建設者として且つその盟主として世界に立つのである」（清水の文章はこのあと、「日本が新しい国民文化の形成を自己の問題とするのも、かかる世界史的使命の達成から引き離して考へることを許さぬものである」と続く――引用者)。この世界史的使命の自覚のもと「国民各自の創造的な力が完全に発揮されなければならない」。この創造的活動は、個人主義に基づいてはならず、全体主義の本質たる計画性の観点からなされねばならない。この計画の実現のためには知識や合理的思惟ではたりず、「人間の情熱と独創と信念とを欠き得ない」のだ。

文化の国民性も、科学性も、創造性も、大東亜共栄圏の盟主たる日本国民の、世界史的使命の実現のために要請されているにすぎない。

(『危機のイデオローグ――清水幾太郎批判』)

また当時の文教政策における教学理念とはことなっていると鶴見がもちあげた同じ論文の後半の「教学刷新の根本理念」についても、天野は鶴見とは違った文章を引用しながらつぎのようにばっさりと切っている。

「生活が凡ての場面に亘つて計画的に統制される」必要を、清水は上(支配者の位置)から強調している。国家的統制のための教育が、社会教育論の内実である。そして「社会の形成を忘れた教育が無力であると同様、人間の形成を忘れた政治はただ制度の問題のみに依つて一切を解決し得ると信じ、社会国家の根本に横たわる人間行動の事実を看過するに至つてゐる」との政治批判は、強制ばかりにたよらず、国民の自発性を権力に吸収するための教育＝政治理論を考えよとの提案にすぎない。

天野のいうところは、こうである。鶴見も指摘したように、清水はファナティックで神がかり的な皇道主義者ではなく、文章には人間尊重や科学の重視が含まれてはいる。そして、そうであるからこそ「合理的、科学的理論を縦横に駆使した」ファシズム理論だといぅ。天野は鶴見とは正反対の結論にいたっている。清水は真性ファシストであり決して抵抗者ではなかった、と天野はいうのである。天野は清水の偽装抵抗さえみとめない。

また、さきほどふれた日高六郎がひたすら絶賛する『社会的人間論』についても、『進んで組織のある新しい全体を作り、自己をそこに生かさうと努める』個人、基礎的社会（国家）の拡大という歴史の流れに対応できる新しい個人、そのようなある全体を前提にした個人主義が説かれる」、「個人を社会の立場から救い出す、オルガノロギー（器官学――引用者）の香りの強い個人主義の主張である」としている。『社会的人間論』は、歴史的現実についてほとんどふれない原理論的性格の書物だから、社会と個人の調和についてあとからどうとでもいえるようになっているが、当時の清水の時評的文章をみれば、「社会と個人の調和の方向は新体制（ファシズム）に求められている」という。

転向という解き口の疑問

天野が『危機のイデオローグ――清水幾太郎批判』を執筆した当時（一九七九年）は、清水の「核の選択――日本よ　国家たれ」（『諸君！』一九八〇年七月号）はまだ書かれていなかったが、すでに、「無思想時代の思想」（『中央公論』一九六三年七月号）や「新しい歴史観への出発」（同誌、同年一二月号）などでマルクス主義や社会主義の無効宣言をしている。「天皇論」（『諸君！』一九七三年三月号）では、天皇制打倒はコミンテルンの影響を受けた知識人の主張で、民衆は一貫して天皇制を支持してきたとした。一九七五年の論文集『日本人の突破口』の「あとがき」の副題は「或いは、わが『転向』について」であった。同年には、『わが人生の断片』上下で六〇年安保の知識人運動を批判している。

六章で詳述するが、六〇年安保までの清水の進歩的文化人の旗手という立ち位置とそれ以後の極端な右傾への振り幅の大きさが、多くの進歩的文化人の反撥《はんぱつ》をかっていた。戦後民主主義イデオローグ時代の清水を肯定し、現在の清水を否定するという清水論が溢れていた時代だった。天野はそんな批判を「過去の清水で現在の清水を否定してみせるだけである。だからあまりに無節操な変貌ぶりを悲しんだり、糾弾しているだけで、何故そうした思想転換が発生したのかという問題の解明へ向かって批判を展開してはいない」とした。天野のこの指摘はきわめてまっとうなものである。

しかし、天野の結論は、清水はそもそも戦前から真性ファシストだったのであるというものである。だから、清水の戦後転向の過程は翼賛時代の理論の積極的加担の発見の過程であり、「清水の六十年代の過程は三十年代への回帰の過程」だった、清水の現在は、戦前の真性ファシストが顕現したままでということになってしまっている。清水の言論の襞《ひだ》は拾象されてしまっている。

このような結論であれば、すでに早く、一九六四（昭和三九）年に林健太郎が清水の「新しい歴史観への出発」論文を転向とみず、むしろ平和問題談話会や六〇年安保のときの清水を逸脱としてみて「蕩児の帰還」とした清水論（「竹山道雄と清水幾太郎」『潮』一九六四年三月号）と同じものでしかない。清水の「新しい歴史観への出発」は、マルクス主義は不可逆的摩滅過程に入っているとして、計画の余地のないマルクス主義に対する訣別と計画の哲学をともなう新しい歴史観の提唱をおこなった。それが発表されたときに保守派の竹山道雄（ドイツ文学者、一九〇三～八四）や今日出海《こんひでみ》（作家、一九〇三～八四）などは、それぞれ、「言論の責任」（『自由』一九六四年一月号）、「さまよえる人」（同誌、同年二月号）で清水を批判した。竹山のものは、今日出海の批判よりも一段と舌鋒鋭く、つぎのようにいっている。

転向も、時流に逆らっての転向なら、むしろ尊敬に価する。戦中に赤かった人が戦後になって衆に抗して自由主義になったのなら、それは巧みに泳いだのではなく、むしろ逆流の中でたたかったのである。
しかし、清水氏の場合はつねに時流にのっている。（中略）「彼は昔の彼ならず」というのは、社会的に無責任であっていいということではない。

一方、林健太郎は、六〇年安保闘争のあとの右旋回時の清水とそれよりも前（戦後から六〇年安保闘争まで）の清水が違うという点で自分も竹山と同じ認識をもっているという。しかし、「違うところは」、とつぎのようにいう。

……竹山氏がこの頃（戦後の二十世紀研究所のころ——引用者）の清水氏を「常態」あるいは「本質」と考えるのに反して、私はそれ以前と現在の清水氏が本当の清水氏で、その中間は「逸脱期」だと考えることである。従って竹山氏には最近の清水氏の言動が「変節」乃至「偽装」と見えるのに対して、私にはそれが「蕩児の帰還」のように思われるのである。

天野の清水＝真性ファシスト説は、この林の論と相似だということが理解される。天野の清水論は、清水の戦前の論説を精査した克明なものなのだが、結論は大味である。こうなってしまうのは、天野の分析枠が転向論の影響下でおこなわれ、「転向か加担（奉仕）

か」の二項対立しか念頭においていないからではなかろうか。「転向」という視点から明らかになるものもあるが、同時にそうした視点では隠蔽されてしまうものもある。

「転向パラダイム」の死角

ここでアメリカ史学の泰斗リチャード・ホーフスタッターの言明を思い起こしたい。権力批判型知識人と権力助言型知識人それぞれの陥穽《かんせい》についてホーフスタッターはつぎのように述べる。

彼ら（権力批判派――引用者）に特徴的な道徳的欠陥は、みずからの純粋さに関心をいだきすぎていることだ。責任が生じなければ、ある種の純粋さは簡単に手に入る。一方、権力に助言をあたえる専門家に特徴的な欠陥は、批判の源泉となる独立した思考能力を使おうとしないことである。彼らは権力の視点を吸収することによって、権力を突き放す力を失ってしまうのかもしれない。

（『アメリカの反知性主義』田村哲夫訳）

もし、非転向だけにこだわるなら、発言もせず、現在の体制側に貢献しそうなことにはできるだけ係らない隠遁者のような人がよしとされる。まさしく「責任が生じなければ、ある種の純粋さは簡単に手に入る」。

清水は、黙して語らない知識人としてではなく、「語る」知識人として生きた。だから、清水の戦前の言説は権力に助言をあたえる専門家と似た欠陥即ち「権力の視点を吸収することによって、権力を突き放す力を失ってしまう」を帯びた。しかし、その咎をいい立てるのであれば、三木清や蠟山政道（政治学者、一八九五～一九八〇）、笠《りゅう》信太郎（ジャーナリスト、一九〇〇～六七）も昭和研究会などをつうじて「権力に助言をあたえ」た知識人であり、そのかぎり、清水と同じ轍《てつ》を踏んだ。いや国策に関与したかれらの影響力は、言論活動を中心とした清水以上のものがあった。

清水も、昭和研究会のメンバーではあった。一九三八（昭和一三）年夏に三木清が昭和研究会の文化委員会委員長に招聘されたときに、三木の委員指名によって中島健蔵などとともに参加した。しかし、清水は、三木や蠟山、笠よりも一〇歳ほど若く、昭和研究会ではかれらのような枢要な位置にあったわけではない。三木ら三人は、政治・経済改革の思いをもったが、権力を突き放す力を失ってしまったどころか、加担したのであるから、清水以上にミイラ取りがミイラの道を歩んだ（詳しくは、マイルズ・フレッチャー『知識人とファシズム』竹内洋ほか訳を参照）。

ここでことわっておきたいのは、清水の言動が転向だったか非転向だったかに決着をつけたいわけではないことである。あとで詳しくのべるように、転向・非転向やそのヴァリアント（変異型）である偽装抵抗・偽装転向とは違った視点で清水の言論における修辞戦略や変節をみることで、清水理解にもうひとつの次元を付け加えたいというのがわたしの主眼である。

いま蠟山、笠、三木をミイラ取りがミイラになった知識人の典型とするフレッチャーの説を披露したが、フレッチャーは「転向」という概念からの分析は実り多いとは思えないとし、次のようにいっている。

> 転向という概念は、知識人が外部からの圧力に屈して信念を急に曲げてしまうことを指しているが、これは蠟山、笠、三木の著作を分析するのには有効ではない。転向という概念では、かれらの思想の重要な連続性を見落としてしまうからだ。

フレッチャーがそういうのは、蠟山は終始、国内政治における政党間の対立や階級闘争の激化を取り除くために、政治に職能代表制を取り入れることを主張していたし、笠は、マルクス主義を国防経済のなかで生かそうとし、三木は、協調主義に代表される新しい文化なくして日本とアジアは生き延びることができないといい続けたという事実からである。しかし、実際のところかれらは、ファシスト運動の始まりに手を貸すことになったとしてもその主張は驚くほど変化がなかった。転向パラダイムは実り多いどころか、別のことを隠蔽してしまうのである。

「差異化」という第三項

ここですでにふれた鶴見俊輔と天野恵一の清水幾太郎論に戻りたい。鶴見が清水のホンネとする部分を天野はミカケに、鶴見が清水のタテマエとする部分を天野はホンネとみていた。だから両人のいうところは、この時期の清水像の陽画《ポジ》と陰画《ネガ》といってもよい。

わたしは、さきに清水の戦時中の論説は、「皮肉という形の抵抗」ともいえるし、（不完全さを指摘することで）「翼賛体制の強化を狙ったもの」ともいえるとしたが、その二重性そのものに清水の言説の特徴がある。つまり、この二重性のどちらがタテマエ（ミカケ）であって、どちらがホンネであるかの決着をつけようとする方式自体に問題が潜んでいる。

ここで、転向論のキーワードである「迎合」と「抵抗」に清水がジャーナリストであったことによって生じる第三項を加えたい。そもそもジャーナリストは時局に迎合しただけの論説を書いていては失格である。隙間に皮肉めいたことを入れることは思想の問題以前にジャーナリストの要件である。タテマエとしての、つまりポリティカリー・コレクトな（政治的に適切な）言論が張りめぐらされればされるほど、わさびの効いた論説を提示しなければならない。清水がジャーナリストであったことを考えれば「迎合」か「抵抗」かの二項対立のほかに、「差異化」という第三項を導入する必要がある。コラム「槍騎兵」を書いていたころについて、清水はこういっていた。

私は文章を書いて生きて行かねばならない。そうなれば、私は、自分の書く一語一語によって読者の心をしっかりと捕えなければならない。読者を唸らせなければならない。

（『論文の書き方』）

とすると、迎合は流通している公定言説とおなじものだから、差異化と非親和的である。抵抗や皮肉のほうが流通している公定言説と食い違うぶん差異化と親和的である。清水自身当時をふりかえってこういっている。

狂気のような軍国主義の時代では、情報局の注文するような文字はいくら書いても空白同然で、コッソリと忍び込ませた文字だけが文字として読まれていたのかも知れない。

（「はかなき抵抗」『文藝春秋』一九五二年一二月号）

「読者を唸らせなければならない」や「コッソリと忍び込ませた文字」は抵抗とも差異化とも読める。抵抗がホンネでタテマエが差異化ともいえるし、抵抗がタテマエで、差異化がホンネとも読める。問題は、迎合と抵抗の二項関係ではなく、迎合、抵抗、差異化の三項関係になる。清水において抵抗か迎合かの問題がわかりにくく複雑になるのは、かれがジャーナリストであったことによる差異化がここにわり込んでくるからである。

相互浸透

三項関係を指摘したが、その前にまず抵抗と差異化をタテマエとホンネとして使い分けるのではなく、タテマエの顔をしたホンネ、ホンネの顔をしたタテマエとして両方が相互浸透してくることを踏まえることが重要である。タテマエとホンネの相互浸透については社会学者作田啓一の論説が参考になる。作田は、タテマエとホンネの意識的・目的合理的使い分けは、「主知主義的な立場からとらえられた現象の一断面」にすぎないとする。たしかにタテマエとホンネの論理的使い分けはあるが、他方では、両者が前論理的に相互浸透する場合がある。作田はこういうのである。

　論理的な部分と前論理的な部分とが、それぞれ意識の中で占める比重は、行為者によって異なるであろう。主として論理によって支配される行為者の意識においては、前論理的沈澱物は0に近いが、しかし尖った先端においてはこの沼の水面に触れている。主として前論理によって支配される行為者の意識においては、論理的判断は0に近いが、しかし尖った先端においては明るい天井の表面に触れている。

図3-1

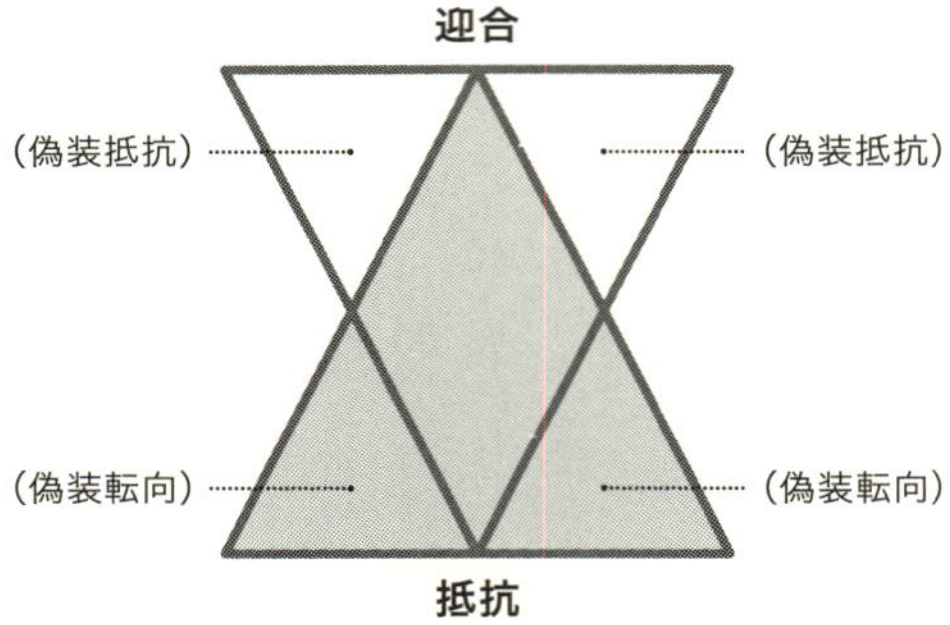

二等辺三角形の底辺がホンネ、頂点がタテマエ

このタテマエとホンネの相互浸透は他者にとって弁別が出来にくいだけでなく、前論理的であるぶん当事者自身にとってもそうであると思われる。

（『価値の社会学』）

こうしてみると、清水にとっての「抵抗」と「迎合」の関係は、図3-1のようになる。鶴見の清水論（偽装転向説）は、黒い三角形で、図の上側の頂点をタテマエとして下側の底辺をホンネとしてみている。これに対して菅の清水論（偽装抵抗説）は、逆向きの三角形で上側の底辺をホンネ、下側の頂点をタテマエとしている。天野の清水論（真性ファシスト説）は、ホンネ一本説ということになる。

しかし、天野のように、ホンネ一本説は、これまでみてきたような清水の「読者を唸ら

図3-2

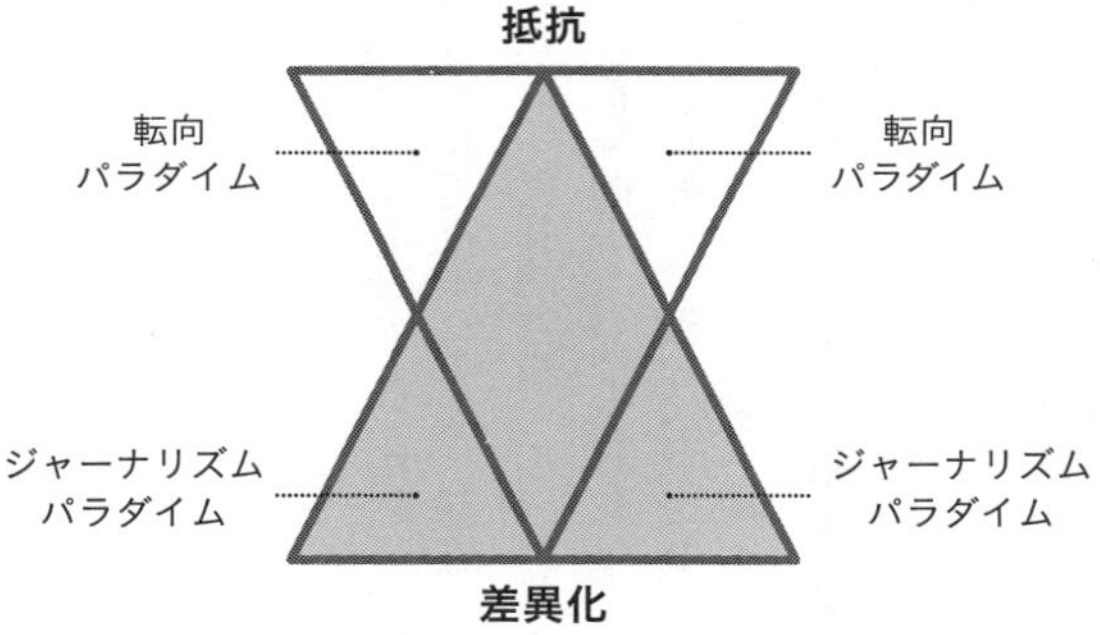

二等辺三角形の底辺がホンネ、頂点がタテマエ

せなければならない」や「コッソリと忍び込ませた文字」といったジャーナリスト特有の性質を掬《すく》い上げることができない。「結局は……に帰着」という結果至上主義になってしまっている。清水の論にそってであれば、やはりホンネとタテマエでみるのがよいだろう。しかし問題はそこから先で、さきほどふれたように、ホンネの顔をしたタテマエ、タテマエの顔をしたホンネがあることを踏まえれば、抵抗と迎合は、どちらかが正解ということではなくなる。

ここに第三項の「差異化」を挿入すれば、どうなるか。図3-2をみよう。鶴見のような転向パラダイムにおける偽装転向や偽装抵抗の指摘は図の逆向きの三角形になる。ジャーナリズムパラダイムつまり差異化を重要な契機としてみる立場は黒い三角形部分となる。

しかし、この場合も抵抗の顔をした差異化、差異化の顔をした抵抗があることは、タテマエとホンネの相互浸透と同じである。

つぎの一文は、戦後すぐ清水が戦時中の言論のパターンについて書いたものである。さきほどふれた抵抗と差異化、そして迎合と抵抗が相互浸透していることを頭において読んでもらいたい。

支那事変が勃発してから、批判的態度がひどく非難された時期があつた。批判的といつても、条件の全体を否認するやうな態度は既に社会の表面に現れる機会がなかつたから、批判的言論と称せられるものも、当の本人の気持から見れば、それこそ建設的な積極的なものであつた。尤もその本人がこの頃では、いや本当に批判的だつたのだ、と弁解してゐるが、このやうに建設的のつもりで論じたことが、却つて徒らに批判的と受取られたのは、建設を託された肝腎の政治力の方が貧弱であるため、親切な注文も五月蠅い非難と聞え、実情を無視した理窟に見えたのであらう。

どんなに味方したつもりでも、政治の実力からすれば、迷惑な干渉としか受取られなかつた。

（「文化」『朝日評論』一九四六年五月号）

発表したときには批判的言論と非難されたが、書いた本人は、建設的な言論だったとしている。さらに、戦後になると、「いや本当に批判的だつた」のだといっているという。いったい、これは誰の言論について書いているのだろうか。語るに落ちるというか、戦争中の清水自身の言論活動についてだとはいわないにしても、そのときの自分を含めた執筆者心理を念頭において書かれていることは間違いないであろう。

まさにさきほどの、迎合と抵抗のいずれかがタテマエでありホンネであるのではなく、相互浸透しているということがわかるはずである。さらにここに「差異化」がわりこんでくる。かくて、偽装転向であったか、偽装抵抗であったか、それとも真性ファシストであったかではなく、三つのいずれにも読み取れるところにジャーナリスト清水の高等修辞戦略があったといえる。そうした判じ絵ならぬ三重像こそが、清水幾太郎的病、つまりメディアティックな知識人の業《ごう》だったとみるべきではないだろうか。

清水は、そうした差異化の技に相当自信があったのだろう。敗戦で、技《テクニック》をみせる必要がなくなったとき、こういっている。

以前は時局といへば、横眼で睨むものと相場がきまり、僅かの間隙を狙つて題目と執筆者とを結びつける危険を犯すところに、編輯者の見識や手腕があつたのだが、今では間隙が本道となつて、誰も彼ものんびりと時局に倚りかかつてゐる。時代の潮流に紙を投げ込んでおいたら、何時か刷り上るといふ風であれば、面白からう訳がない。

（「論壇時評2　新しい見識・手腕」「東京新聞」一九四六年四月一七日）

「検閲とレトリック」でもこういっている。長い歴史のなかで文章というものは、検閲とともに歩んできた。検閲官が文章に危険なところを発見する技術を磨いてきたのに応じて著述家は検閲官の眼をのがれる術を磨き、思考の密度が高くなった、と自分の場合を例にとって、さらにこう続けている。

私のように、架空の世界を作り上げるだけの才覚もなしに厳しい検閲制度の下で生きて来た人間にとっては、社会の存立を支える観念や行為――これを仮にA系列と呼ぶ――を平俗な言葉で述べるというか、その顔を立てるというか、つまり、人々の心へ静かに入ることが出来る言葉を連ねながら、その間に、A系列と何処かで食い違う観念や行為――これを仮にB系列と呼ぶ――を出来るだけ弱い言葉に盛って挟むという平凡な方法しかなかった。A系列は、曲りなりにも、リアリティなのであるから、それと連続する形のB系列であれば、弱い言葉であっても、或るリアリティを持つことが出来る。弱い言葉に盛られた観念の性質にもよるが、強い言葉が読者の心に入る前に爆発してしまうのに反して、弱い言葉は、ソッと心の中に入った後に小さな爆発を遂げることがある。

（「検閲とレトリック」『言語』一九七七年一一月号）

［注］

一九六五年に社会学者鈴木広によってなされた日本社会学会会員調査（郵送数二〇〇、有効回答数八〇）によれば、同年七月におこなわれた参議院地方区選挙での会員の投票状況は、自民党九％、社会党四九％、共産党一四％である（「戦後日本社会学の問題状況」『都市的世界』）。革新支持が半数以上を占める。一九六五年以前であれば、その割合はもっと多いはずである。清水の社会学が社会学徒に大きな影響力をもったのは、このような社会学徒の革新志向と清水の社会学者としての立ち位置の親和性にあった。

四章　スターダムに

敗戦

清水は、一九四一（昭和一六）年七月に「読売新聞」の論説委員になったが、翌四二年一月に陸軍徴員として徴用され、二月にビルマなどに派遣された。同年一二月に帰国し、論説委員にもどった。一九四一年に論説委員になるまでは「朝日新聞」および各種雑誌に一ヶ月で一〇本近くも執筆してきた清水だが、一九四三年末以後は「読売報知」の社説を中心とした執筆にとどまっている。用紙の統制などで媒体が減ってきたことと、抵抗であれ差異化であれ、公定言説の隙間をぬって言論を展開する余地がなくなったことにもよるだろう。

一九四五年八月一五日の玉音放送を、同年の春から嘱託になっていた海軍技術研究所の庭で士官たちと聞く。清水は三八歳になったばかりだった。しかし、玉音放送の二日ほど前に読売新聞社の短波放送で日本の無条件降伏を知っていた。だから、敗戦の衝撃は玉音放送よりも少し前のことだった。その日のことについて清水は後年、こう書いている。

私も民主主義の到来を喜ばないわけではないが、しかし、その裏側に縫いつけられているものの苦い重みに私は圧倒されていた。夥しい人命が失われ、数えることの出来ぬ富が空しくなり、名誉と独立とを奪われ、ただ世界に向って罪だけを負うことによって、今、戦争が終るのである。戦後、多くの人々の敗戦の日の颯爽たる感想を知るたびに、私は、あの日の自分の歯切れの悪い気持を或る恥ずかしさと共に思い出す。新聞社には、何事についても冷淡なポーズを示すという習慣があって、個々の記者の心中はとにかく、誰も涙など流しはしなかった。社にいる時、私は我慢していた。電車に乗っている時も、私は我慢していた。家に辿りついて、ドアを開けた途端に、涙が溢れ出た。妻は、直ぐにすべてを察して涙を流した。

（「わが人生の断片」『清水幾太郎著作集』14）

それから二ヶ月ほどたった一〇月下旬から読売新聞社で争議がおこる。争議は正力《しょうりき》松太郎（一八八五〜一九六九）社長をはじめとする読売新聞社首脳陣の戦争責任を問い、退陣を要求することからはじまった。清水は争議以前に辞表を提出していたが、受理されなかった。やがて争議団が「戦犯」を指名し追放をはかったが、清水はそのリストには入っていなかった。一九四五年一二月、清水は読売新聞社を退職する。

これまでみてきたように、清水は東京帝大の副手を辞職してから「読売新聞」の論説委員に就任するまで、二五歳から八年余にわたってフリーランスで生活をしてきた。定収入を得た論説委員の期間は、軍による徴員期間を除くと、三年半にすぎない。そうした清水にしてみれば、フリーランスに戻る不安はそれほど大きくはなかったであろう。いやむしろ自信があったと思われる。

自信があったというのは、敗戦後、講演や雑誌の執筆依頼が多くなったからである。総合雑誌の刊行ブームもみえていた。多くの出版社から本を書いてほしいとか顧問になってほしいという依頼をうける。読売新聞社を退職する前の一〇月六日には、岩波書店の吉野源三郎（一八九九〜一九八一）から、翌年創刊の『世界』についての相談をうけ、海外文化情報担当嘱託も依頼されている。それ以外の執筆の依頼もあっただろう。清水は、『世界』創刊（一九四六年一月号が創刊号）の年、同誌に三本の論文（二月号、四月号、七月号）を寄稿している。

二十世紀研究所

『世界』が刊行されて間もなく、一九四六（昭和二一）年一月二〇日、清水は、戦争中、太平洋協会のアメリカ研究室で知り合いになった細入《ほそいり》藤太郎（アメリカ文学者、一九一一〜九三）と旧知の大河内一男とある事を相談している。細入の父の兄が「何か世間の役に立つことに使いなさい」とかなりのお金を渡してくれた。細入は、「お金が、これだけあるんだけれども、どうしよう」と清水と大河内に相談した。

そこでこの資金をもとに「財団法人二十世紀研究所」をつくることを決めたのである（「細入藤太郎先生に聞く」立教大学文学部英米文学専修『英米文学』第四九号、一九八九）。清水は、アカデミズムの外で活躍してきたこともあって、戦前から大学を社会人のために開放することを提言していた（「大学と社会」『文藝春秋』一九三九年三月号など）から、かねてからの思いを実現できることになった。出資者の細入が理事長、清水が理事兼所長、大河内が理事となった。所員は以下のようである。所属と肩書、専門は設立当時のものである。メンバーの多くは戦後をつくっていく錚々たる知識人たちだった。

東京帝大教授……………大河内一男（経済学）
東京帝大助教授…………丸山眞男（政治学）
東京帝大助教授…………林健太郎（歴史学）
立教大学教授……………細入藤太郎（文学）
東京女子大学講師………福田恆存《つねあり》（文学）
慶應大学講師……………宮城音弥（心理学）
東京帝大教授……………飯塚浩二（経済地理学）
京都人文学園教授………久野収（哲学）
京都帝大教授・経済学博士……岸本誠二郎（経済学）

一高教授…………………………真下信一（哲学）
東京帝大助教授………………中野好夫（文学）
東京高校教授…………………高橋義孝（文学）
政治経済研究所………………磯田進（労働法）
東京商科大学教授……………高島善哉（経済学）
東京帝大教授…………………川島武宜（民法学）
前東京帝大助教授・理学博士…渡辺慧（物理学）
法政大学助教授………………迫間真治郎（経済学）

所員は、昔からの友人である宮城音弥、福田恆存、高橋義孝、渡辺慧、中野好夫、大河内一男などと、旧知ではなかったが清水が白羽の矢を立てた若い学者の丸山眞男、林健太郎、久野収などであった。清水は、すでに若い秀才の丸山の名前は知っていたので、是非とも所員になってほしいと思って、事務局員に名刺をもたせて参加を促した。丸山は旧知の林健太郎と相談して所員になることにした。

研究所は港区芝公園の中央労働会館内に置かれた。「社会科学および哲学の研究と普及」を目的にかかげ、内部の研究会活動、全国各地での講演活動、研究所紀要や単行本の刊行などの出版活動がおこなわれた。「一身上の困った問題が起こった場合、あなたは誰に相談しますか」などの質問項目を盛り込んだ農村調査もなされていた。発足当時の東京での二十世紀教室の一般向け講座では、原書講読など、当時の大学にひけをとらない、いやそれ以上の知的レベルのテーマが組まれた。「二十世紀研究所」は労働会館のなかに事務局、研究室、教室の大小三つの部屋を借りていたほどである。敗戦後の人々の学問への熱い期待と重なって、盛況をきわめた。

醒めたる思想家

ところが敗戦直後の清水の発言は歯切れがわるかった。清水はこう書いている。聴衆も、読者も、編集者も、歯切れのよい発言を清水に期待していたのに、どこへいって話しても、雑誌に書いても「私は、人々が求めているものに十分に応えていなかったように思う。(中略)私はいつも歯切れが悪かった」(「わが人生の断片」『清水幾太郎著作集』14)、と。

どうして歯切れがわるかったのか。昭和戦前期の検閲による言論統制を生きてきた清水にとって打って変わっての民主主義万歳は、戦時中の日本主義の流行と同じものにみえていたのだろう。清水は、こう書いている。

正直に言つて、私はどうにもならぬ絶望に囚われている。世を挙げてデモクラシーを謳歌する明るい気分に浮き立つているが、それは満洲事変以来の見慣れた風景に過ぎない。本当は日本精神でも全体主義でもデモクラシーでも構わないのであろう。右といえば右、左といえば左、風の吹くままに、その風に乗つて、口当りのよい言葉を吐き散らし、少しでも利益にありつければ満足するという、軽佻といおうか、浮薄といおうか何事も自己の反省を通さず、自己の責任と結びつかぬ、そういう風潮が日本の隅々まで充している。言語も風俗も思想も、凡てはこの哀れな傾向を表現するために存在するかのようである。私は元来戦争に反対であつた、敗けることは判りきつていた、何にも努力などしなかつた、そんな言葉をただわれがちに吐き出して、他人に遅れまいと力めているのだ。

（「国民性の改造」『新人』一九四六年二月号）

昭和戦前期の言論統制の時代に、検閲の隙間をぬって執筆した清水にしてみれば、時流に乗る知識人の軽佻浮薄ぶりに大きな違和感をもったのだろう。戦時中沈黙を守ったことから、戦後をわが世の春のように振舞う知識人への反感もあっただろう。敗戦直後雨後の筍のように創刊された総合雑誌での知識人のオプティミズムが庶民の敗戦感情といかに背《はい》馳《ち》しているかをつぎのように書いている。

多少とも社会科学に基礎を持つ最近の論文が、いづれも敗戦について「しめた、これで万事うまく行く」といふ調子のオプティミズムに立脚してゐるのは、戦争の痕跡をとゞめてゐる読者にとつて、やはり大きな距離を感じさせる。ちやうど東條時代に流行したオプティミズムと弁明とをそつくり裏返しにしたものが、敗戦後の日本の運命について復習されてゐる。

（「論壇時評2　新しい見識・手腕」「東京新聞」一九四六年四月一七日）

しかし、清水の発言や述作の「歯切れが悪い」はそのようなことだけによるのではなかった。三章でふれたように、抵抗や差異化をまじえたにせよ、清水は、「読売新聞」論説委員として時局にそった社説を書いてきた。戦後の時流に乗って先走ったことをいったり行動したりすれば、戦時期の言論が掘り返され、比較されて問題にされかねない。唯物論研究会を退会（一九三七年）したときに、「自分の身を守る」ために前代未聞の「退会証明書」を書いてもらった清水としてみれば、敗戦直後は慎重にかまえなければならないと思ったはずである。慎重どころか、戦々兢々として過ごしていたともいえる。占領軍によって「捕えられるのではないか、殺されるのではないか」とさえ思っていた（「マス・コミュニケーション」戒能通孝ほか編『日本資本主義講座』3）といっているのだから。

そんな精神状態の清水だったから、軽々しく戦後の風潮に乗っていくことはできなかった。そのような警戒心は、新しい時代の思潮に距離をとるバランス感覚ともなった。「二十世紀研究所」についての寄稿文でもその目的を「学術的」（「再建第二年への構想」「東京新聞」一九四六年八月一九日）とし、政治的立場を「進歩的中立」（「明るい市民の中で」「帝国大学新聞」同年一〇月二三日）としている。

二十世紀研究所員でこのころの清水と親密な交際があった林健太郎は、戦後すぐの清水についてこういっている。左翼については「彼等はすぐ巻物を持ち出すから困る」、「日本の思想家は皆何かに酔っ払っている。酔っぱらっていない人間が必要だ」といい、あらゆる独断的なもの、公式的なものに対して常に懐疑と嘲笑とを浴びせかけており、日本では数少ない「醒めたる思想家」だった（『歴史と体験』）、と。清水自身もそのころについて、万事斜めにみていて、よく冗談をいった、仲間には「清水さんもっと真面目に話しましょうよ」と再三いわれた、と書いている（「わが人生の断片」『清水幾太郎著作集』14）。

東北帝大教授の話

このような戦後初期の清水の慎重な言論には、このころあった東北帝大教授就任の話も関係しているかもしれない。

東北帝大の社会学教授には新明正道（一八九八〜一九八四）が就任していた。新明は、一九二六（大正一五）年四月、東北帝大法文学部社会学助教授として赴任し、一九三一（昭和六）年九月、同教授に昇任した。敗戦後も社会学概論、社会学史、社会学特殊講義、社会学演習を担当していた。しかし新明は、一九四六（昭和二一）年九月、戦前の民族論などの著作で大東亜共栄圏に加担したとして教授不適格の判定を受け、免官となった。新明の免官で、東北帝大では社会学を講義する教授がいなくなった。社会学の学生・院生は隣接講座の宗教学講座に引き受けられることになった。

新明は免官となってからも自宅で執筆はもちろん、教え子を指導もしていた。教え子たちは新明の追放解除運動をしていたから、宗教学講座などの東北大学関係者は社会学担当講師の人選では新明にうかがいを立てただろう。新明は、清水の著書の書評もしており（「清水幾太郎『社会学批判序説』」『国家学会雑誌』第四七巻下、昭和八年度）、清水の秀才ぶりについて知っていたことと、清水がどの大学にも所属していないことから清水を指名したのではなかろうか。新明の意向を無視しての人事はありえなかったと思われる。

こうして清水は一九四七（昭和二二）年に東北帝国大学で集中講義をおこなうことになる。同大学社会学講座の関係者の話によると、新明教授が復職できなかったときには、教授として就任してもらうという話がついていたという。翌年も集中講義がおこなわれる。

新明の公職追放が解除されたのは一九五〇（昭和二五）年一〇月、翌五一年一〇月に教職追放が解除される。一一月に東北大学（一九四七年一〇月、東北帝大から改称）に復帰、翌一二月より講義を開始している。ところが清水は新明の公職追放解除以前の四九年三月に東北大学講師を辞職している。新明の復職がわからないうちの辞職である。清水の側に教授に就任する気持がなくなっていたということになる。

この経緯については、社会学者鈴木広が、一九七八（昭和五三）年一月に九州大学に清水が集中講義で来校したときに清水自身から聞いた話としてつぎのように書いている。すでに「決定し決意していた」東北大学教授の話が実現しなかったのは、清水夫人が強硬に反対したからだ、と。しかしさきほど述べたように、決定していたのはあくまで新明の復職がかなわないときにという条件がついていたのだから正確とはいえない。それでも新明の復職の可能性がはっきりしないときに清水が講師を辞職したのは、たとえ教授就任の話になってもことわるという意思の表れとみることはできる。

清水夫人の反対の理由は「上野から以北は全くの田舎であり辺境であって、東京の町の子にとって、その都落ちは堪え難いものであったからだ」（鈴木広「清水幾太郎私論」『社会学評論』四〇巻四号、一九九〇）としている。しかし、もちろんそれだけではないだろう。

あとにみるように、清水には一九四八（昭和二三）年後半からのちの平和問題談話会の活動が入ってくる。清水にとって東京での活躍が想定されてきた。そういう身辺事情の変化により、東京を遠くはなれた仙台への赴任が魅力的でなくなったということだろう。戦後すぐの時代の仙台となれば、そこから東京に出てくるとなると、そう頻繁にというわけにはいかない。東京での活動に大きな制約となる。そんななかでの清水夫人の反対だった、とみたほうが正確なのではないだろうか。なお清水が辞職してから新明が復職するまでの社会学講座担当の非常勤講師には、林恵海東京大学教授が就任している。

東北帝大の講義を引き受けたころの清水にはアカデミックな世界へ戻る気持はかなりあったと思われる。そもそも戦前をジャーナリストとして生きながらも、『思想』や総合雑誌などに官学教授に優るとも劣らない論文を発表してきた清水にしてみれば、自分こそが官学教授にふさわしいと思っていて当然だったろう。

清水は戦前から手厳しい官学無能教授批判をしていた。東京帝大経済学部教授河合栄治郎（一八九一〜一九四四）が「教授不適格」とされて休職に追いやられた平賀粛学（総長平賀譲《ゆずる》が断行）にふれて、こういっている。

文部省の横槍によって京都帝大法学部教授滝川幸辰《ゆきとき》（一八九一〜一九六二）や河合栄治郎が「不適格教授」とされ、休職を余儀なくされたが、かれらは「進んで研究を発表したり行動したりしたために」「不適格」と認定された。清水は、河合教授らを「積極的不適格教授」とし、その一方で、特に研究もしない、発表もしない、それ故滝川や河合のように不適格とされない「消極的不適格」教授が多数いるとする。そして、最後にこういう。騒動がおわると『積極的不適格者』だけが追はれて、『消極的不適格者』がそのまゝに残るばかりでなく、この機会に後者が一層増大する」（「帝大経済学部論（三）『消極的不適格』教授よ去れ」「東京朝日新聞」一九三九年二月六日）、と。戦後すぐの「読売報知」の社説（「無能教授を追放せよ」一九四五年一一月五日）でも、「無能教授の大量的追放を断行」しなければ、学問の再建も振興も平和国家の出発もありえないとしていた。

そんな清水の自負心を強める出来事が、二十世紀研究所を設立した年の秋におきた。一九四六年九月に、清水は、文部省人文科学研究課に設置された人文科学委員会哲学部会の常任委員になったのである。それぞれの部会の主任は○印の者であり、以下のような陣容である。

第一部（文学）　○西尾実　渡辺一夫　中野好夫　近藤忠義
第二部（史学）　○今井登志喜　梅原末治　山本達郎　坂本太郎
第三部（哲学）　○岸本英夫　池上鎌三　戸川行男　清水幾太郎
第四部（法学）　○尾高朝雄　川島武宜　久保正幡　丸山眞男
第五部（経済学）　○杉本栄一　大塚久雄　山田盛太郎　岸本誠二郎
（駒込武ほか編『戦時下学問の統制と動員』）

清水の部会は哲学であるが、当時社会学は哲学科の中にあったからである。哲学科主任の岸本英夫は、当時東京帝大助教授（翌年同教授）で宗教学者だった。清水は自分こそが日本の社会学者の代表と認知されたと思ったであろう。そんなときの東北帝大集中講義や教授就任の話だったのである。ところが清水は東北帝大教授就任の気をなくしていったというのがわたしの推測である。

二つの序文

清水のそうした気持の変化は、清水が東北帝大の集中講義をもとにしてまとめた『社会学講義』の白日書院版と岩波書店版の序文の違いにあらわれているように思われる。前者は一九四八（昭和二三）年に、後者は一九五〇（昭和二五）年に出ているが、序文が微妙に違っている。

一九四八年の白日書院版『社会学講義』の序文にはこう書かれている。戦前は、社会学を外部からみて社会学への疑惑と否定をなしていたが、本書では異なる思いをもっているとして、それは、社会心理学を学んだことや「実証的研究法によつて不断に成果を挙げられつつある戸田貞三先生の影響である。学生時代と研究室時代とを通じて先生から与へられた言葉は、永く私の無意識の底に潜んでゐたのである」、と。戦前の清水の著作では謝辞を述べることもなかった、東大教授戸田貞三への学恩を述べているのである。

しかし、戸田貞三のほうには、清水をアカデミズムに戻そうとした気配はみえない。この清水の序文が書かれた二年後に出版された、戸田の編集になる『社会学研究の栞』には、戸田の教え子が多数執筆している。清水より少し前に社会学講座の副手を務めた（一九二五年四月から翌年三月まで）が、戸田とそりがあわず社会学教室を離れた服部之総《しそう》までが執筆している。ところが、清水には執筆の依頼はなかったということである。巻末に戸田の論文「社会学序説」の参考文献として清水の『社会学講義』（白日書院）と『社会的人間論』（河出書房）が挙げられているのみである。もちろん『社会学批判序説』などの清水の初期作品は挙げられていない。

戦後新設の東京大学教育学部から、戸田に、教育社会学教授の推薦依頼があったが、当時、教育社会学についての講義をおこなったり、雑誌に論文を書いていた清水を候補者として考えた様子はみえない。戸田は、同じ社会学研究室出身で、清水の先輩（二代前の副手）の東京高等師範学校教授牧野巽《たつみ》（一九〇五～七四）を推薦し、一九四九（昭和二四）年八月、牧野が教育社会学講座の教授となる。牧野は中国の家族の研究が専門で、業績のある学者（文学博士）ではあった。しかし、教育社会学はアメリカの影響を受けた学問だから、戦前からデューイなどの学問によってパーソナリティ形成の研究をしていた清水のほうが適切な人事であったとも思えるのに、である。

白日書院版の『社会学講義』の序文の日付は一九四八年五月で、岩波書店の『社会学講義』の序文の日付は一九五〇年二月である。いずれも社会学に対して期待して学びながら、「深い失望」にいたったことにふれているが、前者は失望の契機となったことについて具体的には書いていない。しかし、後者になると、はっきりとその失望を「私に失望の機会を与へたのは、専らマルクス主義の学説との接触であつた」「この学説（マルクス主義――引用者）を通して、現実の社会問題の切実な意味と、その解決法が明らかになるに従ひ、今まで私を惹きつけてゐた、主としてドイツの社会学説が、誠に空しい遊戯のやうに思はれて来たのである」としている。そして、さきほど引用した戸田の学恩についての部分は削除されてしまっている。一九四八年あたりまではアカデミズムに戻ることが頭にあった清水だったが、その二年後には、その気をなくしていたのではないだろうか。

たしかに、清水は、東北大学非常勤講師をやめると同時に学習院大学教授に就任（一九四九年三月）しているが、それは、関西にいた哲学者久野収の就職を安倍能成《よししげ》学習院長にとりもったときに、「あなたも一緒に来てくれるなら承知する」といわれたからで、瓢箪から駒の就任である。清水にとって、私学はアカデミズムとは思えなかったであろう。清水の頭は、いまやむしろこのころ始まる平和問題談話会へのコミットメントとその組織化で一杯だった。

『世界』の創刊

清水が、戦後初期には、新しい時代がやってきたといってもすぐに民主主義万歳とはいいださなかったこと、ただちにのれないという警戒心や戦時体制を援護した後ろめたさや負い目がかさなって、冷ややかであったことについてはすでにふれたとおりである。

一九四八（昭和二三）年に戦前の論稿を所収した『三つの生命』が刊行されているが、その序文は一九四七（昭和二二）年一〇月付で、そこにはこう書かれている。自分の立場はプラグマティストといってよいとして、プラグマティズムには「近代の経験科学を飽くまでも信じて行かう」とする客観的立場と「現実の中に食ひ込んで自らその運動の一要素にならうとする」主観的立場があるが、現在の自分の立場は前者だとしている。

清水のそんな自己掣肘《せいちゅう》が解除されはじめたのは、平和問題談話会への参加からである。平和問題談話会結成のオーガナイザーは『世界』編集長の吉野源三郎で、雑誌『世界』を舞台としたものだから、戦後初期の『世界』の創刊事情からみることにしよう。

敗戦後、岩波書店の創始者である岩波茂雄（一八八一～一九四六）は心あるインテリの知識を大衆に浸透させるために、従来の大衆誌とは面目を一新する新しい雑誌の創刊を考えていた。しかし、そういう雑誌を出す条件が岩波書店にあるかとなると自信がもてなかった。そんなところに雑誌刊行の申し出が飛び込んできた。

話は戦争末期にさかのぼるが、当時の外相重光葵《しげみつまもる》（一八八七～一九五七）や重光の腹心加瀬俊一（外交官、一九〇三～二〇〇四）、そして、山本有三（作家、一八八七～一九七四）、志賀直哉、和辻哲郎、田中耕太郎、谷川徹三、安倍能成《よししげ》などが集まって、戦争終結のための会合をもっていた。外相官邸が三年町にあったところから、三年会といっていた。あとで参加した柳宗悦《やなぎむねよし》（民芸運動の創始者、一八八九～一九六一）によってこの会は「同心会」と命名された。その同心会のなかで雑誌刊行の話がもちあがる。同心会のメンバーには、岩波書店と関係の深い人々が多かったこともあって、「同心会と岩波書店との協力で雑誌を出したい」ということになった。岩波の親友である安倍能成が、信州で療養中の岩波のところにいき、申し出を伝えた。

岩波にとっては渡りに舟だったから、話はすぐにまとまった。敗戦間もない一九四五（昭和二〇）年九月のおわりのことである。谷川徹三の命名で雑誌名は「世界」となる。創刊号には創刊の辞が岩波茂雄によるもの（『世界』の創刊に際して」）と無署名のもの（「発刊の辞」）の二つがある。無署名のものは田中耕太郎が書いたものに安倍能成が手をいれたものである。創刊の辞が二つあることにも『世界』の刊行事情が象徴されている。『世界』は、創刊後、順調なスタートを切ったが、当時は、『前衛』（日本共産党中央機関誌）はもとより、『人民評論』『民主評論』『社会評論』『世界評論』『潮流』など左翼系雑誌が目白押しだった。『改造』が「ブルジョア左翼雑誌」とみなされ、『中央公論』は「微温的」といわれた時代である。同心会メンバーというオールドリベラリストが編集の中核にすわっており、執筆者の中心になっていたのだから、当初の『世界』は、左派からは、ブルジョア左翼にも達しない「金ボタンの秀才の雑誌」と呼ばれていた。『前衛』の雑誌評では、『世界』は「保守的なくさみが強い」とされていた。

吉野源三郎

『世界』編集長だった吉野源三郎は、当時はまだ四〇歳代だった。岩波書店の古くからの関係者で、社内を闊歩し、『世界』の編集会議に出てなにかと嘴《くちばし》をはさむ六〇歳前後のオールドリベラリストを鬱陶しく感じることもあっただろう。自分と同世代か、より若い執筆人による新しい雑誌をつくりたいというのは、編集長として当然のことである。『世界』の海外文化情報担当嘱託を三八歳の清水幾太郎に依頼しているのもそんな思いのあらわれであろう。三二歳の丸山眞男の論文「超国家主義の論理と心理」(一九四六年五月号)が大きな反響を呼んだことも、若手を中心にした雑誌編成への弾みとなったはずである。

同心会が『世界』の編集の中心部にいたときに、吉野は『新潮』(一九四七年一二月号)への寄稿論文(「知識人の地位」)のなかで、いままでの日本の知識人の「大衆との隔絶」と「社会的・歴史的現実への関心の希薄さ」をこれからの知識人は克服していかなければならない、と書いている。吉野のいうこれまでの知識人への不満は、同心会文化人への不満でもあろう。だから吉野は、学者や思想家が大衆の運命にかかわる問題を心にかけ、大衆にかわってその問題と格闘するようになることが必要である、と思っていた。同心会文化人は古い世代というだけでなく、純粋文化主義や思索一辺倒の点で吉野にはあきたりないものがあった。

そんな吉野のあきたりない思いは、おそらく吉野の企画であろう、『世界』一九四八(昭和二三)年二月号に掲載された座談会にあらわれている。同心会文化人をひとりもまじえず、古在由重《こざいよししげ》(一九〇一〜九〇)、松村一人《かずと》(一九〇六〜七七)などのマルキスト哲学者と清水幾太郎、丸山眞男、宮城音弥など若手によりおこなわれた座談会「唯物史観と主体性」である。

その半年後の『世界』同年八月号には、「世代の差違をめぐって——進歩的思潮の批判と反批判」という座談会が掲載される。同心会文化人が『心』という独自の雑誌を創刊したのが、座談会のころ（七月）である。『心』は武者小路実篤によって命名されたが、長与善郎は「生成」を提案し、こちらは会の名前になったといういきさつがある。時期を考えると、『世界』と同心会との疎隔を緩和する座談会企画だったかもしれない。

オールドリベラリスト側は安倍能成（六四歳、〔当時、以下同〕）、天野貞祐《ていゆう》（哲学者、六三歳）、和辻哲郎（五九歳）、若い世代は、高桑純夫（哲学者・平和運動家、四五歳）、松村一人（四三歳）、都留重人《つるしげと》（経済学者、三六歳）、磯田進（労働法学者、三三歳）である。司会は清水幾太郎（四一歳）。座談会出席者はオールドリベラリスト三名に対して、若手は四名。司会の清水をいれれば五名になる。人選には編集長吉野の意向が反映しているだろうから、吉野がこの企画でどちらの世代に肩入れしているかがわかるというものである。

司会の清水は、オールドリベラリストに敬意を表して、「ひとつ安倍先生、どうか」と安倍に口火を切らせている。安倍や天野、和辻は左翼や勤労者階級、若い世代への苦言を率直に開陳しているが、若い世代のほうは、「安倍さんの場合、資本家のやることが何でもよいという弁護論になっていると思います。そして労働者の当然の要求が不当と考えられていると思われます」「和辻さんのお話をきいていると、これまでの『民主化』だけでもうそろそろ行きすぎとさえ感じられているのではないかとさえ思われます」（松村一人）とか、（左翼ファンに事大主義的傾向があるという和辻の発言をうけて）「むしろ保守的な事大主義の危険の方が大きいのではないか、……『事大主義』の『大』とは、今日、どちらかということですね」（磯田進）とオールドリベラリストをやり込める場面が多い。

オールドリベラリストのほうは、若手からの批判には深入りせず、天野貞祐のように、若い世代は「ゼルプスト・ベジンヌング（自己省察——引用者）ということが希薄になっておる」といったことを蒸し返し、話はほとんどかみあっていない。座談会によって世代の考え方の差異がより鮮明になり、同心会文化人が自発的に『世界』から離れていきたくなる雰囲気をつくってしまったと思われるほどである。

平和問題談話会

そんなときあたらしい『世界』を模索していた編集長吉野源三郎は、そのための光明となるタイプライター用紙三枚ほどの文書に出会った。一九四八（昭和二三）年九月のことである。総司令部民間情報教育局から岩波書店に配付された文書である。文書は同年七月にユネスコ本部から発表されたもの。ホルクハイマー（フランクフルト学派の総帥、一八九五〜一九七三、『理性の腐蝕』ほか）など八名の社会科学者による「戦争をひきおこす緊迫の原因に関して、ユネスコの八人の社会科学者によってなされた声明」である。

吉野は、この文書を読んである企てをめぐらした。九月二八日、この企てを聞いてもらうために、岩波新書の『ジャーナリズム』の原稿を熱海の岩波別荘で書いていた清水幾太郎のところに向かった。文書をみせながら、「日本の学者たちが、このユネスコの声明に応えて、戦争および平和の諸問題を研究し、共同声明を発表することが可能だろうか」と相談した。大阪にいた久野収にも相談し、案への賛同を受ける。

吉野は、平和運動を統一戦線をもたらす機会にしたいと考え、日本共産党を含む政党関係者をまじえた議論の場としたかったようであるが、政党員は党の「公式の見解以上のことは述べない」（「『平和問題談話会』について」『世界』一九八五年七月臨時増刊号）という小泉信三（慶應義塾長、一八八八〜一九六六）の意見などに従い、学者中心の会合になった。

会の中心は、安倍能成、大内兵衛《ひょうえ》（一八八八〜一九八〇）、仁科芳雄（原子物理学者、一八九〇〜一九五一）であった。大内はマルクス経済学者であるが、非共産党系であり、オールドリベラリストとの人脈もある。そして、一九四八年一一月から東京と京都でさきのユネスコ本部から発表された社会科学者の声明に呼応した討議がおこなわれた。一二月一二日、明治記念館で東京と関西の学者数十名が合同会議を開き、「戦争と平和に関する日本の科学者の声明」（『世界』一九四九年三月号に掲載）を発表する。このときは、平和問題討議会とされたが、声明発表後、平和問題談話会となる。平和問題討議会のメンバー構成はつぎのようである（肩書きは当時のもの）。

【東京地方文科部会】

学習院長……………………………………安倍能成
文学博士・学習院大学教授……………天野貞祐
二十世紀研究所所長……………………清水幾太郎
Y・W・C・A……………………………武田清子
第一高等学校教授………………………淡野安太郎
鶴見和子
東京大学文学部教授……………………中野好夫
東京商科大学講師………………………南博
医学博士・東京工業大学講師・慶應義塾大学講師……宮城音弥
東京大学文学部講師……………………宮原誠一
文学博士・東京大学文学部教授………和辻哲郎

【東京地方法政部会】

法務庁調査意見局事務官………………磯田進

東京大学社会科学研究所教授……………………鵜飼信成
東京大学法学部教授……………………………川島武宜
法学博士・東京大学法学部教授・学士院会員……高木八尺《やさか》
法学博士・参議院議員・学士院会員……………田中耕太郎
東京大学法学部助教授…………………………丸山眞男
前東京大学法学部教授…………………………蠟山政道

【東京地方経済部会】
東京大学経済学部教授…………………………有沢広巳
経済学博士・東京大学経済学部教授・学士院会員……大内兵衛
東京商科大学教授………………………………高島善哉
東京商科大学教授………………………………都留重人
経済学博士・東京大学経済学部長・同社会科学研究所所長…矢内原忠雄
「朝日新聞」論説委員…………………………笠《りゅう》信太郎
共同通信社東亜部員……………………………蠟山芳郎
東京大学経済学部教授…………………………脇村義太郎

【東京地方自然科学部会】

岩波書店『科学』編集部……稲沼瑞穂

理学博士・東京文理科大学教授……丘英通

東京文理科大学講師……富山小太郎

理学博士・科学研究所社長・学士院会員……仁科芳雄

理学博士・前東京大学理学部助教授……渡辺慧

【近畿地方文科部会】

京都大学経済学部講師・京都人文学園教授……久野収

京都大学人文科学研究所教授……桑原武夫

京都大学人文科学研究所教授……重松俊明

京都人文学園長……新村猛

京都大学文学部助教授……田中美知太郎

京都大学文学部助教授……野田又夫

【近畿地方法政部会】

京都大学法学部助教授……磯村哲

同志社大学法学部教授……………………岡本清一
法学博士・立命館大学学長………………末川博
京都大学法学部教授………………………田畑茂二郎
同志社大学法学部教授……………………田畑忍
法学博士・大阪商科大学学長……………恒藤恭
「夕刊京都」論説委員……………………沼田稲次郎
「毎日新聞」論説委員……………………前芝確三
立命館大学法学部教授……………………森義宣

【近畿地方経済部会】
京都大学経済学部教授……………………青山秀夫
京都大学経済学部教授……………………島恭彦
神戸経済大学教授…………………………新庄博
京都大学経済学部教授……………………豊崎稔
大阪商科大学教授…………………………名和統一
大阪商科大学教授…………………………福井孝治

文学博士・学士院会員……………………津田左右吉
文学博士・大谷大学教授………………鈴木大拙《だいせつ》
参議院議員………………………………羽仁五郎

このメンバーのなかに戦前期の昭和研究会のメンバーが加わっていることに注意したい。清水幾太郎もそうであったが、昭和研究会の頭目だった蠟山政道や笠信太郎（一九五〇年九月には平和問題談話会から退く）も参加していたのである。

昭和研究会のドンであった三木清は、敗戦直後に獄死しているが、戦後を生きたならば、蠟山や笠と同じように平和問題談話会に参加したことはほぼ間違いないだろう。三木は清水より一〇歳、丸山眞男より一七歳年長だった。そもそも清水幾太郎が昭和研究会会員になったのは三木の指名によるものだった。三木の投獄は治安維持法違反だったから、それだけをとれば、左派の英雄である。三木が敗戦後を生きたなら、平和問題談話会の代表に祭り上げられ、清水や丸山の出る幕はかなり減っただろう。

生ぬるさゆえに

平和問題談話会（前身、平和問題討議会）は、すでにみたようにユネスコ本部から発表された社会科学者による声明に触発されてできたものである。ユネスコはその憲章で、

「戦争は人の心の中で生まれるものであるから、人の心の中に平和のとりでを築かなければならない」といい、諸国民の間の猜疑と疑惑を戦争原因としている。それだけに、この社会科学者声明は、微温的である。共産党員でもマルキストでもない哲学者田辺元《はじめ》（一八八五～一九六二）ですら、この声明については「階級的実践を度外視した中立無記の立場」（「所感――『社会科学者はかく訴える』を読んで」『世界』一九四九年三月号）と、批判していたほどである。

この声明に触発された平和問題討議会声明（「戦争と平和に関する日本の科学者の声明」）は、中立の可能性と二つの世界の平和的共存を眼目にしたが、敗戦後の騒然とした雰囲気のなかでは、これまた観念的と思われるのは当然だろう。

だから、平和問題談話会は、当時の左派からは生ぬるい運動とみられ、「硝子箱入りの現実性に乏しい運動」「小《プチ》ブル的中立主義」とされた。日本共産党からは、「戦争と平和に中立があるか」という批判がなされた。共産党にとっては、資本主義の帝国主義と社会主義の反帝国主義を両極にしての中立政策はありえないものだった。共産党の大きな目標は人民民主主権の確立と国営人民管理で、平和問題は民族民主統一戦線――民主主義の徹底と民族の自由・独立――へ小ブルジョアを結集するための方便でさえあった。だからであろう、平和運動の組織者にはベテランの党員ではなく、年配の腰が引けた党員をまわし、かれらのことを「平和屋」と呼んで、蔑んでいたほどである。平和問題談話会は、右派からは「ソ連のための平和運動」とされ、左右いずれもから「学者先生の平和談義」といわれた。

しかし、戦時中に時局迎合と受けとられかねない言論活動をしていた清水にしてみれば、戦後すぐに、ラジカリズムにはなれない。生ぬるい運動であるにもかかわらず、ではなく、生ぬるい運動であるがゆえに、平和問題談話会は格好な居場所となったのである。

仕切りだす

清水は平和問題討議会の声明を起草した。平和問題談話会ができたころ（一九四九年）清水は四二歳で、久野収（三九歳）や丸山眞男（三五歳）、都留重人（三七歳）などの若手より年長だった。しかし、オールドリベラリストの安倍能成（六六歳）や田中耕太郎（五九歳）に比べればかなり年少である。

清水にとって有利だったのは、かれの年齢だった。戦後の知識人界は、世代闘争を内包していた。オールドリベラリストはすでに戦前に社会的に活躍していたぶん手を汚している。手を汚していないとしても不作為の作為を問われる立場にあった。若い世代は年少のぶん手を汚していない。不作為を問われることもない。したがって、戦前を否定する知識人党のなかでは若い世代が有利なのだが、ことをすすめるには、年長世代を無視するわけにはいかない。

ここで年長世代というのは、安倍能成や和辻哲郎などオールドリベラリストといわれる世代である。敗戦のときオールドリベラリストは五〇歳代半ばから六〇歳代である。それに対して、丸山眞男は三一歳である。清水は丸山より七歳上の三八歳。オールドリベラリストより二〇歳ほど若い。清水は若い世代とオールドリベラリストとの中間にあった。というよりも、若い世代寄りの中間だったということが奏功した。

清水には二十世紀研究所での丸山をはじめとする少壮知識人の組織化の経験もある。マルクス主義に理解がある。若い世代にとって、かつぐのに格好な経歴と年齢である。

そんな清水の年齢・履歴的な特徴が仕切り役に打ってつけになった。清水はそんなことは百も承知で、仕切りだした。丸山眞男はのちに「清水親分」といっている。また、丸山は当時の清水について「絶対君主で、常に権力の均衡の上に座をしめている」（宮城音弥「能力の競争」鶴見俊輔編『語りつぐ戦後史』1）、といっている。若い世代にかぎらず、年長者も、平和問題談話会における清水の挙措《きょそ》について同じことを感じたであろう。

図4－1は、明治記念館の大広間でおこなわれた平和問題談話会結成直前の東西の討議会（一九四八年一二月一二日）の席次である。社会学者大久保孝治は、この席順に着目している（「清水幾太郎の『内灘』」『社会学年誌』四五号、二〇〇四）。議長の安倍の両脇に副議長の仁科と大内が座っている。席順は年齢が考慮されているが、それだけではない。席順に平和問題談話会出発時の会のなかの地位がみてとれる。図の一番手前には、岩波雄二郎

図4-1：平和問題討議会東西連合総会（1948年12月12日）の席次

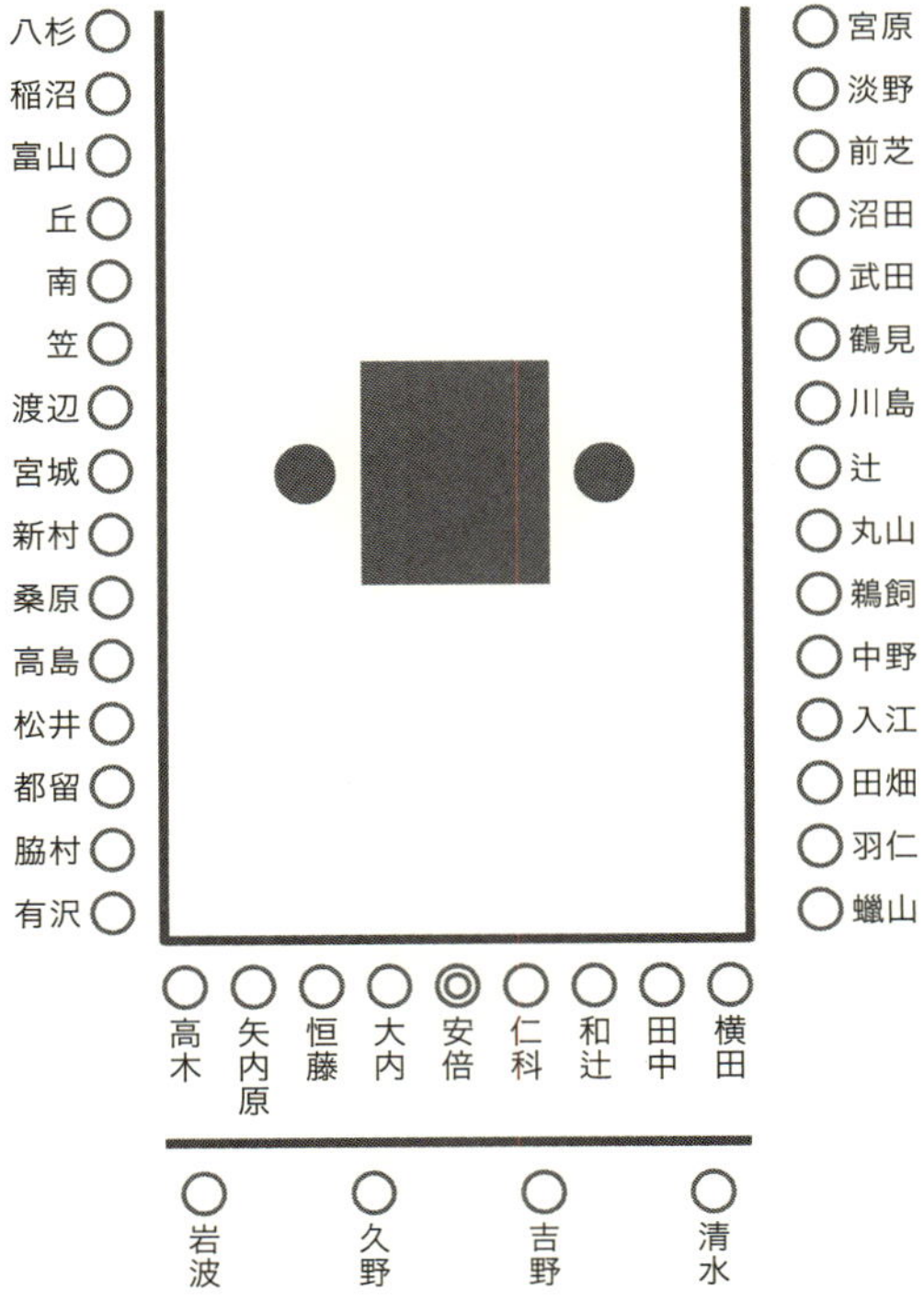

出所：緑川亨・安江良介「平和問題談話会とその後」『世界』1985年7月臨時増刊号

（岩波書店社長）と吉野源三郎（『世界』編集長）など、書記局メンバーが座っている。清水が吉野、久野と並んで書記局の仕事を担当していたことを示すものである。書記局の役割を果たした清水は、それぞれの部会に出席して、メモをとる調整役をしていた。

表４－１にみることができるように、清水は平和問題談話会の勧進元である『世界』の常連執筆者だった。『世界』創刊の一九四六（昭和二一）年から六〇年安保の一九六〇（昭和三五）年までの清水の執筆回数は、五四回である。ということは、三ヶ月に一回は執筆していたことになる。この執筆頻度は、六八回の大内兵衛と都留重人に続いて多い。

表4-1：雑誌『世界』に登場した執筆者の回数（1946〜1960年）

1位	大内兵衛	68回
1位	都留重人	68回
3位	清水幾太郎	54回
4位	中野好夫	48回
5位	脇村義太郎	36回
6位	安倍能成	34回
7位	谷川徹三	32回
7位	入江啓四郎	32回
9位	桑原武夫	31回
10位	中島健蔵	30回
11位	美濃部亮吉	28回
12位	鵜飼信成	27回
12位	小幡　操	27回

出所：石原萠記『戦後日本知識人の発言軌跡』自由社、1999年

平和問題談話会に入って、清水は安堵したであろう。清水にとっては、この平和問題談話会への参加によって、戦前を問われることがなくなりかけたと思われたのである。戦前の清水が公定言説のなかで差異化戦略を行使したことについては三章でふれてきたが、敗戦後には平和問題談話会を得ることで、過去のみそぎと談話会集団での覇権をめざす。こうして清水流ラジカリズムがはじまる。

一九五〇（昭和二五）年になると、講

和条約の締結が取り沙汰されるようになる（対日平和条約の調印は一九五一年九月八日、発効は翌年四月二八日）。このようななか、平和問題談話会は、「講和問題についての平和問題談話会声明」（一九五〇年一月一五日付）を出すが、結語としてつぎの四つを宣言した。

一、講和問題について、われわれ日本人が希望を述べるとすれば、全面講和以外にない。
二、日本の経済的自立は単独講和によっては達成されない。
三、講和後の保障については、中立不可侵を希い、併せて国際連合への加入を欲する。
四、理由の如何によらず、如何なる国に対しても軍事基地を与えることには、絶対に反対する。

（『世界』一九五〇年三月号掲載）

一の「希望を述べるとすれば」という腰の引けた文言と、四の「絶対に反対する」の文言との落差はいかにも大きい。四は、清水がかなり強引に入れたもので、清水以外のメンバーは必ずしも積極的に同調したものではなかったのではないだろうか［注］。

政治化と脱政治化

そのようにいうのは、オールドリベラリストは、単独講和もやむなしとしていたし、若手でも丸山眞男などは、政治運動へのコミットメントの危険性を懸念していたからである。その状況証拠になるのが、平和問題談話会についての丸山のつぎの発言である。関西部会のほうは、最初から政治化していたが、東京はオールドリベラリストが多く、思想運動的であって、政治化からは遠い雰囲気だった、としてつぎのようにいう。

……東京の部会では、共産党が社共合同を打ち出しているとか、社会党が反発しているとか、そういうアクチュアルな問題から良かれ悪しかれ超然としたというのかな、もう少しアカデミックな空気が強かったと思うのです。それが講和問題声明以後は非常に違ってくる。そこで清水幾太郎さんの活動が目立ってくるわけですね。東京部会がいわば政治化してくるというか、思想運動か、政治運動かのけじめがわからなくなってくるのは講和以後です。

（討論会「『平和問題談話会』について」『世界』一九八五年七月臨時増刊号）

この丸山の発言にみられるのは、談話会の方向について政治化か政治に距離をとる脱政治化かをめぐる闘争があったということである。

丸山眞男が思想運動といい、清水が政治運動を主張したのには、それぞれの立ち位置が作用している。知識人界では脱政治化は知識人界の中心にある者の地道な戦略、政治化は、知識人界の周縁にある者の転覆戦略とみることができるからである。

「界」

いま知識人界といったが、まずピエール・ブルデューにならって「界」(champ, field)について説明しよう。「界」は、社会的マクロコスモスのなかの相対的に自律したミクロコスモスであり、「ある共通項をもった行為者の集合、およびそれに付随する諸要素(組織、価値体系、規則など)によって構成される社会的圏域」(石井洋二郎『差異と欲望――ブルデュー「ディスタンクシオン」を読む』)である。

平たくいってしまえば、「界」は、政界や財界、学界、文学界など、業界として指示される空間(舞台)である。それぞれの界は特有の「懸賞金」をめぐって「力関係によって結合された位置の空間」で、「その力の場を維持したり転覆したりするために争う闘争の場」(ブルデュー『リフレクシヴ・ソシオロジーへの招待』水島和則訳)である。

界においては、なにが正統であるかをめぐっての競争があり、選別と聖別がおこなわれている。だから、界の要素である位置＝地位にはヒエラルキーがあり、中心＝正統(優勢の側)と周縁＝異端(劣勢の側)が生み出される。中心は、みずからの位置やその集団の覇権を維持・増強しようとし、周縁集団は中心にとってかわろうとする。「界」は、諸々の力から成り、「そうした力関係を変容させるための闘争界」(ピエール・ブルデュー『政治』藤本一勇ほか訳）である。換言すれば、界は正統派の地位の攻略という懸賞金をめぐるゲーム場である。

政界がそうした闘争の場であることは説明するまでもないだろう。政界には、与党と野党があり、それぞれの内部にも主流派と反主流派、本流と傍流がある。科学界も芸術界も知識人界も何が正統文化であるかの定義や威信をめぐる闘争の場であり、派閥や学派がある。なるほど、政界と清水幾太郎が生きた知識人界とは別種の業界である。政界と違って知識人界はあらわな権力をめぐるゲーム場ではなく、真理を争点とするゲーム場である。だから政界をあらわな権力をめぐる闘争の覇権ゲーム場とすれば、知識人界は真理をめぐる闘争をつうじての覇権（権力）ゲーム場である。一皮めくれば、政界と知識人界はみかけほど別種のものではない。もちろん、政界、知識人界、芸術界は何を争点とするかで相互に異なっている。しかし、いまふれたように異なった界ではあっても、界が誕生することによって闘争や闘争をめぐる差異化戦略の行使が飛び交い、諸力が自立、対立、合力する点で、構造的・機能的同型性を有している。

「慎重な戦略」と「華々しい戦略」

かくて、ブルデューは、相互に異なってはいても、界には一般的法則があるとして、こういっている。

「界」において特定の位置を占める個人の行為は、行為者自身の性格や能力以上に、行為者が「界」という社会的空間に占める位置の特性に依存している、と。では、行為を決定づける行為者の界における位置とはどのようなことをいうのか。界における位置＝地位が行為にどのような特質を刻印するのか。ブルデューは、それについて、カード・ゲームの比喩を用いながらつぎのように説明する。以下の引用文中の「プレイヤー」は界において位置を占める者、プレイヤーの手元にある「異なる色のカードの山」はプレイヤーの資本の比喩である。

> それぞれの時点で、プレイヤーのあいだに力関係の状態が成り立っており、その状態が界の構造を規定しています。たとえてみれば、それぞれのプレイヤーの前には、異なる色のカードの山が置かれており、それぞれのカラーがそのプレイヤーのもつ所与の種類の資本に対応している、といった状態です。プレイヤーのゲームにおける相対的な力、プレイ空間のなかでの位置、そしてゲームのなかでどんな戦略を繰り出すか――それがフランス語でプレイヤーの「手 jeu」と呼ばれているものですが、さらにプレイヤーのとる動き、危険なことをするのかそれとも用心深くなるか、ゲームをひっくり返すことを狙うのか、それとも守りに入るのか、こういったことすべては、持っているカードの総数、カードの内訳すなわちそのプレイヤーの資本の総量と構成

によって決まってくるのです。

（『リフレクシヴ・ソシオロジーへの招待』）

これをパラフレーズすればつぎのようになる。界における行為者の実践は、行為者の資質それ自体による以上に、行為者に利潤をもたらす元手の「資本の総量と質」（「カードの総数と内訳」）によるところが大きいということである。大胆な者が大胆な戦略をとるというのではなく、界の中心（優勢の側）にあるか周縁（劣勢の側）にあるかによって大胆になるか、慎重になるかの差異的投資戦略が規定されるというのである。位置が育くむ差異的実践感覚というべきものである。

界のなかで利潤を生み出す元手となる象徴資本（文化資本、学歴資本）の保有が多い者＝正系の戦略は、界の秩序を重んじ、一歩一歩出世する「地道・慎重戦略」（「用心深くなる」「守りに入る」）を行使しやすい。これに対して、界のなかでの利潤を生み出す元手になる象徴資本の少ない者＝傍系は、打ってかわって、「華々しい戦略」（転覆戦略）（「危険なことをする」「ゲームをひっくり返す」）を繰り出すことになりやすいということである。特に学歴資本は豊かなものの、家庭から相続される文化資本に乏しいものは、華々しい戦略をとることになりやすい。それは、学歴資本によって野心が高められるが、正系に倣った慎重・地道戦略を行使しても、資本蓄積過程の貧弱さ、知識人界でいえば、背景の文化資本の貧弱さから、ぎごちなさが残り、この残存効果によって侮られるか、二流扱いされやすいからである。

しかし、「貧弱な資本しかもっていない者がみな必然的に革命的であり、多大の資本をもつ者がすべて機械的に保守的であるということを意味していません」(『リフレクシヴ・ソシオロジーへの招待』)とブルデューもいうように、多大な資本が保守戦略に、貧弱な資本が転覆戦略にと機械的に対応するわけではない。象徴資本で劣る者が、「華々しい」戦略という転覆戦略に傾きがちであるということであって、むろん、いつもそうなるというわけではない。

いやむしろそのような戦略を行使する者は、実際は少ない。界に関与する象徴資本の少ない者＝傍系の多数は、「転覆戦略」とは正反対の「分相応戦略」をとりがちであるからだ。さきのゲームの比喩でいえば、「プレイヤーは、おのれの資本、カードの数を増やしたり守ったりするためにゲームすることができます。それはすなわち、ゲームの暗黙のルールにしたがい、ゲームとその賭け金を再現するための必要条件に従うことによってです」(前掲書)というわけである。

「分相応戦略」は、一見、界の正系の「保守戦略」と似ているが、あくまで正系の保守戦略に追随する「小心翼々戦略」であり、「小判鮫戦略」である。正系の「慇懃戦略」とは異なっているが、「分相応戦略」は、界の構造を再生産し、正系を再生産することになる。だから「分相応戦略」や「小心翼々戦略」には、界の正系からのあるいは界の再生産(秩序）からの御零《おこぼ》れが景品ということになる。

ただし、界に参入する新参者が過剰になれば、権力や権威が希少財となるぶん「小心翼々戦略」や「分相応戦略」によるリスク回避の意味が低減する。御零れが少なくなることで小心翼々戦略や分相応戦略よりも転覆戦略、つまり下剋上やイノベーションが頻繁になりやすい（M. J. Mulkay and B. S. Tuner, "Over-Production of Personnel and Innovation in Three Settings", *Sociology*, Vol. 5, 1971）。

ブルデューの一般命題から汲み取るべき重要な示唆は、知識人の言説（文化的生産物）や実践を知識人の差異化戦略としてみる視点である。そして、このような差異化戦略は、当人の性格や能力などの資質よりも、界における位置＝地位によって、つまり、中心にいる者（正系）か周縁にいる者かによって異なった形で行使されるということである。したがって、［差異化戦略＝（ハビトゥス）（資本）＋界の立ち位置］という公式で示すことができる。そして位置から繰り出される戦略は界の構造の作用を受けると同時に界の構造化にも寄与するのである。

正系と傍系

ここで、以上の一般命題をもとに、清水の知識人界での位置と差異化戦略についてあらためて考えることにしたいのだが、その前に、正系知識人である丸山眞男の位置についてみておこう。知識人の覇権戦略は傍系だけが行使するのではない。正系も知識人界の覇権の再生産のために差異化戦略を行使するからである。

丸山は、正系だけに、清水にくらべれば知識人として抑制のきいた身の処し方をした。「超国家主義の論理と心理」（『世界』一九四六年五月号）論文で有名になっても、寡作だった。執筆量を抑えるだけではなく、媒体も選んでいた。『世界』『中央公論』『展望』がおもな発表媒体であり、そうでない場合は、一転して無名のミニコミ誌紙に限定していた。正系知識人として「汚染」にさらされることに敏感だったのである。成り上がりの性急さと真逆の正系の「地道・慎重戦略」である。また、正系の存立は、学問資本や制度的威信によって支えられる。そのぶん過度の政治化には抑制がかけられる（Gisèle Sapiro,"Forms of politicization in the French literary field", *Theory and Society*, 32, 2003）。丸山はマルクス主義に親近感をもったが、マルクス主義にも共産党にも距離をおいていたし、トロツキズムなどのラジカリズムには批判的だった。

これまでにみてきたように、なるほど清水は、旧制高校→東京帝大文学部卒の学歴エリートである。そのかぎり知識人界の正系であるにふさわしい学歴資本をもっていた。しかし、知識人界の正統派は、学歴だけでは不十分である。山の手育ち（階級ハビトゥス）と東大教授であることが備わらなければならない。山の手に育ち、府立一中→一高→東京帝大法学部卒→同教授の経歴をもつ丸山眞男のような知識人こそが正系知識人の王道なのである。

これもふれてきたところだが、清水は、日本橋生まれ。父親が建築用竹屋の商売に失敗して、一一歳のときに本所区のスラム街（当時）の真ん中に移転し、そこで育った。下町や当時のスラム街に育っても学歴エリート軌道を歩む清水のようなタイプの学歴エリートは、正系知識人に近づきたいという感情と正系知識人に反撥《はんぱつ》する感情を併せ持つ。

清水は東京帝大卒業と同時に文学部社会学科の副手となった。正系知識人である東京帝大教授への道がついたかにみえた。しかし、二章でみたように、副手をつとめて二年ほどたつと、指導教授の戸田貞三から「研究室を辞め給え」と言われる。清水の東京帝大教授への道は断たれた。以後、ジャーナリストとして生きる。戦後、一九四九（昭和二四）年に学習院長安倍能成の要請で学習院大学教授となったが、私学教授で傍系である。

清水が華々しい活躍をした平和問題談話会は、大内兵衛や丸山眞男、中野好夫など東大教授の巣窟だった。清水の所属した東京地方文科部会は、一一人のうち三人だけが東大教授（講師を含む）だったが、平和問題談話会の中枢である東京地方法政部会・経済部会は、三分の二が東大教授または元東大教授だった。

清水は、山の手階級出身と東大教授という制度的権威の「切り札」を欠いており、戦後日本の知識人界の正系ではなく、傍系であった。しかし、学歴や社会学者としての学問業績という個人的権威は正系そのものである。だから、まったくの傍系、つまり傍系的傍系というわけではない。まったくの傍系であれば、正系に立ち向かう転覆戦略ではなく、分相応戦略を目指す余地が大いにあっただろう。清水のような正系的傍系は、分相応戦略を行使するには自負心が大きすぎた。

清水の自負心を大きくしたのは、学歴や学問業績にとどまらない。清水は下町出身ではあるが、もとは大身の旗本という自負があった。このことから、山の手階級人士に対しても地方出身者が感じる単純な山の手階級コンプレックスとは違うアンビヴァレントな感情がもたらされた。清水にとって、山の手知識人といえども所詮は、「野暮で傲慢」な「田舎者」にすぎなかった。没落階級からみれば上流階級は成り上がり者であるという認識からくる対抗感情である。

だから、清水の差異化戦略は正系的傍系という、清水特有の位置から生まれた「華々しい戦略」としてみることができる。

政界における傍系の覇権戦略といえば、元首相田中角栄（一九一八〜九三）がそうである。こういうと、清水に批判的な読者からさえも、ブーイングをもらいそうである。田中角栄は権力ゲームを闘った政治家であり、清水は真理ゲームを闘った知識人だから、水と油だ、と。書物など読みそうもない、小太りで脂ぎった田中角栄と、長身痩軀でインテリ中のインテリである清水幾太郎とではこれまた水と油ほど違うではないか、と。

しかし、両者を政治界と知識人界での立ち位置と戦略でみれば、きわめて相似している。

田中角栄は戦後の混乱期であればこそ、代議士になることができた。しかし、政治家としての地位をかためるための学歴も閨閥も人脈もない。有力者の腰巾着で終わるには、野心も自負心も大きすぎた。のしあがるには、官僚出身政治家などのお公家集団とは違った強引な利益誘導と金権政治という荒業が必要だった。知識人界との違いは、覇権ゲームの争点が権力か真理かということだけである。位置＝地位の特性から帰結する転覆戦略という、「場の一般的法則」はどちらにも同じように作用している。

ラジカリズムに潜むもの

ここで転覆戦略を、さきのブルデューのカードゲームの比喩で説明すれば、つぎのようになる。プレイヤーは、ゲームの暗黙のルールにしたがって自分のカード（資本）を増やしたり守ったりすることができるが、同時に、「ゲームを成り立たせているルールを変えようと企てることもできるのです。たとえば、異なるカードそれぞれの価値、さまざまな種類の資本の変換率を変えようとして、ライバルたちの力の源泉である資本形態の信用を落とす戦略に訴えることができます」（『リフレクシヴ・ソシオロジーへの招待』）。つまり、転覆戦略（「ひっくり返す」）というのは、ゲームのルールを変えることによって、「資本形態の信用を落とす」戦略である。具体的には、たとえばこうである。知識人界に政治的ラジカリズムをもちこむことによって、正系の学問資本や東大教授などの象徴資本の知識人界における権力や権威への交換率（変換率）を下げることである。

ではなにゆえ政治的ラジカリズムが傍系の覇権戦略たりうるのか。知識人界は文学界や学問界などと隣接・複合している。隣接する文学界や学問界は界の自律度が高い。界の自律度が高いというのは、文学界や学問界では、文学や学問以外の理由で正統化される度合いが少ないということである。聖別や選別に働く、「学問のための学問」「文学のための文学」という基準がこれである。ところが知識人界は知識のための知識の場ではなく、思想運動としてであれ政治に介入していくことを重要な要素として存立している。政治家になることなく、政治にコミットメントしていくことが重要な意味をもつ界である。

であるがゆえに、政治的ラジカリズムを呼び込む入り口を密かにつくってしまう界である。しかし知識人界の正系は自己の正統性の根拠が学問界や文学界にあるだけに、過度の政治化をさけがちである。共産党員という機関的知識人になる者は正系知識人ほど少ない。それに対して、傍系は自己の正当性を根拠づける資本が少ない、逆からいえば、しがらみが少ないから、政治的ラジカリズムを打ち出しやすいのである。といっても知識人界は政治界と相対的自律の関係にあるから、機関、つまり（共産）党のラジカリズムではなく、非（共産）党のラジカリズムこそ、落ち着きがよい。後者のラジカリズムこそ正系への対抗戦略＝覇権戦略となる。

街頭へ

清水のラジカリズムは平和問題談話会における覇権戦略として功を奏した。かくて清水は「平和問題談話会の立役者」はもとより、「平和教祖」とか「平和論の英雄」と呼ばれるようになる。そして、こんどは引っ込みがつかなくなることを含め、そうした評判＝役割期待に自らがそっていくようになる。

ラジカリズムの度が増していく様子は、『朝日評論』一九五〇（昭和二五）年八月号の論文「運命の岐路に立ちて」に読み取ることができる。同年六月に朝鮮戦争が勃発し、翌七月にはGHQによるレッドパージがはじまった。清水は、共産党に不満もあるが民衆の塩であることは間違いないと、明言するにいたる。ほぼおなじころ丸山眞男は、「或る自由主義者への手紙」（『世界』一九五〇年九月号）で、今日では共産主義の弾圧に反対することとは、リベラルの義務であるとしたが、清水は丸山の反・反共主義（反共主義への反対）よりももっと明確に、共産党シンパであることをつぎのように表明している。

私は何度でも言ふ。民衆の生活への理解と愛情とは、一切の思想に生命を与へる塩である。私はマルクス主義を奉ずる共産党に対して多くの不満と批評とを持つてゐる。だが同時に、最も多くの塩がそこにあることは依然として真実である。

平和問題談話会は、「講和問題についての平和問題談話会声明」のあと「三たび平和について」を発表してからは、活動が停滞し、解散も同然になる。それまでともに運動をした多くの仲間が研究室へ戻ったが、「戻る機会を失った私は、日を逐って孤独になり悲壮になって行った」（「あとがき」『日本人の突破口』）と清水は書いている。清水は平和問題談話会の政治化によって覇権を握ったが、平和問題談話会や世論の後押しがなくなると、平和運動への非難と冷笑は、「平和教祖」といわれた、談話会の代表的人物である清水ひとりに向かう。

清水は談話会の外に出て活動をはじめる。一九五二（昭和二七）年五月の第二三回メーデー――デモ隊が使用不許可の皇居前に結集して警官と乱闘になり二名が死亡、「血のメーデー」といわれた――で、文化人代表としてつぎのような挨拶をする。

占領の七年が終って、日本人は今こそ日本へ帰らなくてはならない。アメリカ人はアメリカへ帰るべきだと思います。……日本が新しく植民地になったことや、戦争の種がまかれたことを〝独立〟したんだといっている（政府や新聞が――引用者）ことに気がつきました。（「日本の独立と世界平和のために」『人民文学』一九五二年六月号）

当時の過激政党共産党ばりの堂々のアジテーションである。この挨拶文が掲載された

『人民文学』では、著者略歴に「東大卒」としながらもこう書いている。「氏の進歩性が官学アカデミズムと対立し東大講師（実際は副手――引用者）をやめ社会評論家として斗った」。東大教授となれなかったことはいまや勲章となっている。

「政治家になった方がよいでしょう」

この挨拶の三ヶ月ほど後（一九五二年八月）には、左派社会党の鈴木茂三郎《もさぶろう》（一八九三〜一九七〇）と総評（日本労働組合総評議会）の高野実（一九〇一〜七四）の来訪を受け、一〇月一日投票の衆議院議員総選挙の応援を頼まれる。東京はいうまでもなく、九州までも出向いて応援演説をした。二十世紀研究所以来のつき合いの林健太郎は、このころの清水についてこう書いている。

以前のような（二十世紀研究所のころのような――引用者）冷静な、シニックとも言える口調がなくなって清水氏らしくもない憑かれたような言葉が出るようになった。そしてまた「鈴木茂三郎クンが」というような政治家的なものの言い方もするようになった。私は「思想」（岩波書店発行の雑誌）の会の帰りはいつも宇野弘蔵氏と一緒だったが、その途次宇野氏が「どうも近頃の清水君にはついて行けないね」と言ったことを思い出す。（「昭和思想史と清水幾太郎」『諸君！』一九八八年一〇月号）

この年（一九五二年）のはじめには、こんなこともあった。前年、学習院長安倍能成は和辻哲郎や小宮豊隆（文学者、一八八四～一九六六）らと相談して哲学者の高山《こうやま》岩男（一九〇五～九三）を学習院大学に招聘する案を教授会の席上で発表した。高山は、戦後、教職追放で京都帝国大学文学部教授を免官になっていた。これを聞いた清水は、高山は大東亜共栄圏の思想的基礎づけをおこなった京都学派のリーダーであり、追放が解除になったとはいえ学問の府にむかえることは納得できない。「容れられなければ私自身進退を考えねばなるまい」とした。高山は結局、学習院に招聘されることはなかった（同年七月神奈川大学教授、一九五五年四月から日本大学教授に就任）。

翌年には、清水と安倍の関係をさらに悪くするこんなこともあった。皇太子がエリザベス二世の戴冠式出席のため外遊することから、大学の出席日数が不足し、履修単位不足になり、後期課程に進学できなくなるという問題がおきた。安倍院長は、教授会で「皇太子は特別な身分のかたであり、落第は不名誉なことなのだから、外遊中の見聞や語学の上達を考慮して進級を認めてもらいたい」といった。清水は、手をあげ「異議があります」といって、安倍と口論することになった。結局、皇太子は後期課程に進学できず、聴講生として勉学を続けた。さきの高山問題が頭にあったのだろう、このとき安倍は、清水に「あなたは、何事にも異議ばかり唱える人です」といった。したがって、このあたりから、清水と安倍の関係に軋みがではじめた。そんなころではないかと思うが、清水は安倍能成に、冗談まじりにこういわれる。「あなたは学習院をやめて、政治家になった方がよいでしょう。演説がうまいから」（「平和問題談話会と安倍先生」『輔仁会雑誌』一八三号、一九六一）。

一九五二年一一月末に、清水は石川県内灘村（現・内灘町）に足を伸ばし、アメリカ軍砲弾試射場設置反対運動を知る。以後、清水は内灘をしばしば訪れ、基地反対運動に加担する。

ここでもうひとつ逸話めいたことに立ち入っておこう。清水の内灘問題の最初の論稿（「内灘」『世界』一九五三年九月号）は、こんなふうにはじまる。一九五二（昭和二七）年一一月末、金沢駅に降りたとたん、新聞記者に取り囲まれ、「内灘問題をどう思いますか」と質問攻めにあう。同年九月在日米軍の砲弾試射場の提供要求を受けて、政府（第三次吉田茂内閣）は石川県内灘村の砂丘地に砲弾試射場を設置することを石川県に伝達したのだが、村民が接収反対運動をおこした。最初の基地反対闘争がはじまっていた。清水は、東京では新聞の小さい記事で知っている程度だったので、不意を衝かれた思いだった。が、「新聞記者の話を聞いているうちに、あれこれと考え平凡ながら、いっぱし、意見を述べる元気が出て来た」と書いている。

わたしは、この清水の「内灘」を読んで、その一年後に出る、福田恆存の「平和論の進め方についての疑問」（『中央公論』一九五四年一二月号）の冒頭部分を思い出した。

福田は、平和論者の平和論よりも、そうした論を唱える「文化人」の思惟様式や行為様式の批判からはじめている。文化人とは事件や問題がおき、ジャーナリズムに意見を聞かれれば、どこかに適当な原因をみいだしてなにごとにも一家言を提供する人種で、「運がなかつた」からだとか「自分にはよくわからない」などとはいわない人々であるとする。福田は彼らに対し、「自分にとつてもつとも切実なことにだけ口をだすといふ習慣を身につけたらどうでせうか」という。

なるほど、この福田の言明は、前年発表された清水の「内灘」を読んで福田がもった感想なのだと察したものである。そもそも「平和論の進め方についての疑問」という論文自体が平和問題談話会に蝟集《いしゅう》する進歩的文化人への揶揄と非難なのだが、その代表的人物といえば、清水幾太郎である。この論文が清水幾太郎を想定して書かれていると思われる理由は他にもあるが、別のところでふれた（『革新幻想の戦後史』）ので、ここではこれ以上立ち入らない。

福田が清水に対して名指しで批判の直球を投げるのがこの二六年あとに書かれた「近代日本知識人の典型――清水幾太郎を論ず」（『中央公論』一九八〇年一〇月号）であるが、福田の、清水的人物への疑問は、「平和論の進め方についての疑問」あたりからはじまっていたのである。

「書いてほしい」の一位

閑話休題。内灘の基地反対運動は、一九五三（昭和二八）年一一月の村長選で反対派候補が敗れることで、終息した。一九五七年三月には接収が解除となり、土地が村に返還される。清水は、一九五五年からは、米軍立川基地の拡張に対する砂川町の農民を中心とした反対運動にもコミットした。労働組合も社会党も手をひきはじめていたから、清水は、もっとも戦闘的な全学連を援軍にし肩入れするようになる。砂川の基地反対闘争は勝利に終わる。清水は、「内灘以来基地問題に関心をよせ、自分なりにたたかいに参加してきた私としては感慨無量です」（「砂川はこうして守られた」上、「アカハタ」一九五六年一〇月一七日）と語った。

こうして清水のラジカリズムは平和運動の覇権をにぎるようになるが、同時に清水はジャーナリズムのスターダムにも上った。

一九五二年の『図書新聞』（四月二八日号）による大学生・高校生の読書世論調査（三四九〇人対象）の「どんな人の執筆を希望しますか？」の順位は表4-2のようである。清水幾太郎を希望する者が格段に多い。また、一九五四年一～六月号の総合雑誌（『文藝春秋』『中央公論』『世界』『改造』）の執筆量（頁数）ランキングでは、一位小泉信三（八八ページ）、二位阿部真之助（ジャーナリスト、一八八四～一九六四）（七四・五ページ）、三位清水幾太郎（七〇ページ）、四位亀井勝一郎（評論家、一九〇七～六六）（六六・五ページ）である（社会心理研究所「世論をつくる人々」『知性』一九五四年一〇月号）。清水のジャーナリズムへの登場は総合雑誌にとどまらなかった。すでにふれたが、女性誌に女性のための人生論を書いたり、銀座の街についての対談に出たり、週刊誌や女性誌のグラビアにも登場している。

表4-2：書いてほしい執筆者

①	清水幾太郎	69人
②	中野好夫	57人
③	山本有三	35人
④	志賀直哉	33人
⑤	谷崎潤一郎	30人
⑥	小林秀雄	24人
⑦	南原　繁	23人
⑦	都留重人	23人
⑨	上原専禄	22人
⑨	戒能通孝	22人
⑨	出　隆	22人
⑨	石坂洋次郎	22人
⑬	大岡昇平	20人
⑬	川端康成	20人
⑬	笠信太郎	20人
⑬	中島健蔵	20人
⑬	中谷宇吉郎	20人
⑱	田宮虎彦	19人
⑱	武者小路実篤	19人
⑱	平野義太郎	19人

出所：「図書新聞」1952年4月28日号

［注］

というのも、声明には軍事基地反対が含まれているのだから、軍事基地反対運動へのコミットは、平和問題談話会の声明の延長にあることになる。にもかかわらず、清水以外の談話会メンバーはすぐあとにみる内灘の米軍基地反対運動などへ足を運ぶことはなかった。一九五五

（昭和三〇）年春には基地問題文化人懇談会が、清水などによって生まれたが、参加したのは中野好夫や久野収など平和問題談話会の一部にすぎない。

五章　スランプ・陶酔・幻滅

革新の翳り

砂川町の基地反対闘争を最後にして、革新の勢いがとまる。国内外に大きな情勢変化があらわれていた。スターリン批判がはじまり、ハンガリーやポーランドで民衆蜂起がおこった。一九五五（昭和三〇）年七月の六全協（日本共産党の第六回全国協議会）で、日本共産党はそれまでの運動方針を極左冒険主義として自己批判し、愛される共産党を目指すと宣言した。共産党神話が崩壊することによって、マルクス主義も、絶対的信仰の対象ではなくなってきたからである。

革新の翳りは、社会主義国や共産党神話の崩壊だけでなく、花（理想）より団子（現実＝私益優先）の消費社会がはじまったことによるところも大きい。

一九五五年、いわゆる五五年体制——左右両派の社会党の統一と、自由・日本民主両党の保守合同によって成立した自民党支配体制——がはじまる。一人当たり実質国民所得が戦前の最高水準（一九三九年）にまで達した。神武天皇以来の、つまり史上空前の好景気（神武景気）といわれた。一九五六年度の『経済白書』は、「もはや『戦後』ではない」と記し、「回復を通じての成長は終わつた。今後の成長は近代化によつて支えられる」とつづけている。「イノベーション」(技術革新)や「新しい国造り」という言葉も使われている。同年の『国民生活白書』は、つぎのように述べている。一九五五年の国民所得は、一九五一(昭和二六)年を一〇〇とすれば一三〇・六%、五五年における国民の消費生活水準も都市では一三八%、農村でも一二一%に達した、と。

一九五五年の消費者物価指数の品目、つまり、消費者が購入する代表的な財・サービスには、洗濯機のほかに化学調味料、魔法瓶、蛍光ランプ、電気アイロン、パーマネント、シャンプーなどが挙がっている。「消費革命」がいわれるのは、一九五九(昭和三四)年度版『経済白書』であるが、その先駆けが一九五五年からはじまっていた。

これよりわずか四年前(一九五一年)の講和条約調印後に東京・大阪でおこなわれた世論調査(「毎日新聞」九月一四、一五日東京・大阪調査)で、「あなたは講和後生活が楽になると思いますか、苦しくなると思いますか」という質問に対する答えは、「楽になると思う」が七・四%しかなく、「苦しくなると思う」が六六・〇%、「かわらないと思う」が一六・一%だった(「これ迄とこれからの生活」「毎日新聞」一九五一年九月二五日)ことを思えば、人々の予想とは大きく異なった時代がやってきたことになる。一九五四年までのメーデーのスローガンは、「労働者を奴隷化する職階制度反対」や「組合の御用化反対」だったのが、五五年ころから「賃金引き上げ」「最低賃金法の制定」「労働時間の短縮」となる。理想=政治(花)よりも欲望=経済(団子)の時代となりはじめる。社会学者見田宗介

(一九三七〜)のいう「人びとが〈理想〉に生きようとしていた」、「理想の時代」の終焉である。見田は、この理想の時代をプレ高度成長期、つまり一九四五年から六〇年ころまでとしている（『社会学入門』）。だから一九五五年は、見田の分類ではまだ理想の時代になる。しかし、五五年には理想の時代の終焉がはじまっていた。ところがあくまでも半終焉であったことから、やけ棒杭に火がつくように、その数年後に理想の時代に終止符をうつことになる六〇年安保闘争がやってくるのである。

こうした傾向は知識人界に地殻変動をおよぼさずにはいなかった。この地殻変動については、小島亮の『ハンガリー事件と日本』が詳しい。小島は知識人界の地殻変動の表れを論壇の変容にみる。小島によれば、論壇は一九五六～五七年くらいを境に変化する。それまでは、論壇の支配イデオロギーはマルクス主義と日本型近代主義の連合であり、既成の社会主義国や党派に好意的な論文が大量生産されていた。しかし、この時期を境にして、「エリートvs.大衆」「ブルジョアvs.プロレタリアート」などの二極モデルが怪しくなってきたという。梅棹忠夫「文明の生態史観序説」（『中央公論』一九五七年二月号）や松下圭一「マルクス主義理論の二十世紀的転換」（同誌、同年三月号）、加藤秀俊「中間文化論」（同）がその代表的な論文とされている。

スランプ

だからこそ、「マルクス主義と日本型近代主義の連合」のなかで活躍した清水幾太郎も丸山眞男もこの時代「スランプ」におちいることになる。

一九五八（昭和三三）年一一月の座談会（「戦争と同時代」『丸山眞男座談』2）で、丸山は、――このとき四四歳――「精神的スランプ」を口にしている。結核、手術などで長期療養をつづけ、肉体的エネルギーが減退したこともあるだろうが、健康上の理由だけではないことを丸山自身が認めている。これまでは、マルクス主義と天皇制精神構造の二つと格闘してきたが、対決していた相手が「少なくともぼくの視野の中でフニャフニャになったために、こっちも何かガッカリして気がぬけちゃった」、自分をつきあげる「デモーニッシュな力」が足りなくなった、と。

清水も同じようなことをいっている。清水は、一九五七、五八年を、単に研究や仕事だけでなく、思想的にも「行き詰まり」の時期としている。平和問題談話会が発足して一〇年間運動をやってきた、内灘、砂川闘争にもかかわってきたが、「池に小石を投げ込むようなことをしてきたのではないか。投げ込んだ時は、波紋が起こるが、それは間もなく消えるし、石も水中に消える。（中略）私の心身は、もうボロボロになっていた」（「わが人生の断片」『清水幾太郎著作集』14）。このように徒労感をつづっている。

清水が「私の心身は、もうボロボロになっていた」としていたころのある論文（久能不二夫「清水幾太郎に於ける人間の研究」『新潮』一九五七年五月号）は、「近ごろの清水幾太郎氏は元気がない」、「とにかく今が、いわば氏自身の過渡期・脱皮期であることには間違いないだろう」と書いている。そして、「ジャーナリズムにもてはやされる時期は、氏にとってもう二度とやって来ないのかもしれない」とまでいっている。

ところが、この論文が予想した通りにはならなかった。一九五九（昭和三四）年二月ころから、翌年に予定されている日米安全保障条約改定反対の会があちこちにできる。同年三月には社会党や総評が中心になって安保条約改定阻止国民会議が結成される。清水はこれらの会合に出席したり、関連の集会の講演などに頻繁に出かけた。しかし、反対運動は大衆化せず、盛り上がりに欠けていた。

安保では闘えない

清水が安保条約改定反対の会に出向きはじめたころ、社会党のそれまでの躍進ムードに翳りが生じ、「再建論争」という名の内紛がおきる。一九五九（昭和三四）年四月に統一地方選挙、六月に参議院議員選挙がおこなわれたが、いずれにも社会党は敗北したからである。参議院議員選挙では、前回選挙にくらべ当選者数は一一名減、得票数でも一〇〇万票減となった。勝間田《かつまた》清一社会党政策審議会長は、選挙結果判明後につぎのように語っている。

政策面からみて経済上昇期において党の経済政策の対決点がぼやかされた。安保改定反対も現実問題として選挙民に浸透しない感があった。

（「毎日新聞」一九五九年六月四日）

さきほどふれた安保改定阻止国民会議は、一九五九年四月から反対の統一行動をおこすが、新聞紙上では単独では報道されず、砂川判決支持や勤評（教員の勤務評定）反対などと「抱き合わせ」で報道される程度だった（大井浩一『六〇年安保』）。

そんな情勢であったから、社会党や総評の活動家は、「安保は重い」「安保では闘えない」といっていた。一九五八（昭和三三）年の警職法（警察官職務執行法改正案）反対においては、「デートもできない警職法」という卓抜なキャッチフレーズができたが、安保改定問題では、賛成派から、「日米対等」「独立自衛」というキャッチフレーズが繰り出された。そもそも、文化人が砂川の地元民の要求をうけて、一九五二（昭和二七）年七月、「安保条約、行政協定の再検討を訴える声明」を発表したときには、政府から「再検討は結構。アメリカと対等の条約を結ぼうではないか」と切り返され、その三ヶ月あとに軍事ブロックに積極的に加わるような条約改定に反対すると後出しで付け加えなければならなかったほどだった。

『世界』一九五九年四月号は、「日米安保条約改定問題」特集を組むが、安保改定反対一色ではなく、「期限つき」などの条件つき賛成の論考も含まれていた。

反対派は、「（安保改定）反対」だけでは運動を盛り上げることができない。そんなことから、学者は難しいことばかりいわないで、「安保と台所とをどう結びつけるか、それを研究してくれなければ困る」といわれ、「安保が通ると、お豆腐の値段が五円高くなる」という、苦し紛れのキャッチフレーズさえ案出されていた。これが一九五九年の夏ごろの話で、秋になっても、まだつぎのようであった。『世界』一一月号の「アンケート安保改定問題　私はこう思う」に、作家平林たい子（一九〇五〜七二）が条件つき是認という社会党右派（一九六〇年一月に民主社会党を結成。のち民社党と改称）のスタンスで書いている。


……いまの野党の力ではこの条約を廃棄させることはできない。議会の頭数が明白にそれを示している。警職法のようには世論も野党の味方をしない。（傍点引用者）

社会党右派の、基本的に安保改定反対だが、十分な審議を尽くし、暴力的な反対行為による阻止はしない、という立場のほうが、このころまでの世論には受け容れられやすかったのである。

翌年（一九六〇年）、「毎日新聞」世論調査（「『再び安保について』第二回世論調査」四月五日）がおこなわれる。この調査は、安保条約改定が調印され、国会で承認されるかどうかのころおこなわれたものである。結果はつぎのようであった。新安保条約の国会での承認については、「承認せよ」一五・八％、「承認もやむをえない」一八・八％で、あわせて三四％が承認を支持している。「承認するな」（二七・九％）を上まわっていた。この時点では、すぐあとにおこる安保改定反対運動の爆発は、予想すらできなかったのである。

幅広主義批判

清水は、平和問題談話会の継承団体で、岸信介内閣の憲法調査会に対抗してできた憲法問題研究会（大内兵衛などの発起人の第一回会合は一九五八年六月八日）で安保改定についての論議に加わっていたが、それとは別に一九五八（昭和三三）年末ころから、私的な安保条約研究会にもかかわっていた。翌年三月には、南原繁（元東大総長）や上原専禄（元一橋大学長）などとともに「安保問題文化人懇談会」を立ち上げる。同月二三日に、二七人の同志による安保改定反対声明を出し、署名活動をはじめた。

同月二八日に、社会党と総評系団体が中心になって安保条約改定阻止国民会議が発足した。安保改定阻止国民会議の第一次（四月一五日）と第二次（五月一六日）の統一行動は、参議院選挙を控えていたことなどから、大きな盛り上がりとはならなかった。しかし、六月に藤山愛一郎外相とマッカーサー大使の間で安保改定の予備会談がはじまったことなどから、第三次統一行動（六月二五日）はこれまでと違ったものとなった。デモ参加者数は、第一次六〇〇〇人、第二次四〇〇〇〇人に対して、第三次七万六〇〇〇人（警察庁調査）と、飛躍的増大をみた。

七月七日、清水は、務台理作（慶大教授）や上原専禄、評論家中野好夫、松岡洋子らと語り合い、文化人を糾合する「安保問題研究会」を結成し、神田の如水会館で第一回研究会を開いた。四〇人の文化人が出席した。研究会は、国際法が専門の東大教授高野雄一のレクチャーからはじまった。レクチャーは、清水には、安保改定問題を国際法の観点から論じただけのものにきこえた。国際政治の観点から安保改定問題を考えるというものではなかったことから、清水は会場でこう喋るにいたる。

戦争というのは、軍人に任せておくのには余りに重大な問題である、と誰かが申しましたが、ただいまのお話を伺っておりますと、安保改定というのは、国際法学者に任せておくのには余りに重大な問題である、と申さねばなりません……。

（清水幾太郎「『伝説』の壁をつき崩す途」『週刊読書人』一九五九年七月一三日）

この発言の背景には、内灘そして砂川闘争でのラジカリズムの経験から、安保改定反対運動は官学大学教授を中心とした生ぬるい運動では駄目だと考えたことがあろう。また、平和問題談話会を引き継いだ憲法問題研究会での清水の居心地の悪さが爆発したということもあったのではないだろうか。

後者について、清水は、こう書いている。憲法問題研究会のメンバーになり、何度も例会に出席したが、いつも居心地がわるかった。宮沢俊義、我妻《わがつま》栄の両氏を政府の憲法調査会に取られないようにと、研究会では両氏を宝物のように大切にしていた。「宝物の周りは、丸山眞男、辻清明の両君を初め、東大法学部の諸君が堅めていて、一つの輪が出来ていた。輪は閉じていた」。清水は、「終始、その輪の外にいた」(「わが人生の断片」『清水幾太郎著作集』14)と。高野の安保問題研究会でのレクチャーそのものよりも、高野もそのひとりである東大法学部教授たちが醸《かも》し出すヘゲモニーを不快に思う感情が心の底にあったのではないか。

清水は、この憲法問題研究会の第一五回(一〇月二四日)研究会で戦後の平和運動を総括し、安保反対闘争の位置づけをおこなったが、そのとき、第五回原水爆禁止世界大会での、自民党の良心的分子や自民党支持者にまでも支援者をひろげる共産党の無原則な幅広主義の統一戦線を厳しく批判している(「安保反対運動の現状」『世界』一九六〇年一月号)。のちに、清水は、幅広主義の運動方針をとれば、中立的なA氏のような人が、あるいはB教授のような人が参加してくれたとなり、「A氏やB教授がただ貴重品のように扱われて万事、A氏やB教授の気持を損なわないように運ばれてしまう」(「大衆社会の勝利」『清水幾太郎著作集』10)といっているが、おそらく憲法問題研究会のさきの経験——東大法学部長老教授が宝物のように扱われる――が念頭にあったのではないだろうか。

全学連のラジカリズム

しかし、すでにふれたように、安保改定反対運動は、いまひとつ盛り上がりに欠けていた。安保改定阻止国民会議の統一行動も第五次統一行動（一九五九年八月六日）以後、第六次（九月八日）、第七次（一〇月二〇日）までは中だるみ状態だった。「安保は重い」というだけでなく、「安保は負けだ」という呟きが一九五九（昭和三四）年秋までに方々で聞かれたと清水は書いている（「大衆社会の勝利」『清水幾太郎著作集』10）。中だるみを突破したのは全学連のラジカリズムだった。

安保改定阻止国民会議が一九五九年三月に結成されたことはさきほどふれたが、会議は一三〇をこえる団体の共闘組織だった。構成団体が多かっただけに内部に軋轢《あつれき》をかかえていたが、なかでも青年学生共闘会議のメンバーとして国民会議に加わっていた全学連と社会党や総評を中心とした国民会議幹部集団との運動方針をめぐる軋轢は大きかった。なぜ、このような軋轢が生じたのか。

一九五〇（昭和二五）年のコミンフォルム（ソ連圏におけるイデオロギー統一のための連携と情報交換を目的とした国際組織）による日本共産党批判をきっかけに、日本共産党内部は国際派と所感派に分かれていた。全学連内の日本共産党員には国際派が多かったが、党の主流は所感派に握られており、そのことが軋轢を大きくした。全学連幹部の多くは党員であったため、それは党内闘争だった。外部からみればコップ（共産党）のなかの嵐である。ところが、六全協前後から、全学連の日本共産党離れが公然化してきた。日本共産党はラジカリズムを極左冒険主義として批判の対象としたからである。

全学連主流派の日本共産党離れを決定的なものにしたのは、一九五八（昭和三三）年六月一日の事件である。前日の全学連一一回大会で、共産党に忠実な学生たちは、党中央の意に沿わない分子の頭目だった森田実《みのる》（一九三二〜）の失脚を狙った。議場は大混乱になった。そこで、翌日、日本共産党中央は、全学連大会に出席した学生党員一二〇名を代々木にある党本部に招集した。しかし、党側の議事運営に学生側が不満をもち、混乱する。

学生たちは、いってみれば逆ギレした。全学連大会を破壊しようとしたとして日本共産党中央学生対策部員の責任を追及し、暴行を加え、会場を封鎖したからである。党中央委員の全員罷免さえも決議する。党中央と全学連を指導する学生党員との積もり積もった軋轢が限界をこえてついに堰を切ったのである。この事件によって香山健一（のちの学習院大学法学部教授、一九三三〜九七）全学連委員長や森田実などが共産党を除名された。

一二月一〇日、日本共産党から除名された全学連幹部を中心に革命的共産主義者同盟（ブント）が結成される。「同盟《ブント》」は、マルクスとエンゲルスが最初に共産主義者の組織を結成したときの名前であるが、明らかに「党《パルタイ》」（日本共産党）に対抗して命名されたものである。「世界労働運動研究所」という看板をかかげたブントの事務所（文京区元町、現・本郷）で手伝っていたのが、そのあと二年足らずで死亡する樺美智子（東大二年生）だった。

全学連主流派が日本共産党と決裂したことは、既成組織とは違う独自路線ができたことを意味する。学生を独自の層としてとらえる運動論は、全学連の初代委員長である武井昭夫（一九二七〜二〇一〇）によって早くから唱えられていた。階級に準じるカテゴリーの「層」として学生をとらえるものである。労働者階級といっても、かれらはしばしばブルジョア・イデオロギーに毒されており、学生のほうがはるかに事態を正しく認識することができる、また、学生は闘いの方向を素早く察知し、味方の陣営に警鐘乱打することができるという、小《プチ》ブル運動の利点を説いたものである（『武井昭夫学生運動論集　層としての学生運動』）。全学連が日本共産党と決裂することによって、ますます「層としての学生運動」論が支配的となった。全学連主流派はいまや独自路線を証示しなければならない位置にあった。

かくて、学生＝前衛論にもとづく学生運動と既存の革新団体組織との対立は必至となった。対立は、安保反対闘争のなかで具体的にあらわれてくる。その最初の表れが、安保改定反対第八次統一行動（一九五九年一一月二七日）だった。

安保改定阻止国民会議は国会への集団請願運動を指示したが、全学連は、国会に乱入した。清水はこの日の日記に、「十一月二十七日（金）曇って寒い。午前山の上ホテルに入る。(中略) 夜、デモ隊国会構内に入り大混乱の由。家内からの電話にて知る」と記している。学生、労働者のデモ隊、約八万名。国会構内に入った者約二万名と清水は書いている(「わが人生の断片」『清水幾太郎著作集』14)。

清水は、これまでみてきたように、岸内閣に反対の者も賛成の者も含める安保改定阻止運動の幅広主義に批判的だったから、全学連の国会構内突入に大いに意を強くした。以後、清水は全学連の同伴者として安保闘争にかかわる。

しかし、日本共産党をはじめとする既存の革新団体から、全学連は「極左冒険主義者」、「トロツキスト集団」、「アメリカ帝国主義の手先」と批判されるようになり、安保改定阻止国民会議のなかから全学連を排除しようとする動きがはっきりとあらわれるようになる。

全学連をめぐる清水と丸山

一九六〇(昭和三五)年一月一四～一九日、第一一次統一行動がおこなわれる。全学連は、岸首相の渡米に反対し、羽田空港ロビーで座り込みをおこなった。警官隊との大乱闘(羽田事件、一月一六日)で、七六人の学生が逮捕される。樺美智子も逮捕者のなかにいた。総評は、全学連の行動を跳ね上がりとして、逮捕された学生への弁護団派遣を拒否する態度にでた。

二月七日には清水幾太郎を代表とし、務台理作、中野好夫などの賛同の署名を得た「諸組織への要請」という文書が革新政党や労働組合、平和団体、学生団体などの責任者に送付される。文書は、社会党や共産党、総評などの諸組織が反安保の広汎かつ強烈なエネルギーを生かしきっていないとし、それは「(全学連の――引用者)『国会乱入』事件に対して諸組織が示した評価および収拾の方法において明らかで」、このような状態であれば、安保反対の全国的なエネルギーが「空しく四散してしまう」というものである。共産党や社会党、総評などによる、全学連のラジカリズム批判を批判し、全学連を擁護するものだった。

共産党の機関紙「アカハタ」は、中央委員神山《かみやま》茂夫による「安保改定阻止国民会議の発展のために」という論説を三日間(二月二〇、二二、二三日)にわたって、掲載する。そのなかで、清水を代表とする「諸組織への要請」声明は、トロツキストの極左的行動を支持することで国民会議に分裂をもたらすものであると批判した。共産党の激しい批判で進歩的文化人に動揺がおこる。

丸山眞男はこの「諸組織への要請」の署名に加わっていない。清水と丸山が同席した国際問題談話会で、一月の羽田事件が話題になった。安保改定阻止国民会議の指導部のあり方をめぐって、二人の間で意見がやりとりされた。丸山は指導部がなっていないことは、清水のいうとおりだろうが、さりとてそれを急に変えることはできないといい、話がかみ合わない。清水は「諸組織への要請」を手渡して帰る。丸山は帰宅して文書を読んだが、賛成できなかったから、賛意を表しなかった、と書いている（「清水幾太郎氏の闘いに寄す」『図書新聞』一九六〇年七月三〇日号）。

すでに丸山は、羽田事件（一月一六日）以前に、埴谷雄高《はにやゆたか》（作家、一九〇九〜九七）や加藤周一（評論家、一九一九〜二〇〇八）との座談会（「一年の後・十年の後」『週刊読書人』一月一日号）で、全学連とその背後の思想家、そして新左翼集団についてつぎのように批判していた。ソヴィエト第一主義がくずれた「にもかかわらずソヴィエト社会主義っていうものに対立してあるいはそれを否定して社会主義革命を考えたって、それはユートピア」であり、そうしたトロツキズム（ロシアの革命家トロツキーの永続革命論）が現実には「反動的役割を果たす」、と。丸山は早くから全学連のラジカリズムには否定的だった。「諸組織への要請」に署名したのは、東京の平和問題談話会系知識人では、久野収と中野好夫のみだった。

しかし、安保改定反対運動に勢《はず》みをつけたのは、「跳ね上がり」、「トロツキズム」、「ブランキスム」（フランスの革命家ブランキが主張した少数精鋭による暴力革命論）、「一揆主義」とレッテルを貼られ批判されていた、全学連による過激＝派手な街頭運動である。とくにテレビやニュース映画によってかれらの街頭ラジカリズムが報道されたことによる影響が大きい。

日米新安保条約が調印され（一月一九日）、国会で極東の範囲などについての審議がはじめられると、安保改定によって戦争にまきこまれる可能性が大きくなるという不安が生まれ出した。三月の「読売新聞」世論調査では、安保改定条約を「承認することを望む」(二一%)よりも「承認しないことを望む」(二八%)が多くなる(「読売新聞」一九六〇年四月三日)。条約批准を急ぐ岸首相の強権的な手法への反感も高まっていく。

こうした騒然とした状況のなかで、清水幾太郎は、吉野源三郎の勧めで、「いまこそ国会へ――請願のすすめ」を『世界』(一九六〇年五月号)に寄稿する。発売は四月七日。「手に一枚の請願書」をもって「国会議事堂を幾重にも取り巻いたら」、何者も抗しえない「政治的実力」が生まれてくると煽った。「諸組織への要請」は、反安保の運動組織への要望だったが、「いまこそ国会へ」は、直接市民や学生に訴え、市民運動を全学連主流派よりにシフトさせる論文だった。

だからこそ、清水の論文は、全学連主流派を目の敵にする日本共産党系勢力からは猛烈な反撥《はんぱつ》を受ける。しかし、清水への全国の大学からの講演依頼は引きも切らなくなる。四月中旬から六月末まで、講演は二〇回を遥かにこえた。それとともに、共産党系団体からは、「プチブル急進主義者清水を葬れ! 清水の発言を許すな」、「利敵行為」、「講演に来るなら実力で阻止する」というビラで講演を妨害された。

「民主主義擁護」への目標転換

五月一九日から二〇日にかけての衆議院での新安保強行採決あたりから、安保改定阻止の運動目標をめぐって進歩的文化人の空気が変わりはじめる。安保改定阻止よりも民主主義の擁護が大切ということになりはじめた。

全学連（主流派）と進歩的文化人とが袂を分かったのは、五月二四日の東京神田の日本教育会館での会合のときである。学者たちの安保問題研究会と、作家たちの安保批判の会の共催で岸内閣総辞職要求・新安保採決不承認学者文化人集会が開かれた。このときの講演は丸山眞男によっておこなわれたが、丸山は、「安保の問題は、あの夜をさかいとして、あの真夜中のできごとをさかいとして、これまでとまったく質的に違った段階に入った」と述べた。丸山は、岸内閣による強行採決は議会政治のルールの破壊であるとして、反安保よりも民主主義擁護に目標を転換した。安保問題が原理的になり深まったとさえいわれだした。丸山が「あの夜」というのは、五月一九日夜から二〇日にかけての強行採決のことである。

清水は、このときのことをつぎのように書いている。前日二三日、日本ジャーナリスト会議の事務所へ翌日の教育会館の会合の打ち合わせにいったときのことである。「日高六郎etc. みんな小生を警戒している。（中略）この打ち合わせの会で私は、『民主主義擁護』という話を初めて聞いた。（中略）彼らの間には、既に合意が出来ているようであった。（中略）とにかく、明日の会場に『民主主義擁護』のスローガンを大きく掲げることだけはやめてくれ、と言って、私は事務所を出た」。

しかし、翌日、教育会館に行ってみると「民主主義擁護」のスローガンが大きく掲げてある。「私は、ああ、運動はもう滅茶苦茶になってしまった、と感じた」と清水は記している。なおこのときの丸山の講演は、二三日夜、日高六郎の電話による依頼によっておこなわれた（丸山眞男「朝鮮戦争・六〇年安保」『世界』一九九五年一一月号）というから、進歩的文化人の反安保運動のヘゲモニーを握っていた清水の影響力から流れを変えるために、知名度も影響力もある丸山が担ぎ出されたのであろう。

五月二六日、清水は、『世界』から依頼されていた原稿（二〇〇字詰一六枚）を書く。進歩的文化人による反安保運動の目標転換がおこなわれかけていることに逆らうように、「本気で頑張っているのは全学連ぐらいなものである」ということを書いている。共産党はもとより、革新団体、進歩的文化人の間にできあがりつつある空気に水をかける論調である。そのせいだろう、『世界』編集部員をはじめ吉野源三郎からも、あの原稿は載せられないといわれる。それまで『世界』の常連執筆者だった清水は、このときから『世界』は、「最も遠い雑誌になった」といっている。それから六年たって『世界』一九六六（昭和四一）年九月号で安倍能成の思い出（「安倍学習院長追悼の辞」）を寄稿した以外は、『世界』にはいっさい書いていない。書いていないというより、依頼がなくなったのである［注］。

進歩的文化人の反安保の空気は変わったが、変わらない分子もいたから、その方面から全学連を含む運動団体の有機的組み合わせを促す、「諸組織への要請」と同じような文書をつくって、それを安保問題研究会と安保批判の会の共同声明にしたらどうかという声が清水に寄せられた。

そこで、清水は、南博（社会心理学者）や松山善三（脚本家）などとともに、安保改定反対の立場をとる各種団体宛の要望書を作成する。「今こそ貴団体を初めとする有力な諸組織が、新安保反対運動の巨大な成果の上に立ち、強力な指導性を発揮して、全国民的エネルギーに高度の目標と組織を与え、一気に新安保条約の息の根を止める方向に進んで頂きたい」というものである。これを安保問題研究会と安保批判の会の共同声明にしようとするが、清水を中心に作成されたこの要望書を共同声明にすることへ反対が強くなる。五月三一日、清水は安保問題研究会の代表世話役をおりることを決意し伝える。関西から末川博（法律学者、一八九二～一九七七）などが要望書の署名に応じるという知らせが入るも、清水は「有難うございます。しかし、もう何も彼も終わりました。お仕舞いです。有難うございました」と日記に書いている。

丸山の「ああ、過ぎたな」と、清水の口惜し泣き

六月一〇日に、アメリカ大統領秘書（報道書記官）ハガチーが来日すると、学生と労働

者のデモ隊が乗用車を包囲し、ハガチーはヘリコプターで脱出することになった。岸首相とハガチーの会談を阻止した学生たち五〇〇〇人が渋谷の広場に集まる。宣伝カーのマイクは、大音量で「学生諸君！　学生諸君！　われわれは清水幾太郎先生の挨拶を受けたいと思います」といい、清水がマイクの前に立った。「私はあなたがたを追ってやってきました」と口を開き、安保改定阻止国民会議は盛り上がった大衆デモの進路を逸らしているとして、全学連の行動の支持を表明した。

　同月一五日には、国会構内に入った全学連と機動隊の衝突がおこり、東大生樺美智子が死亡する。その三日後、同月一八日、五〇万人が国会と首相官邸をとりまいた。新安保条約案は参議院では混乱を回避するため議決がなされなかったので、衆議院での可決から三〇日経過した同月一九日、自然承認となるからである。学生だけでも一万五〇〇〇人もが国会正門前に座り込んでいた。安保反対闘争で最大の動員数だった。

　しかし、全学連主流派は、執行部間の意見がまとまらず、国会再突入をしなかった。巨大なエネルギーに、対処できなかったのである。唐牛《かろうじ》健太郎（一九三七〜八四）をはじめとして幹部や精鋭部隊が逮捕されておりその場にいなかったことと予想をはるかにこえた巨大なエネルギーに指導部が混乱していたことによる。国会前での整然とした座り込みだけでおわった。ブントが指導性を発揮できたはずの反対運動のピークに、かれらが「お焼香デモ」とあれほど批判してきた安保改定阻止国民会議と全学連反主流派（日本共産党系）のデモに似た「整然とした」座り込みという帰結を生んでしまった。ブント執行部のひとりは、「畜生、畜生、このエネルギーが！　このエネルギーが、どうにもできない。ブントももうだめだ」と叫んだ。

同日深夜零時をむかえた。丸山のほうは「チラッと腕時計を見て、『ああ、過ぎたな』と思っただけ」だったといっている。丸山は、安保条約の通過は短期的な出来事であり、安保改定阻止の運動によって民主主義の定着がなされたという長期的成果に満足したからである。清水幾太郎は喧嘩に負けた口惜しさで泣いた。

「アカデミックな指導部」が元凶

一九六〇（昭和三五）年七月八日午後六時、東中野で、清水を中心に安保改定阻止運動総括の会がおこなわれ、数十名が出席する。清水は、ここで安保闘争の経緯を報告した。出席していた中央公論社編集部の塙嘉彦の勧めで、この報告は「安保戦争の『不幸な主役』――安保闘争はなぜ挫折したか・私小説風の総括」として『中央公論』九月号に発表される。このころの『中央公論』は、安保問題の執筆を進歩陣営でない宇都宮徳馬（政治家、一九〇六～二〇〇〇）や藤原弘達（政治評論家、一九二一～九九）などの論客に求めていたから、進歩陣営からはみ出しかけていた清水の原稿は打ってつけだった。だから『中央公論』編集部員は、その場にたまたま居合わせたというより最初から原稿狙いで臨席していたと思われる。

清水の報告は、安保改定阻止運動のなかで経験したことを徹底的に反省し批判しておかないと今後の戦いに勝てないというところからはじまった。指導部は五月二六日前後から一気に盛り上がった反安保のエネルギーを持て余していた。そこで新安保阻止よりも、民主主義擁護を目標とする置換がおこった。社会党や共産党と総評はこれに乗ったから、せっかくの勝利のチャンスをつぶしたのは、「アカデミックな指導部」だったとした。

清水はこうもいった。安保闘争は敗北だが、敗北を認めれば敗北の責任者を探さなければならない。あれだけ盛り上がった大衆運動だから、今度ばかりは、敗北を大衆の無関心や大衆の立ち遅れのせいにすることはできない。だから、「学者たちの民主主義勝利説は指導部にとって『神』であったと言えるようです」。しかし、もし、自分が志を同じくする仲間と組織をつくっていたら「結局、全学連に似た行動へ進むことになっていたでありましょう」といっている。

ここでいわれた「アカデミックな指導部」は、すでにふれた五月二四日の教育会館での丸山眞男の基調講演や、竹内好《よしみ》（中国文学者、一九一〇〜七七）の論文「民主か独裁か」（『図書新聞』一九六〇年六月四日号）に代表される民主主義擁護へ向けての反安保運動の転轍機の切り換えを指していることはいうまでもない。「民主か独裁か」で、竹内好はこういっていた。

民主か独裁か、これが唯一最大の争点である。民主でないものは独裁であり、独裁でないものは民主である。中間はありえない。この唯一の争点に向っての態度決定が必要である。そこに安保問題をからませてはならない。安保に賛成するものと反対するものとが論争することは無益である。論争は、独裁を倒してからやればよい。今は、独裁を倒すために全国民が力を結集すべきである。

現代思想研究会

清水は、「アカデミックな指導部」のこうした目標置換によって、勝てるチャンスが失われ、「敗北」した、とこの経験を分析し、未来にむかって発展させるべく、八月二七日、神田の学士会館で現代思想研究会発起人会をおこなう。

発起人は、清水のほか浅田光輝《みつてる》（静岡大学助教授）、村上一郎（評論家）、樺俊雄（中央大学教授）、鶴見俊輔、三浦つとむ（言語学者）、高根正昭（桑沢デザイン研究所講師）、香山健一（元全学連委員長）、篠原正瑛（哲学者）の九名。鶴見俊輔は、発起人に丸山眞男、久野収、竹内好、日高六郎などを誘わなかったのは"childish"だとするが、清水は、かれらは目標「諸組織への要請」文書に反対した者であり、またさきにふれた安保条約改定阻止の目標を民主主義擁護にすりかえた張本人だとして、頑として容れなかった。そんな事情であえて発起人に誘えと執拗にいう鶴見こそ“childish”である、と批判した。

鶴見は、「清水さんはマスコミに地盤があるのだから、そっちの方とのつながりをもっと大事にすることを考えたらどうだ」ともいい、ブントとの接触を深めると世間を狭めることになると進言した。しかし、清水は、表情を強張らせ、聞く耳をもたなかった（浅田光輝『激動の時代とともに』）。

九月三日、現代思想研究会発足にあたって趣意書がしたためられた。それは、「私たちは現在次のような点を指摘することが必要だと考えます」とはじまり、以下の四点が挙げられている。

第一に、安保条約改定反対運動のなかで、指導部が必ずしも民衆の広汎かつ強烈なエネルギーを有効に闘かう方向で組織し得ず、しばしば運動を一定の固定された枠の中に抑圧するという誤りをおかした事実について、とりわけ共産党の犯したいくつかの重大な誤りについて、徹底的な批判と卒直で深刻な自己批判とが今後の運動の前進にとって不可欠であるということ。

第二に、（中略）全学連の果たした積極的役割を正当に評価することが必要であること。

第三に、（中略）労働者階級の指導性というものが、如何にして確立され、貫かれるべきかという問題について、改めて真剣な検討がなされるべきであること。

第四に、安保条約改定反対運動における誤謬や不充分さの批判を技術上の問題に止めることなく、思想の次元にまで掘り下げた根底的批判たらしめ、その基礎の上に新しい前進の方向を定めることが必要であること。そしてその際、一切の権威主義と神話は否定さるべきこと。

安保闘争における日本共産党の指導の誤りについての徹底的批判と安保闘争における全学連の積極的評価が盛り込まれている。激しい共産党批判がなされたのは、安保闘争の曲がり角をつくった「アカデミックな指導部」の糸を引いているのが共産党だと考えたからである。糸を引いていたかどうかはともかく、激しい日本共産党批判だけに、共産党は黙ってはいない。

九月五日の「アカハタ」は、現代思想研究会はトロツキストに同調する冒険主義思想を公然と宣伝する組織活動を目指すものであると批判し、願望をこめてだろうが、学者・文化人でこれを支持するものは「きわめて少数とみられている」と報道した（「冒険主義を公然宣伝　トロツキストに同調　一部文化人が『研究会』」）。『前衛』も「アカハタ」編集委員による現代思想研究会の趣意書批判を掲載（石田精一「『現代思想研究会』の論理」『前衛』一九六〇年一二月号）している。

現代思想研究会は、九月下旬に同じく学士会館で第一回研究会を開く。清水が経過報告をおこない、香山健一と山田宗睦《むねむつ》が研究発表をおこなった。翌月、タイプ印刷の『現代思想』一号を刊行する。翌年四月に現代思潮社を版元に『現代思想』創刊号（一九六一年五月号）が発行される。清水幾太郎責任編集で、編集委員には清水のほかに三浦つとむ、竹内芳郎、浅田光輝、香山健一、中嶋嶺雄（現代中国政治学者、一九三六〜二〇一三）が就いた。清水には、現代思想研究会は、敗戦後すぐに立ち上げた二十世紀研究所の再来に思えたかもしれない。

機関誌『現代思想』創刊号の発刊の言葉「われわれは出発する」に、清水は、安保闘争の「敗北」後すでにいくつかのところで指摘していることを再述し、こう書いている。

……不思議なことには、帝国主義者にとって勝利をもって終った闘争が、進歩的インテリにとっても民主主義の勝利をもって終った闘争なのである。ここでは、帝国主義の勝利と民主主義の勝利とが一致する。彼らは、自分たちが勝手にその政治的無関心を嘆いて来た大衆の政治的昂揚にあらためて感激した後、差し触りのない総括を試み、数々の美しい記憶を抱いて再び研究室へ戻って行った。彼らにとって、安保条約改定阻止闘争は、小さな犠牲と深い陶酔と明るい勝利とによって編まれた思い出の花束となった。

「差し触りのない総括を試み、数々の美しい記憶を抱いて再び研究室へ戻って行った」という文言には、敗北をもたらした「アカデミックな指導部」、具体的には丸山眞男教授に代表される東大法学部教授の面々が想定されていることはいうまでもない。とはいってもこの時点では清水は、左翼思想そのものに幻滅したわけではない。このころ書かれた清水の「安保闘争一年後の思想」（『中央公論』一九六一年七月号）では、旧安保は「日本資本主義の立ち直り」、安保改定は「日本資本主義の帝国主義的復活」を意味し、「平和は社会主義と一組」で「有意味」とされている。つまり、社会主義思想の枠内で表現されているからである。

清水をはじめ集まった仲間は、現代思想研究会を「新左翼を目指す思想運動」のひとつとみなしていた。研究会には、哲学部会、日本政治経済部会、国際社会主義運動史部会などの分科会が設けられた。また、「キューバ革命の夕」を主催し、「樺美智子追悼集会」を共同主催した。

「こんなに勉強したのは生まれてはじめて」

『現代思想』は現代思潮社から刊行されたことにもよるが、創刊号の裏表紙に同社刊行の『トロツキー選集』の広告が載っている。荒畑寒村《かんそん》（社会運動家、一八八七～一九八一）や谷川雁《がん》（詩人、一九二三〜九五）、吉本隆明などの推薦文とともに清水の推薦文もみえる。清水自身、第八巻の「スペイン革命と人民戦線」の共訳者になっている。清水の推薦文は以下のようなものである。

安保闘争に敗れたわれわれにとって何よりも必要なことはわれわれの運動の思想的再建である。そして、トロツキーの諸著作を正面から研究すること、これに深く学ぶことはわれわれの仕事にとって不可欠の責任である。

『トロツキー選集』の翻訳が「スペイン革命と人民戦線」であったことからわかるように、清水は、一九三〇年代の研究、なかでも人民戦線の研究に没頭する。

人民戦線とは、一九三〇年代半ばに擡頭したファシズムに対抗して結成された反ファシズムの統一戦線である。この人民戦線は、日本では「美しい虹」のように理想化され美化されてきた。安保闘争が盛り上がったときに、インテリたちはその大衆運動を人民戦線になぞらえ、「これが人民戦線の力なのだ」と欣喜雀躍した。はたして人民戦線は美しいだけのものであったのか。清水はあらためて人民戦線がなにを狙い、なにを帰結したかを辿った。

清水は、共産党員などの筆による人民戦線論以外の本を読み始める。さきに示した訳書もそうであるし、イギリスの詩人ジュリアン・サイモンズの *The Thirties*（清水のすすめで志水速雄訳『1930年代』〔日本文献センター出版部〕として一九六七年に刊行）やヒュー・トマスの『スペイン市民戦争』、G・ブレナン『スペインの迷路』などをつぎつぎに読んでいる。

清水は、一九三六（昭和一一）年に始まるスペインの内乱は、人民戦線運動の頂点であると同時に、スペイン共産党が闘争を「民主主義擁護」にとどめようとして、社会主義革命に向かおうとした勢力を迫害したことも読み取った。共産党により弾圧され粛清されたPOUM（マルクス主義統一労働者党）を六〇年安保闘争の全学連と重ねた。六〇年安保闘争のしこりを歴史の中でみようとしたのである。安保闘争の経験を国際的経験と重ねたのである。

清水は、「こんなに勉強したのは生まれてはじめてだ」（「マルクス主義への関心」『週刊読書人』一九六二年六月一二日号）といっている。人民戦線に関する勉強の成果は、現代思想研究会発足から五年後に刊行された『現代思想』上の第二章「一九三〇年代」に結実している。

しかし、現代思想研究会をすぐに離脱する人もあらわれる。第一号の実質的な編集長だった村上がすぐに離れ、浅田光輝も一九六一（昭和三六）年夏ころに離れる。浅田光輝は、その理由をこういっている。

……何度か集会を重ねるうちに清水、香山の私的なコンビに会が動かされているようであるのが気になり、そのコンビの発言がまことに単純きわまる左翼公式論であることが何となくうさんくさいように思われ、一年にもみたないつき合いで会をぬけた。

（『市民社会と国家』）

浅田がうさんくさいとみたのは、共産党は「論証ヌキの諸悪の権化」で、「ブントと全学連は神のごとく絶対無謬」とされていた（『激動の時代とともに』）ことによる。『現代思想』誌編集委員のひとりであった竹内芳郎も、現代思想研究会に「『日共憎し』の私怨が漲って」いたことが、問題の思想的追究を底の浅いものにした（『イデオロギーの復興』）としている。竹内芳郎も三浦つとむもやがて現代思想研究会を離れる。

新左翼系知識人からは浮いていた

しかし、会が発足すると、すぐさま「うさんくさい」とか「底の浅いもの」とかいわれたのは、現代思想研究会の発起人の構成という初期設定に起因するのではなかったろうか。清水は、さきに示したように、六〇年安保闘争がもりあがると平和問題談話会系知識人の仲間から飛び出した。また丸山や久野を現代思想研究会の発起人に誘うことを拒んだ。

かれらこそ安保闘争の敗北をもたらした「アカデミックな指導部」だとしていたからである。しかし、アカデミズム系知識人を離れて新しい左翼をつくるというなら、埴谷雄高、谷川雁、吉本隆明などとどうして同行しなかったのだろうか。かれらのうち誰一人、発起人になっていない。

吉本隆明には要請したが断わられたようである。吉本は断わった理由について週刊誌記者につぎのように答えている。

〝現代思想研究会〟からぼくにも発起人にならないかっていってきたんですが、断わったんですよ。今さらそんな会を作って何をするんだ、意味ないじゃないかと考えたもんでね。清水さんは自分の役割を考えて、行動的には若い力に頼るという発想でしょう。今までだって行動的には日共におんぶするといったところがないとはいえないですよね。それが今度は労組になったんでしょう。甘いですね。(後略)

(「日本革命の混成頭脳《ブレーン》　共産党を見限った『現代思想研究会』」『週刊新潮』一九六〇年九月一九日号)

清水が埴谷や谷川などを発起人に誘ったかどうかは不明である。しかし、清水に、吉本は別として、かれらと同行する気がどれほどあったのだろうか。

清水の活動は平和問題談話会から憲法問題研究会、安保問題研究会にみられるように、あくまでアカデミズム知識人としての活動のなかにあったから、非共産党系在野左翼知識人とは、肌合いが違っていた。いや、肌合いが違っていたから清水が消極的だったというより、清水こそが新左翼系在野知識人集団から一線を画されたところにいたのではないか。

後者については、当時の状況のなかで語られた南成四（後述する松田政男によれば、河部岸三の筆名、一九六〇年東大法学部自治会委員、ブント同盟員、のち岩波書店編集者）の「清水幾太郎論　安保闘争下の思想家像」（『試行』一九六一年九月号）が手がかりになる。全学連擁護を旨とする「諸組織への要請」を清水が起草したことにふれたが、そのかぎりでは全学連擁護で清水が音頭をとったかにみえる。しかし、南にいわせれば、これとは別に松田政男（映画評論家、一九三三〜）と吉本隆明を中心として全学連擁護が協議されており、黒田寛一（革マル派最高指導者、一九二七〜二〇〇六）、埴谷雄高、竹内好、鶴見俊輔が加わったが、清水には声がかけられなかったとしている。

もっとも、当の松田政男によれば、清水は、埴谷雄高などとともに、羽田事件のあとの全学連擁護カンパ活動の発起人になっていたようである（松田政男「六月行動委員会の頃」『吉本隆明全講演ライブ集』５の冊子）。また、一九六〇（昭和三五）年六月三日深夜には、清水自身、国鉄労働者ストと共闘する六月行動委員会と行動をともにしている（「無思想時代の思想」『中央公論』一九六三年七月号）。南のいうように、清水にまったく声がかけられなかったというのは疑問である。しかし、清水が全学連擁護や新左翼の思想運動を標榜しても、吉本や埴谷に比べて重きがおかれていなかった節はある。

在野新左翼系知識人の中で清水が浮いていたのは、安保闘争後、新左翼系知識人の論稿を編集して出版された『民主主義の神話』（現代思潮社、一九六〇）に、谷川雁、吉本隆明、埴谷雄高、森本和夫、梅本克己（哲学者、一九一二〜七四）、黒田寛一の論稿が収録されているのに清水の論稿は載っていないことにもみることができる。一九六〇年秋に東京・王子の区立労政会館の一室で六〇年安保の総括を語り合う会が開かれたが、これにも清水が招聘された節はみえない。

さきにみたように、このころ清水は現代思想研究会を立ち上げており、後年の右傾化した清水ではなかった。語り合う会には、丸山眞男、吉本隆明、黒田寛一、橋川文三《ぶんぞう》（政治思想史学者、一九二二〜八三）、村上一郎（評論家、一九二〇〜七五）などと学生、労働者の群れがつめかけ、激越な論争がなされた。その場面を描いた中島誠の「丸山真男――宙づりの思想家」（『朝日ジャーナル』一九六八年一二月一日号）や「『世界』『朝日ジャーナル』にみる戦後民主主義」（『流動』一九七九年七月号）には、清水についての言及はまったくない。

出席していれば、清水への言及もあるだろう。

さらに、清水は、この時期、『週刊読書人』には頻繁に、『図書新聞』にも時々寄稿しているにもかかわらず、『日本読書新聞』への寄稿はほとんどない。清水は、『日本読書新聞』が発行（一九三七年三月一日）されて以来、ほぼ毎年寄稿し、一九五〇（昭和二五）年には書評を含め七本も執筆していた。しかし、それ以降登場しなくなり、一九五四（昭和二九）年一月一日号の平野謙、高見順との座談会（「知識人の生き方」）で再登場するも、それから一九六〇年七月一八日号の書評（森本哲郎『神々の時代』）まで、寄稿がない。そのあとも一九六二（昭和三七）年一〇月八日号の「苦労のない構文　私を変えた本」まで執筆していない。

この時期の『日本読書新聞』は、新左翼系文化人のフォーラム・ディスカッション紙であったにもかかわらず、清水は六〇年安保に関連する寄稿をまったくしていない。寄稿していないというより依頼がなかったのである。こうみてくれば、南がつぎのようにいうことがわかるだろう。

> ……吉本隆明、谷川雁等を筆頭とする党外左翼知識人達は清水とはまったく別の視点からこの問題に光をあてたし、党内反対派は殆んど清水発言を無視した。あるいは、一言でかたずけた。清水は共産党に対する反対派の気分を代表した。同時に、彼はそれらとは異質な存在だった。（中略）
> 丸山真男が時評的発言をすれば、人はそれを丸山政治学の政治論と考えた。清水に

ついても、この期間、多くのことが云われた。だが、清水の発言を、清水社会学の……と考えた人はこの期間ほとんどいなかった。（中略）丸山学派や竹内（好――引用者）学派の批判は華々しく展開されたが、清水幾太郎は、そのような形ではとり上げられていない。

（「清水は共産党に対する」以後の傍点は引用者）

南は、清水が、新左翼系インテリの間で丸山や竹内に比べて軽く扱われていたことの理由を、丸山などに比べて学問背景が乏しかったことにみている。

清水は社会学者とみなされていたが、社会学者としての業績である『社会学講義』（一九四八）や『社会心理学』（一九五一）などは、既に過去のものになりかけていた。丸山の専門の日本政治思想史と比べて、清水の研究領域の社会学が流行の移り変わりの速い学問ということもあるだろうが、丸山と違って、つぎつぎとジャーナリズムにエッセイを発表し、グラビアにも登場し、『女性のための人生論』まで刊行していたことも影響していただろう。

それに竹内好や鶴見俊輔が強行採決の直後の一九六〇年五月にそれぞれ東京都立大学（現・首都大学東京）と東京工業大学を辞職したのに、清水は学習院大学を辞職していない。またそれ以上に、清水は社会運動をとおして頭角を現し、現地に足を運んだり、講演をすることにより名声と金銭をものにしていく「平和屋」だという疑惑が膨らんで、少なからず胡散臭い人物とみられるようになっていた。

一九五四（昭和二九）年に清水が「わが愛する左派社会党について」（『中央公論』同年二月号）で、左派社会党の議会主義にはじまる生ぬるさを批判すると、ただちに左派社会党政策審議会の名で反論「清水幾太郎氏の愛情にこたえて」が同誌の翌月号に掲載された。執筆は左派社会党のブレーンである向坂逸郎《さきさか》（九州大学教授、経済学者、一八九七〜一九八五）といわれている。

清水は、内灘闘争の支援に行くにも三等車ではなく特別二等車に乗る「特二族」などと陰口を叩かれていたが、向坂は冒頭にそれをもちだす。「一等寝台車の温かい毛布のなかで『革命』的大演説の構想にふける高級で『進歩的』インテリ」と。結論部では、清水がわれわれの戦列で「一兵卒」として行動する日を期待するとして、さらにつぎのように畳みかけている。「人知れずなされる努力は並み大抵のことではない。いい気持になつて甘つたるい原稿を書くこととは大変な違いだ」。

「ナンセンス！」「かえれ！　かえれ！」

六〇年安保闘争が「敗北」してから二年ほどあとの一九六二（昭和三七）年六月一五日、千代田公会堂で「6・15記念集会」（六・一五記念集会実行委員会主催）が開かれた。マルクス学同（マルクス主義学生同盟）などの学生アクティヴィストが前列に陣取った。司会は北小路敏（中核派最高幹部、一九三六〜二〇一〇）だった。社会党の飛鳥田一雄（一九一五〜九〇）と婦人代表の松岡洋子（評論家）の演説は、「ナンセンス！」「かえれ！　かえれ！」の野次で聞こえない。大島渚（映画監督）には「回れ右！」という野次。最後に登壇した清水幾太郎にも激しい野次が飛んだ。「学生は市民主義の理念などすこしも信用していないのだ」、とこの現場にいて模様をまとめた関根弘（詩人、一九二〇〜九四）は書いている（「アジテーター求める学生」「東京大学新聞」一九六二年六月二〇日）。激しい野次は、これまでの清水にまとわりついた胡散臭いイメージが進歩的文化人株の急暴落で増幅され、堰を切ったものだったといえまいか。

清水はラジカリズムによって平和問題談話会の覇権をとったが、アカデミズム知識人の圏外に出れば、ラジカリズムは清水だけのものではなかった。新左翼系知識人は在野にはたくさんいた。平和問題談話会のときのように、ラジカリズムが覇権戦略にはならなかった。その意味では、さきにふれた現代思想研究会発足のときの、「アカハタ」による、学者・文化人で現代思想研究会を支持するものは「きわめて少数とみられている」という予測（願望）記事は正しかったのである。

「6・15記念集会」は、清水に大いなる幻滅をもたらした。清水はこう語っている。「樺夫妻に野次をとばす者など当然参加の資格がない。（中略）代々木以下の前衛と名のる団体があるのを初めて知りましたよ。親衛隊がいるなど、ナチとはきっとああいうものだったのでしょう」。このときの清水の経験は、やがてはじまる右旋回に影響があったに違いない。

[注]

『世界』への論文執筆はなくなったが、六〇年安保闘争後も吉野源三郎の勧めでE・H・カーの「歴史とは何か」を訳出し、『世界』一九六一年一一月号から翌年四月号まで連載している（のちに岩波新書で刊行）。また『思想』でも「倫理学ノート」を連載（一九六八年一一月号〜七二年四月号）し、『現代思想』や『倫理学ノート』などを岩波書店から刊行している。

六章　アラーミストに

マルクス主義の問い直し

すでにふれてきたように、清水は、現代思想研究会では、既存の左翼とくに日本共産党については憎悪といってもいいほどの激しい非難をしながらも、新しい左翼思想と左翼運動の構築をめざしていた。ちなみに、このころの清水の学習院大学の演習（一九六一年度）は、「ライト・ミルズの社会学説」だった。マルクス主義社会学者の大衆社会論、ホワイトカラー論、キューバ革命論などをテーマにしている。マルクス主義自体を懐疑の対象としてはいないことの傍証となる。

おそらくこのころ執筆したものであろうが、"The Intellectuals" (*New Politics*, Vol. 1, No. 2, 1962) では、日本共産党とスターリン主義の批判はしても、「マルクス主義の再評価」が重要とされ、全学連に代表される新世代こそが本当の「進歩的知識人」(socialist intellectuals) に値するものだとしている。

ところが雑誌『現代思想』は、一九六一（昭和三六）年一一・一二月合併号をもって休刊とされ、現代思想研究会も解散することになる。現代思想研究会が解散したあとの学習院大学での演習（一九六二年度）では、フランス共産党員であったが一九五六（昭和三一）

年のハンガリー革命で脱党したピエール・フジェロラの『問題としてのマルクス主義』をテキストにしている。マルクス主義の再評価や新しい左翼思想の構築というよりもマルクス主義そのものを問う方向になっており、マルクス主義への懐疑が芽生えはじめていることをあらわしている。

このような清水におこった変化の過程はわかりにくいことではない。スターリン主義に反対しているときは、スターリン主義は真のマルクス主義からの逸脱であるとされるから、そのかぎり汚染されていない真のマルクス主義を求めることになる。しかし、真の正統マルクス主義を求めるなかで、しだいに当のマルクス主義自体に懐疑をもつようになる、というのはありうることである。というのも、スターリン主義を疑うことに、実は、マルクス主義への懐疑は刻み込まれているのだが、スターリン主義反対の段階では、スターリン主義は真のマルクス主義とは違うからとマルクス主義への懐疑が隠蔽されているからである。

スターリン主義に反対し、真のマルクス主義を求める過程で、しだいに思考は自由になり、マルクス主義自体を突き放して考察できるようになる。スターリン主義はたまたまマルクス主義から逸れたのではなく、レーニン主義、いやマルクス主義そのものに孕まれていたのだ、と。

このような反スターリン主義を経由することによるマルクス主義離れは、反スターリン主義→マルクス主義離れ→テクノクラシー（技術官僚支配）理論・新保守主義という経路を歩んだシーモア・マーチン・リプセットや反共主義者となったシドニー・フックなど、数多のニューヨーク知識人にみることができる（堀邦維『ニューヨーク知識人』、Alan M. Wald, ***The New York Intellectuals: The Rise and Decline of the Anti-Stalinist Left from the 1930s to the 1980s*** など参照）。

高度成長時代に日本でもよく読まれた『経営者革命』（武山泰雄訳）の著者ジェームズ・バーナム（一九〇五～八七）のトロツキズム→反スターリン主義→リベラル反ソ・反共→テクノクラシー理論という社会的軌跡もそうである。のちのことになるが、清水自身が、理想やイデオロギーに裏切られたトロツキストがリアリズムの道を歩むとしてバーナムの例を出している（「安保後の知識人」『諸君！』一九七七年六月号）。

転向が取り沙汰

とはいっても「ニューヨーク知識人」がそうであるように、転向は一気にはおこらない。清水の場合を時間に沿ってみていこう。

六〇年安保後、安保反対の旗振りをした丸山眞男をはじめとする東大法学部教授たちは研究室に撤退したが、清水はマスコミの寵児であっただけに、撤退にしても転身にしても身の振りかたが編集者や記者たちに注目されていた。目敏《めざと》いマスコミ人は、一九六一（昭和三六）年末あたりから清水に転向の匂いを嗅ぎつけ始めていた。
そのきっかけは、同年一二月に『輔仁会雑誌』に掲載された「私の研究室」である。翌年の『図書新聞』五月一九日号に掲載された「修正主義とは何か　フージェロラと私　科学的社会主義というものは存在するか」や『世界』一二月号に掲載された「ＥＥＣとフランス共産党」で「ほぼ決定的になった」ようだと記されている（「偽装転向の季節」『自由』一九六三年二月号）。マスコミ人士の間で清水が転向したのではないかと話題になった「私の研究室」では、たとえばつぎのようなくだりがある。

……安保闘争というものも、或る人々にとっては、一つの「騒ぎ」に過ぎなかったかも知れない。しかし、私のような勉強をして来た人間にとって、この運動の発展と終末とは、今までの自分の勉強や予想の大部分がガラガラと音を立てて崩れてしまうような、西洋のインテリにとって一九三六年のスペイン内乱や一九三九年の独ソ不可侵条約がそうであったような思想的な大事件であった。既成の進歩的勢力などというのは、日本および日本人の運命を忘れ果てた偽物なのであった。私は自分というものが恥辱の中に崩壊して行くのを自分の眼で見た。だが、もし私が明日も生きねばならぬとしたら、もう一遍、私は自分を崩壊の底から作り直さねばならない。そして、その道は新しい勉強を通してでなければ切り開くことは出来ない。それだけは明らかである。こうして、何も彼も新しく勉強し直すつもりで、私は新しく恵まれた研究室に自分を閉じこめることにした。

この文章の最後の「新しく恵まれた研究室」とは、それまでの研究室は教室を改造したもので広かったために学生のたまり場になってしまっていたのだが、安倍院長が集めた資金によって一九六〇（昭和三五）年九月に新築された研究室のことである。この新しい研究室で「何も彼も新しく勉強し直す」とある。そこだけをみれば、清水は丸山眞男と同じように、研究室に退却することになったと読むことができる。

しかし、清水は丸山とはつぎのふたつの点が違っていた。丸山は六〇年安保闘争のあとすぐに研究室に退却し、一九六一年一〇月から翌年四月までハーヴァード大学特別客員教授として渡米し、アメリカやイギリスなどに滞在した。帰国後は、ヴェトナムにおける北爆に抗議する声明に加わったりもしたが、基本的には本業に専念し、「歴史意識の古層」にいたる東洋政治思想史の講義の構想を練る。丸山の言葉を使えば、「夜店」（時論）から離れ、「本店」（日本政治思想史研究）にもどった（座談会「夜店と本店と」『図書』一九五五年七月号）。

一方、清水は、前章でふれたように、六〇年安保後、現代思想研究会などで、思想運動を展開しようとしたから、研究室への退却はすぐにはおこなわれなかった。また、研究室への退却といっても、丸山は日本思想史研究など彼本来のアカデミックな研究に戻ったが、清水は、六〇年安保闘争を「思想史的事件」として、闘争を突き動かしたマルクス主義をつきつめて考えるという方向にいった。

そんな清水の決意がさきほど引用した文章に示されている。清水がいう「新しく勉強し直す」は、具体的には、そのあと書かれた「修正主義とは何か　フージェロラと私」に窺うことができる。そこでは、革命、剰余価値、疎外、物象化など、マルクス主義の「カノン(正典)」を無謬のものとして自明視することなく、新しい時代の中での有効性を検証しているからこそフージェロラの『問題としてのマルクス主義』は読むに値するのだとしている。

このエッセイを書いてから半年ほどあとに書かれた「EECとフランス共産党」では、EEC(ヨーロッパ経済共同体)の設立から一年の間にフランス共産党の権威は「最高から最低」に移り、「修正主義」とみなされてきたイタリア共産党が権威をもちはじめてきたとして、つぎのようにいっている。

……フランス共産党の立場は、現在は何一つ積極的な仕事がない、何事も資本主義の崩壊の後に、革命の後に、という「革命待機主義」であるほかはない。(中略)生活水準の向上が大衆自身にとって疑いようがなく、もう窮乏化の叫びでは誰も心を動かされないような時代に、大衆は現在の制度の中でジタバタせずに、政党の指導者と一緒に「社会主義の世界的勝利」を待っているものであろうか。

ここではフランス共産党が時代から浮き上がっていることを指摘しつつ、窮乏化の法則（資本主義がすすめばすすむほど労働者の賃金は相対的にも絶対的にも低下し、労働者は窮乏化するという予測命題）があてはまらなくなったときに、大衆にとって社会主義はユートピア思想ではありえなくなることが語られている。

清水はマルクス主義者であったことはなくても、これまでは、「自由は資本主義の復帰やヒューマニズムの微酔によつてではなく、社会主義への前進を通してのみ獲得され確保される」、「社会主義の展望と予想の下に、日常の諸問題を解釈し、その地位を決定して行かねばならぬ」（「社会主義の確認」『現代の考察』）とし、「運命の岐路に立ちて」（『私の社会観』）では共産党を支持した。「日本の革命」（『岩波講座現代思想』11）では、「憲法を守りながら、ナシクズシに社会主義を築き上げることができるであろう」とし、「平和の問題」（同）では、平和運動は「人間及び社会の作り変え」であり、「日本の独立及び革命」の問題と結びついているといってきた。清水はこのように社会主義への道を自明視していたから、さきの社会主義への疑問を感じさせるエッセイなどを読んだ者が、清水の転向を取り沙汰したのもむべなるかなである。

『精神の離陸』

しかし、この段階では、まだ、転向しはじめたのではないかという取り沙汰にとどまった。清水のエッセイは、社会主義やマルクス主義への間接的なネガティヴ・メッセージだったからである。しかし、やがて直接的なネガティヴ・メッセージが発信されるにいたる。「EECとフランス共産党」論文が発表された翌年の「無思想時代の思想」（『中央公論』一九六三年七月号）、「野党の思想的条件」（同誌、九月号）、「新しい歴史観への出発」（同誌、一二月号）の三部作である。三部作の最後の論文「新しい歴史観への出発」では、マルクス主義の磨滅が主張され、それにかわる新しい思想の提示がおこなわれている。社会主義やマルクス主義にかわる代案の提示というポジティヴ・メッセージによって、転向先が言明された。

三部作の第一論文にあたる「無思想時代の思想」は、生産と消費の条件が大きく変わり、大衆が飢餓や窮乏から免れた時代になっているのに、思想はすでに失われてしまっている条件に併せて組み立てられている、としてつぎのように書いている。

……職業的思想家や職業的革命家は、大衆の生活における新しさを否認することによって自己の職業的利益を守っており、彼らの説く思想は、大衆が関心を持とうにも持ちようのないものになっている。（中略）少なくとも当分の間、包括的で暴力的な思想体系というものは、それに特別の職業的な利益をもつ人間以外の大衆にとっては、意味も必要もないであろう。

イギリス労働党などヨーロッパにおける左派政党が退潮していること、日本の野党がマルクス主義にしがみつきリアリティをみようとせず安住している複数政党国家は、まもなく終焉すると指摘した清水の「野党の思想的条件」などを読んでであろうが、評論家大宅壮一は、このころの清水について巧みな評をしている。今まで応援してきた総評や日教組を叱っているうちに、自らの転向を第三者に証明することになる「叱り転向」だ（今日出《こんひで》海《み》「さまよえる人」『自由』一九六四年二月号）、と。

三部作の末尾をかざる「新しい歴史観への出発」では、W・ロストウやJ・ティンベルヘンによりながら計画の観念を容《い》れる余地のないマルクス主義に対して決定者や計画者としての人間を中心に据える新しい歴史観がとなえられる。この三つの論文が収められた論集が『精神の離陸』（竹内書店、一九六五）である。

論文が収録された書物の題名「精神の離陸」の「離陸」という言葉が象徴しているように、転向先を示した明確な転向宣言書である。「はしがき」には、やや唐突な感じで、同書はアフリカの影響のもとで書かれたとある。清水は、フランスの雑誌を読むことで、近代化を急いでいるアフリカでは社会主義イデオロギーはあくまで近代化のためのツールであることを知り、そのような眼で先進国についてもみなければならないとしている。アフリカにおける社会主義は経済成長の道具であるという認識はイデオロギーの終焉の認識と同義である。かくて『精神の離陸』には――マルクス主義者が無視する――体制を問わず生じている産業社会の喫緊の課題である「電子計算機」や「オートメーション」「ビューロクラシー」などについての論稿が所収されている。転向先は、さきに示したニューヨーク知識人のポスト・イデオロギー社会論＝産業社会論である。

『精神の離陸』が刊行されるに及んで、左からは転向、右からは無節操という形で清水バッシングがおきる。一九六四年ころおこなわれた梅本克己、佐藤昇、丸山眞男の鼎談（『現代日本の革新思想』上）では、清水は「棄教派」にくくられ、安保以後「新しい歴史観への出発」までの清水の転向は「アレヨアレヨという感じ」「マッハ的速さ（笑い）」とされている。

保守知識人の側からも清水批判が起きる。保守知識人には、清水ならびに清水に影響されたものたちからの批判を散々浴び、論壇で冷や飯を食わされたという遺恨がたまっていただろう。戦前を知っている保守派文化人にとっては、戦後の労働組合や日教組は戦前の軍部のように思え、清水はそういう勢力のスポークスマンにみえたはずである［注1］。

だから、いまさら清水がかれら保守知識人と同じ陣営に入り込んできたからといって、歓迎の気持はまったく生まれない。それどころか、怒りの感情が生まれる。かくて、竹山道雄や今日出海がそれぞれ、「言論の責任」、「さまよえる人」で清水批判をおこなう。これについてはすでに三章でふれたとおりである。

ひとつだけ補足しておけば、今日出海の論稿につぎのようにある。清水は、「新しい歴史観への出発」などでマルクス主義は古いといっているが、「それは清水の創見ではない、そのような考えに共鳴しただけである、（中略）鋭敏に世の動向を察知する清水君は、嗅覚の鋭敏さの故に動向を指導するよりも、動向に引き摺られている」（「さまよえる人」）。

『現代思想』

清水の転向騒ぎは一九六六（昭和四一）年に刊行された『現代思想』で決定的になる。『現代思想』はもともと敗戦直後に岩波書店から「現代思潮」という題名で依頼されたものである。「はしがき」によってみれば、何回か書き始めたが、その都度中断してのびのびになったようである。「遅れたお蔭で、新しい資料を利用する便宜が得られたのは事実であるが、私の考え方としては、あまり新しい発展はなかったように思う」としている。

しかし、戦後の平和運動や六〇年安保の経験がなかったら、このような内容の本にはならなかったはずである。実際、清水がこの本を書き始めたのは、六〇年安保の興奮がおさまった一九六四（昭和三九）年ころである。学習院大学の研究室や箱根の別荘などで三分の一ほど書き上げて、六五年に残りの三分の二をまとめた（「私の一九六四年　師走に思うこと」『週刊読書人』一九六四年一二月二一日号）。

『現代思想』は、マルクス主義に代表される一九世紀の壮大な大真理をもとめる体系の科学が崩壊に近づいた二〇世紀初頭の風景からはじまり、イデオロギーの支配から、検証可能な調査と数量科学にもとづいた計画による管理と統制のインダストリアリズムの時代への変化が語られる。新しい時代の象徴を電子計算機とレジャーにみて、これらについても詳述している。

わたしはさきの清水の転向を示す三部作論文が出たころは大学生だったが、もともと清水の熱心な読者ではなかったし、キャンパスでは革新幻想が支配的であった。「革新」というキャンパスの体制にいくらかの疑問はもったが、清水の三部作などの論文を読むことはなかった。『精神の離陸』も読まなかった。

その翌年、『現代思想』（上下）が岩波書店からでる。ちょうど就職して日本の企業社会の一員になったころである。キャンパスの革新幻想支配から脱し、高度成長で大きく変わりつつあるビジネスの世界の空気に接したときである。カッパブックスの『経営学入門』（坂本藤良）などがよく読まれていた。『社会学講義』や『社会心理学』『論文の書き方』『社会学入門』を教養課程（一、二回生）の大学生のとき読んで以来、久方ぶりで清水の著書を読んだ。

『現代思想』は、これまでのマルクス主義の世界からの変貌という視点で書かれているから、キャンパスの革新幻想に染まっていたものには、いきなり『経営学入門』などを読むより、わかりやすかった。一九六〇年代半ばは専門技術知の開発や経済の高度成長にともなって、テクノクラート的職種が増えたことと、六〇年安保闘争の敗北で革新知識人という「思想インテリ」の神話が崩壊したことで、論壇では、イデオローグや社会哲学者ではなく、エコノミスト、システム・アナリスト、経営官僚の時代だというスローガンが擡頭していた。「思想インテリ」から「実務インテリ」、「抵抗型」知識人から「設計型」知識人への転換がいわれるようになっていた。また思想や哲学に代わって、漸進的な改革をめざす社会工学の時代だともいわれていた。

インダストリアリズム論自体は、ロストウの『経済成長の諸段階』や、クラーク・カーなどの『インダストリアリズム』、そして、ライシャワー路線といわれた近代化論（『日本近代の新しい見方』）などで当時流行の理論だったから、清水の『現代思想』の論説それ自体はそれほど目新しいもののようにはみえなかった。

さきほど今日出海が清水の「新しい歴史観への出発」を「動向に引き摺られている」といったことにふれた。当時わたしは今日出海の論文を読んではいなかったが、『現代思想』については、今《こん》とまったく同じ感想だった。ここまで言い切っていいのだろうかと思うと同時に、清水の思考の振幅の大きさに違和感をもつところはあった。

わたしにとっては、清水の過去の論稿によって編集され、一九六八（昭和四三）年に刊行された『日本的なるもの』（潮新書）のほうが、よほど面白かったことを憶えている。これは日本文化論ブームに棹さしたものである。あとにふれることになるが、ここに所収されている「日本人の自然観」や「匿名の思想」「庶民」は、いま読んでも名論文だと思う。

今回、あらためて『現代思想』に目を通してみて、巻末の文献解題の最初にあるL・マルクーゼ（新左翼に影響を与えた哲学者H・マルクーゼとは別人）『わが20世紀』（*Mein 20. Jahrhundert: Auf dem Weg zu einer Autobiographie*, 1960）の簡単な解題に清水の思いが込められていると思ったので、ここに引用しておこう。

　一八九四年、彼はベルリンに生まれ、ジンメルやリッケルトについて哲学を学んだが、哲学者にはならなかった。「賭けることを知らなかったら、人間は何になるであろう。自由な著述家！　それに私はなった。そして、……アカデミックなものをジャーナリズムへ引き入れた。……著述家的な学者、学者的な著述家、それが私の生涯で一番骨の折れる仕事の一つになった。専門哲学者と啓蒙家とは、私の避ける二つの難所になった。」（中略）彼が自分の生活の中から語っている意見および感情は、しばしば、私の意見および感情であった。それには、絶えず、社会主義の影が射している。

その影は暗い。（傍点引用者）

著者のマルクーゼが、フリーランスのジャーナリストとなりながらも、哲学者としてのアイデンティティを保持して「著述家的な学者」「学者的な著述家」として生きてきたことに自身を重ねたのであろう。また、ジャーナリズムはもっとアカデミックに、アカデミズムはもっとジャーナリスティックにというかれの年来の主張とも重なっていた。

閑話休題。『現代思想』で清水の転向あるいはマルクス主義離れが完了した。週刊誌でも「清水幾太郎教授書斎にかえる」（『サンデー毎日』一九六六年七月三日号）で「進歩的文化人の〝転向〟をめぐる波紋」としてふれられている。これには清水本人やかつて清水と行動をともにした人々のインタビューが載っているが、記者の最後の質問、「安保再改定の一九七〇年にどうするか」に、清水はこう答えている。

それはわかりません。（中略）私は思いつめるたちですし、何にでも興味をもつ人間だから、そのうちに何かやりますよ。

「そのうちに何かやりますよ」といったこの時点では、清水の「何か」を予測していた者はいなかったであろう。いや清水自身が知る由もなかった。

最終講義

『現代思想』刊行のあと清水は「倫理学ノート」を『思想』（一九六八年一一月号〜）に連載しはじめる。そのころに学習院大学教授を辞職する意思をかためた。このときの清水は六一歳だったから定年の七〇歳まで九年ほど残していたのだが、レジャー施設化した大学に愛想がつきたことが定年前退職の大きな引き金になったようだ。一九六九（昭和四四）年一月一八日、学習院大学で最終講義がおこなわれる。午後一時半からはじまり、学生や教え子、マスコミ関係者など主催者側発表によれば約八〇〇人が詰めかけた。

演題は、四〇年前の清水の卒業論文のテーマであり、その後も折にふれて研究してきた「オーギュスト・コント」であった。わたしはこのとき、東京大学紛争の特集が掲載されたこともあるが、清水の最終講義を読みたいばかりに、『中央公論』一九六九年三月号を購入した。いまも手元にある。この『中央公論』三月号の実売数は、前号（九万四〇〇〇部）より一万八〇〇〇部も多い一一万二〇〇〇部だった。

清水の最終講義はこんなふうにしてはじまる。清水がはじめて社会学を上智大学で講義したときのこと、一学期をおわったところで、受講学生がやってくる。学生は、「先生は、一学期中、コントの話ばかりしていらっしゃいましたが、あのコントというのは、有名なカントとは違うのですか」「先生が洒落て、カントのことをコントと発音していらっしゃるのかと思っていました」という。一学期間受講して、カントとコントを取り違えるなどとは考えにくいから、この冗談は作り話めいてはいるが、さすが講演の名手らしく、要所要所にこの手の冗談を入れながらの講義となっている。

わたしがこの最終講義が掲載された『中央公論』誌の背表紙にマジックで「オーギュスト・コント」と書いて書棚にずっと置いていたのは、特別な思い出があるからである。わたしは一九七三（昭和四八）年から大学教師になり、教養課程の社会学を講義していた。最初の授業では、社会学の名称「sociologie」（ソキウス〔社会〕というラテン語とロゴス〔学〕というギリシャ語の合成語）の創始者であるコントを簡単に紹介し、そのあと、正式の名前は、イジドール・オーギュスト・マリ・フランソア＝グザヴィエ・コントといい、「寿限無寿限無みたいなもの」であるなどといったものである。これは清水の講義からの借用だった。しかし、わたしが教えたころになると、すでに落語が国民的教養でなくなっていたせいで、そもそも「寿限無寿限無」とは何かを説明しなければならなかったという思い出もある。

清水の最終講義に話を戻す。このころはちょうど大学紛争のときであり、この最終講義は奇しくも機動隊が全共闘学生の占拠する安田講堂に入った日に行われた。そんなことから東大紛争についてもふれている。コントになぜ魅力を感じ、卒業論文にしたかをつぎのようにいっている。自分は東京の下町生まれのせいか、帝国大学の先生が「学者や研究者であるより先に官僚」であることや、その「冷たさと狭さ」に違和感をもち、それゆえコントの自由な生き方に憧れ、それが学説への興味となった、と。そしてつぎのように喋っている。

私は、最近の東大のことは知りません。加藤代行以下の諸君が何を考えているのか、私は知らないし、あまり興味もない。興味もないが、私がかつて味わった東京帝国大学の非人間的な冷たさと狭さとがどこかに残っているということが、恐らく、反日共系の諸君の行動の一部の原因であろうと考えます。

聴衆のなかの学生たちを中心としたものであろうが、ここで大きな拍手が湧く。最終講義では、東大紛争についてはこれ以上ふれなかったが、講義の一ヶ月ほどあとに「信濃毎日新聞」（一九六九年二月一四日）に掲載された「東大紛争・私の立ち場」では、戦後日本社会は民主化ということで大きく変わったにもかかわらず、東大は、自分が学生と助手（副手）として東大にいたころの三〇年前とちっとも変わっていないとして、つぎのように肯綮《こうけい》に中《あた》る指摘をしている。

毛沢東もゲバラも手近にあったから使われただけで、マルクス主義の理論は手段にできない。政府としても、これを新しい型の革命として理解する、広範で鋭い態度がないとダメなんじゃないですか。

講義の最後に、清水は自分の一生を一冊の書物の章にたとえてつぎのように話した。第一章は少年、生徒、学生として過ごした卒業論文までの約二〇年間。第二章はフリーランサーや「読売新聞」の論説委員だったジャーナリストとしての約二〇年間、第三章は、一九四九（昭和二四）年から現在までの学習院大学教授としての二〇年間。これからが第四章のはじまりだという。

第四章のはじまりである一九六九年四月には、新宿区大京町の野口英世記念館の二階の二室（現在は建物自体がこわされ残っていない）を研究室にし、「清水研究室」という看板を掲げる。研究室での生活は、午前一〇時から午後一時半まで執筆と読書、午後二時半まで昼食、三時半まで来客、五時半まで勉強という具合だった。清水は小さいときに体が弱かったこともあって、仕事は昼間だけ、夕食後は仕事をしないという習慣を守ってきた。「夜間に仕事するのは芸者と怠け者」が口癖だったから、研究室で『思想』連載の「倫理学ノート」などのための読書や執筆をおこなった。半年ほどたって、清水研究室で月に一度談話会が開かれることになった。いよいよ「何かやりますよ」の言葉が現実化することになる。

プレゼンスに翳り

清水は、『現代思想』で、マルクス主義に代表される大思想の終焉と脱イデオロギーのインダストリアリズムの時代の到来を告げた。マルクス主義の破綻過程については清水自らコミットメントした思想についての言及だから、そのかぎり内在的な破綻論になっており、マルクス主義に懐疑的な読者に訴えるものがあった。しかし、大思想破綻のあとのインダストリアリズム論それ自体には目新しさはなかった。

ここで図6―1をみてほしい。清水が雑誌に執筆を開始した一九二九（昭和四）年から亡くなる一九八八（昭和六三）年までのエッセイ・論文などの年度別執筆数をみたものである。再録や対談などは除外し、書評や外国文献紹介は執筆本数にカウントしている。序章でふれた執筆目録をみると、著書一三五冊、訳書三九冊、編纂・監修四三冊、執筆数（著書も含む）二五八二である。図6―1の執筆数合計二二四六とは齟齬がある。それは図6―1では、重複を除外し、座談会やインタビュー、推薦文、グラビアなどは含まないという条件を設定して集計していることによる。

一九二九年、三〇年の執筆のほとんどは、学術誌での外国文献の紹介である。清水はまだ東京帝大生だったからである。卒業後の清水は、フリーランス（「読売新聞」論説委員となったのは、一九四一年七月）だったということもあるが、一九三五年から日米戦争がはじ

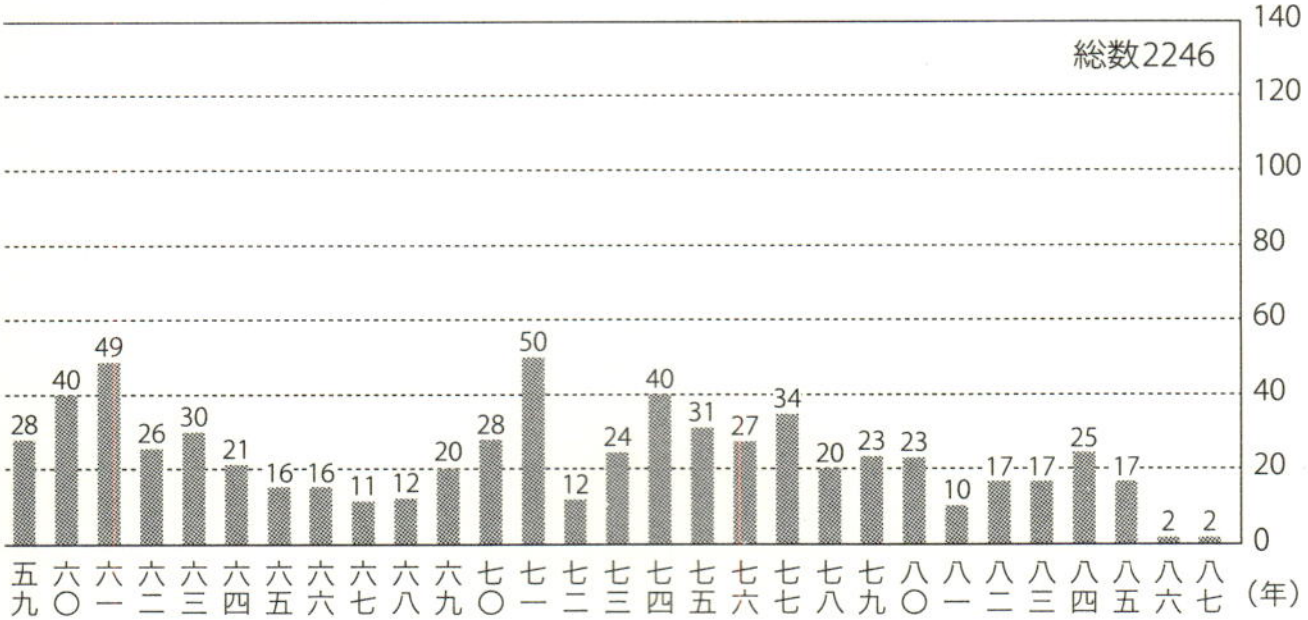

まる一九四一（昭和一六）年までの七年間の執筆数は五六三本、一ヶ月の平均執筆数は六・七本となる。一九三八（昭和一三）年と三九年をみると、「東京朝日新聞」の嘱託という職務上の理由もあったが、一年に一二〇本以上、執筆している。一ヶ月の平均執筆数一〇本である。戦後は、「読売新聞」論説委員を辞職したことと学習院大学教授という定職を得た（一九四九年三月末就任）ことや平和問題談話会などの社会的活動が加わったこともあって戦前と比べて執筆数が減ったが、それでも一九四五〜六一（昭和二〇〜三六）年は総執筆数八九一本で、一ヶ月の平均執筆数は四・四本である。

　雑誌の執筆は、原則的には依頼がなければ不可能である。執筆数は清水がそれだけの量を書いたというにとどまらない。それだけの依頼数があったということである。図6-1は、清水が戦前、

図6-1：清水幾太郎の年度別執筆数

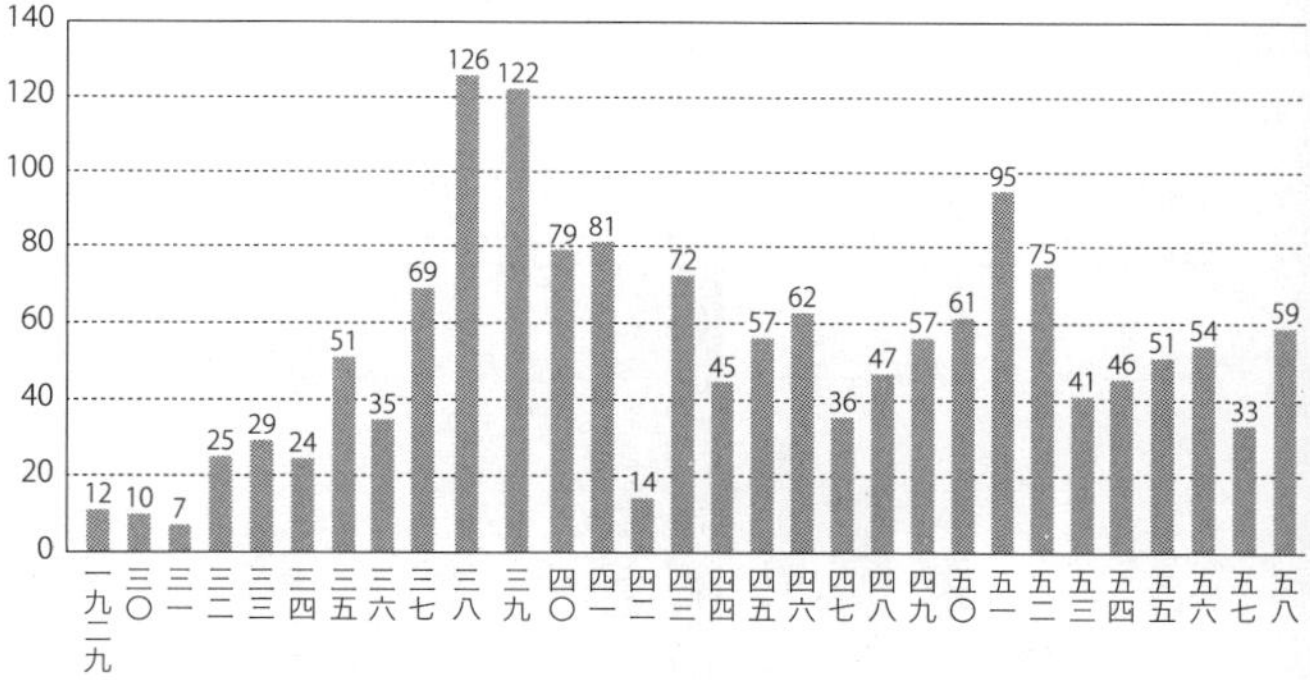

そして戦後もマスコミの寵児（メディア・スター）であったことを数字によってあらためて示すものである。

　しかし、六〇年安保の余韻が冷めた一九六二（昭和三七）年からは執筆本数はかなり減っている。一九六二〜六八（昭和三七〜四三）年は、総本数一三二本、一ヶ月の平均執筆数一・六本である。一九四五〜六一（昭和二〇〜三六）年の平均執筆数に比べて半減どころか、三分の一に減ってしまった。

　図6-2は、雑誌に掲載されたエッセイや論文ではなく、著書の数を五年単位で集計したものであるが、これをみても一九六〇〜六四年は三冊（『現代を生きる三つの知恵』など）である。三冊は決して少ないとはいえないが、五年間で一〇冊以上刊行していたそれまでと比べれば大幅に減っていることがわかる。

図6-2：清水幾太郎の時期別著作数

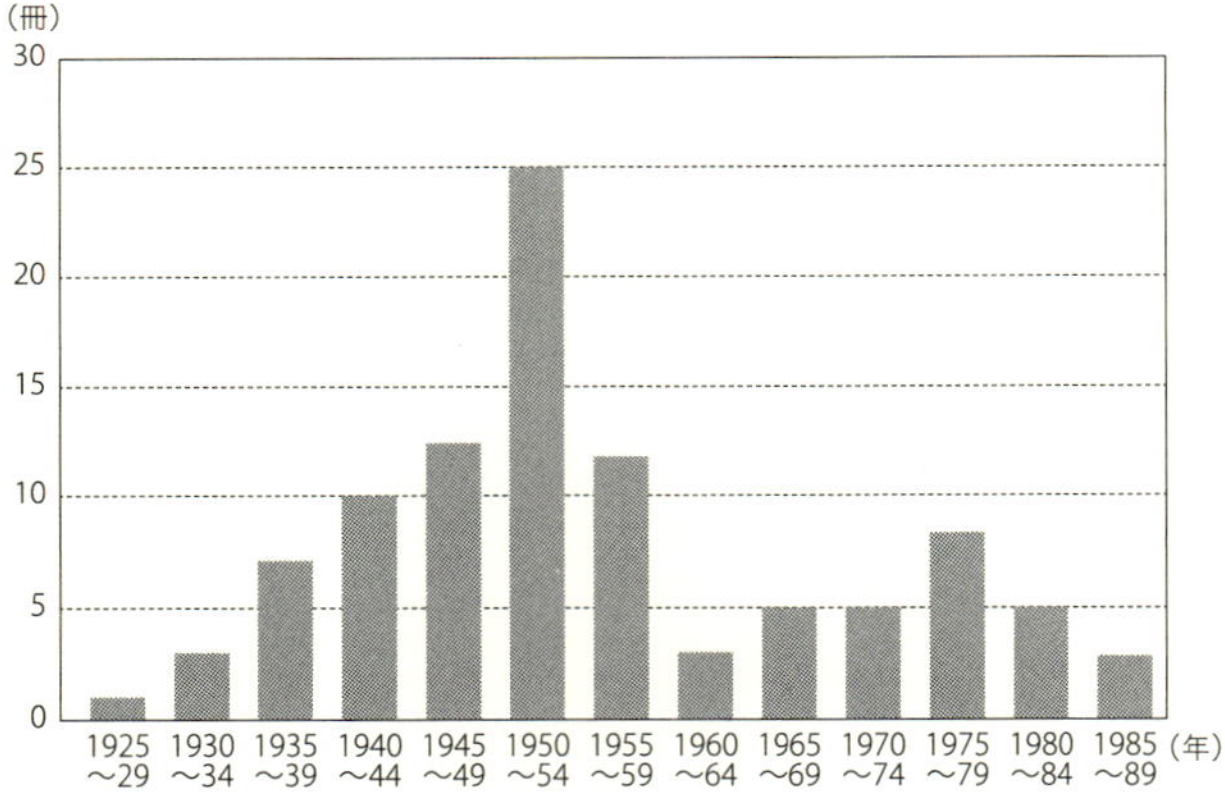

出所：大久保孝治「清水幾太郎の『内灘』」『社会学年誌』45, 2004.3

一九六二年は清水五五歳、一九六八年でも六一歳であるから、執筆数の減少は年齢的なものとは考えにくい。『世界』『思想』『中央公論』『文藝春秋』『諸君！』（『諸君』の創刊は一九六九年七月）などの代表的な雑誌への寄稿数を年度別にみたのが、表6-1である。清水は戦後、これらの雑誌のいずれかに年間で一〇本前後書いてきたことがわかる。ということは、ほぼ毎月、代表的な雑誌に寄稿してきたということである。しかし一九六五～六七年には、さきにあげた代表的雑誌への執筆数は、年間〇～二本にとどまっている。

出ずっぱりだったメディア知識人としての清水のプレゼンスに翳りがみえるようになる。『現代思想』刊行後も執筆本数はふえてはいない。『現代思想』は、過去の清

表6-1：雑誌への清水の年度別執筆数

	世界	思想	中央公論	文藝春秋	諸君！	計
1945	−	2	−	0	−	2
1946	5	0	1	0	−	6
1947	1	1	13	0	−	15
1948	6	1	4	0	−	11
1949	7	1	1	0	−	9
1950	9	2	0	1	−	12
1951	6	4	1	1	−	12
1952	4	4	0	4	−	12
1953	4	2	1	0	−	7
1954	2	0	5	1	−	8
1955	5	5	0	0	−	10
1956	13	3	0	0	−	16
1957	6	4	2	0	−	12
1958	4	5	1	0	−	10
1959	6	4	0	1	−	11
1960	3	4	1	0	−	8
1961	3	2	1	1	−	7
1962	5	4	1	0	−	10
1963	0	2	4	0	−	6
1964	5	0	1	0	−	6
1965	0	2	0	0	−	2
1966	1	1	0	0	−	2
1967	0	0	0	0	−	0
1968	0	2	1	1	−	4
1969	0	7	2	0	2	11
1970	0	5	1	0	0	6
1971	0	4	0	1	1	6
1972	0	3	0	0	1	4
1973	0	1	2	3	7	13
1974	0	0	8	0	12	20
1975	0	1	13	1	7	22
1976	0	0	6	11	1	18
1977	0	0	0	8	1	9
1978	0	0	1	1	0	2
1979	0	0	0	0	0	0
1980	0	0	0	0	2	2
1981	0	0	0	0	2	2
1982	0	0	0	0	10	10
1983	0	0	0	0	0	0
1984	0	0	0	1	12	13
1985	0	0	1	0	1	2
1986	0	0	0	0	0	0
1987	0	0	0	0	0	0
計	95	76	72	36	59	338

出所：「執筆目録」（『清水幾太郎著作集』19）より計算作成

水自身をはじめとするイデオロギーに取り憑かれた人々に引導を渡す試みだが、それ以上でも以下でもない。現代的関心を喚起し耳目を驚かせることはすくなかった。あとに詳しくみるように、福田恆存《つねあり》が、のちに出る清水の「核の選択――日本よ 国家たれ」論文について、清水はすでに多くの人がいっていることを繰り返したにすぎないのだが、あの清水がここまでいっているということで訴求力をもったとした(「近代日本知識人の典型――清水幾太郎を論ず」『中央公論』一九八〇年一〇月号)が、『現代思想』の反響もそれと似たところがあった。

それに対して、一九六八(昭和四三)年一一月号から『思想』に連載した「倫理学ノート」(一九七二年に『倫理学ノート』として岩波書店から刊行)は、人間における非合理なものやフォーマリズム科学(数学式や論理式により命題を定立する科学。命題の真偽は経験的妥当性ではなく、論理的整合性によって判定される)によって掬《すく》い上げられない部分に焦点を合わせ、デカルト的な厳密な学の不可能性に立ち入ったユニークな論稿である。清水自身の言葉を引用すれば、つぎのようである。

現在は、逆に、他の社会諸科学が経済学の真似をする傾向が顕著である。処理し難い変数を与件として捨象し、透明なシステムを作ろうとする人々が方々に現れている。(中略)ことによると、多くの社会諸科学が一斉に面倒な変数を外部へ追い払うことによって身軽になり、身軽になった社会諸科学の間に、協力というか、調和というか、一つの美しい関係が成立して、それが「統合」などと呼ばれるようになるかも知れない。そうなれば、リアリティは、どの科学からも締め出された諸変数の怨恨で充満するであろう。野性的エネルギーは、研究者の間から消えた量だけ、リアリティの側に現れるであろう。

『現代思想』にそれほど感銘を受けなかったわたしであるが、『倫理学ノート』には、引きつけられた。当時、計量経済学など社会科学の数量化がはじまっていた。哲学においてさえも（自然）科学主義に棹さして分析哲学が流行しはじめていた。『倫理学ノート』のおもしろさは、そうした傾向、つまり科学的体裁を整えるための「内部的合理化」によるフォーマリズムに対する警鐘にあった。

もっとも、『現代思想』でも、レジャーの時代を迎えた人間の「何もしないでよいと同時に、何をしてもよい」という底知れぬ孤独にふれている。合理化され余暇が増大される未来がニヒリズムとセットで描かれていた。『倫理学ノート』は『現代思想』の陰の部分を描いていた。しかし、発表媒体が『思想』であることが象徴しているように、ジャーナリスティックではなくアカデミックな関心に沿う論稿だった。清水が『現代思想』刊行の後に週刊誌記者にいった「そのうちに何かやりますよ」の「何か」ではない。

東京が滅茶苦茶になる

そのような状況のなか、一九七〇（昭和四五）年を迎えることになった。清水は、満を持し、狙いすましたように「見落された変数——一九七〇年代について」を『中央公論』（一九七〇年三月号）に発表する。

世は未来学（futurology）が流行っていたが、未来論ではインダストリアリズムの反復と延長で、芸がなさすぎる。明るい未来学の潮流に反する問題提起こそ警世の言論となる。未来論に反する問題提起といえば、公害も社会問題となっていたが、これは猫も杓子もいっている。六〇年安保を闘った者がいまや公害問題に乗り換えている。目新しさはないし、そんな仲間と同じ船にまた乗っても仕方がない。そこで飛びついたのが地震である。アラーミスト（騒々しく警鐘を乱打する人）としての清水がはじまった。意地悪くいってしまえば、そういう見方もできるかもしれない。

地震こそ清水の十八番である。清水は、一六歳のとき関東大震災（一九二三年九月一日）で被災する。死者・行方不明者一〇万人余。二学期の始業式を終えて、自宅で昼食をとっているときである。激しい振動で二階がつぶれた。落ちた天井を夢中で壊して這いあがった。地震のおそろしさを経験した清水はそのときの朝鮮人虐殺にいたる噂の伝播などから『流言蜚語《ひご》』（日本評論社、一九三七）を書き、六〇年安保闘争の最中に関東大震災を題材に「日本人の自然観――関東大震災」（『近代日本思想史講座』3）を書いた。「日本人の自然観」や『わが人生の断片』などで関東大震災の実体験について、清水はこう書いている。地震後、流行ったのが天譴《てんけん》論だった。「天譴」は、もともとは天子に下される懲戒であったが、転じて天のとがめ、天罰という意味になった。関東大震災は、天譴つまり、軽佻浮薄な日本社会に対する天罰だといわれだしたのである。

震災で一ヶ月おくれの新学期がはじまった。山の手に住む級友の多くは、いままでと同じような制服制帽で登校した。山の手の少年たちは無傷だった。清水だけがやっと集めた夏物のシャツとゴム足袋姿だった。級友たちはそんな姿で号令をかける級長の清水を笑った。

一時間目に修身の授業があった。先生は、黒板に「天譴」と「天物暴殄《てんぶつぼうてん》」（天が授けてくれた品物をそこないすてること、また礼法を乱すこと）と書き、地震はわたしたちの贅沢三昧に対して天が下した罰であると話した。清水は、もっとも大きな被害を蒙った人々は「天物暴殄」ともっとも遠い下町の人々であったことと、下町の善人も悪人も区別なく一様に天罰がくだったことを先生はどう考えているのかと思った。それに「天譴」といった先生は何の被害も受けていなかった。かくて、清水は先生の話が終わらないうちに、「若し天譴であるならば、本当に贅沢をした人間が罰を受けるべきではないでしょうか」という質問をすることになった。

地震については清水は自身の体験だけでなく、いくつもの体験にもとづいた論稿を書いてきた。これを念頭において「見落された変数」は書かれた。

技術革新や経済成長によって自然の馴致《じゅんち》がすすんだが、他方で自然の反逆がはじまったことを公害と地震を題材に論じている。清水は「私たち日本人は、遠い昔から今日まで――恐らく、遠い未来に至るまで――大地震によって脅かされるという運命を担っている民族なのであります」とし、論文の最後に、わたしたちにできることをつぎのように言っている。

それは、東京を中心とする関東地方において、道路、河川、工場、交通、住宅、自動車など諸方面に及ぶ公害の除去および防止に必要な根本的諸政策を即時徹底的に実施するということです。（中略）それは、或る意味において一つの革命であります。この革命が達成されなければ、一九七〇年代に、遅くとも一九八〇年代に、東京は何も彼も滅茶苦茶になり、元も子も失ってしまうでしょう。

「文春に書くわけないだろうが！」

「見落された変数」は、来るべき大地震という警世論の頭出しだったが、翌年、『諸君！』一九七一（昭和四六）年一月号には、「関東大震災がやってくる」というそのものずばりの題名の文章を書く。ここで清水が『諸君!』に執筆するようになった経緯にふれておこう。

表6-1(三〇九頁)にみることができるように、戦後、清水は、『世界』の常連執筆者だったが、一九六五(昭和四〇)年あたりから執筆をしていない。一九六六年には、九月号に「安倍学習院長追悼の辞」を執筆しているが、清水のオピニオンを書いたものではないから、実質的には一九六四年で『世界』との縁は切れているといえる。といってもそのころから『中央公論』に執筆の舞台を移したというわけではない。だから、論壇から遠ざかっていた、いや、発表場所がなくなっていたともいえる。清水が再び論壇に居場所が得られることになったのは、『諸君!』を媒体にすることによってである。なお表6-1では一九七四~七六年の『中央公論』への執筆回数が多いが、それは、「今月の言葉」という短いシリーズものを連載していたことによる。

『諸君』は、一九六九年七月号が創刊号である。創刊から半年ほどは、誌名の『諸君』には、「!」がなかった。「!」がつき『諸君!』となったのは、一九七〇年一月号からである。清水と『諸君!』とのかかわりには、つぎのようなエピソードがある。

すでにふれたように、一九六九年三月、清水幾太郎は、二〇年間勤めた学習院大学を退職し、四月、新宿区大京町の野口英世記念館の二階に清水研究室を設けた。清水は、この研究室で『思想』の連載論文「倫理学ノート」の執筆をしていた。このころ文藝春秋で

『諸君』の刊行が決まった。編集部員として予定されていた東眞史は、研究室に清水を訪ねた。このとき清水は六二歳。東の人柄もあろうが、清水は、気さくで親切だった。東は、執筆に脈ありと思い、編集会議で清水を執筆陣に加えることを提案した。池島信平社長と『諸君』初代編集長田中健五がそろってこういった。「バーカ。清水幾太郎が文春に書くわけないだろうが！」。

といっても表6-1の『文藝春秋』欄の一九六八年までにみることができるように、清水が文藝春秋を代表する雑誌『文藝春秋』にまったく執筆していなかったというわけではない。『文藝春秋』への寄稿は、『世界』『思想』『中央公論』に比べると少ないが、一〇回は寄稿している。しかし、そのうち四回は巻頭の随想欄である。長めの評論は、一九五〇年二月号の「右と左の暴力」だけで、それ以来『文藝春秋』に評論は書いていない。

たしかに清水は六〇年安保後、右旋回し、「新しい歴史観への出発」などを『中央公論』に発表していた。右旋回だけをみれば、『諸君』執筆に脈がありそうである。しかし、清水はそもそもが岩波文化人。『世界』に執筆場所をもちえなくなっても、『思想』に連載論文を書いている最中である。評論の寄稿先としては、『中央公論』あたりがリミットだろう、文春系にまで執筆場所をのばすはずがない。これらがあいまって、池島や『諸君』編集長の「バーカ」発言となったのだろう。

しかし、清水は、『諸君』創刊号で、インタビューに答える形式であるが「戦後史をどう見るか」に登場している。東の熱意と新しい執筆場所を探していた清水の意向とが合致したことになる。またインタビュー記事である「来るべき社会の主役は何か」が同年一〇月号に掲載された。「関東大震災がやってくる」は、『諸君』（『諸君！』）への三回目の登場である。

「関東大震災がやってくる」

「見落された変数」で提起された地震問題は、「関東大震災がやってくる」では自分の体験をまじえ、全面的に取り上げられる。

清水は、地震学者河角《かわすみ》広（元東大地震研究所長、一九〇四～七二）の関東南部大地震の六九年周期説――69±13年――をもとにこういう。関東大震災から六九年目は一九九一年である。一三年の幅を考えると、一九七八（昭和五三）年もその範囲内ということになる。とすれば、一九七〇年代は関東大震災並みの大地震が東京に起こりうるということになる。たしかに、東京都はいろいろな対策を考えているようだが、構想の段階で手をつけていない。そんなことで間に合うか、というものである。しかし、この論文には何の反響もなかった。「関東大震災がやってくる」を書いて二年八ヶ月のちの新しい論文では、これまで地震の危険を指摘した論文を書いたが、反響がなかったことを問題にし、こういう。

……私は、右の文章（「関東大震災がやってくる」論文――引用者）のゼロックス・コピーを作り、多くの国会議員に読んで貰おうとしました。けれども、私が会った国会議員たちの態度は、多くの編集者の態度より、もっと冷たいものでした。「地震は票になりませんよ。」

（「読者に訴える」『中央公論』一九七三年九月号）

一九七五（昭和五〇）年には、関東大震災の被災者の手記を集めた『手記 関東大震災』（新評論）の監修もおこなっている。清水の東京大震災の予言ははずれたが、「関東大震災がやってくる」から二四年後、阪神淡路大震災が起きる。さらにその一六年後の東日本大震災、そして二〇一六年の熊本地震。清水は、地震は「遠い昔から今日まで――恐らく、遠い未来に至るまで」の日本の運命と言い添えていた。日本のような豊かな国が大地震のための「革命的」方策をとらないで大地震の到来を黙って待っているのか、といまから四〇年も前に警鐘を鳴らしていたのだ。「日本人の自然観」や『流言蜚語』はもとより清水の地震関連についての記述はあらためて着目してよいものである。

敗戦直後、一人娘の禮子が通う立教女学院の生徒たちに話したことをもとにしたものであるが、清水はつぎのようなことも書いている。

清水の家も商売も関東大震災で壊滅した。父は急に老人のようになってしまった。清水は旧制中学校生（一六歳）だったが、長男で、父母、弟妹を養う役目を背負った。焼け跡にバラックをつくり、そこで商売をはじめ学校に通いだす。新しい力が湧いてきた。自分が別人のようになったことを感じた。それから二二年後、今度は敗戦で東京は焼け野原となった。清水は関東大震災のときの自分と同じ年頃の敗戦直後の生徒を前にしてこういった。

自分は、敗戦で、関東大震災のときの父や母のように力を落としていますが、みなさんのほうは若いときの私のように不思議な力を感じているのではないか。大きな重苦しい問題に気づきながらも、新しい元気でニコニコしているのではないか。皆さんの若さからくる不思議な新しい力で「この不幸な日本の本当の巣立ちのために働いてくれることを深く信じてゐます」と結んだ（「巣立ち」『日本の運命とともに』）。清水にこう励まされた世代こそ戦後の復興を担った人々だった。清水の地震関係の論文はいまでも読み直されてよいとしたが、この言葉もまた今、思いだされてよいものである。

「見落された変数」や「関東大震災がやってくる」「読者に訴える」といった論文がどれくらいのインパクトをもったかはわからないが、清水が健在であることのアピールにはなったであろう。そのせいか執筆数はこのころからまた回復しはじめた。

リヴィジョニズム戦後日本論

「見落された変数」や「関東大震災がやってくる」という警告論文を間奏曲として、以後、清水節は激しい論調となる。

その手始めは、『諸君！』一九七三（昭和四八）年三月号に発表された「天皇論」である。これは、清水がドイツの学者に日本社会論を頼まれて玉野井芳郎（経済学者、一九一八〜八五）とまとめつつあった東アジアの学問と社会シリーズの第二巻（*Wirtschaft und Gesellschaft Ostasiens*, Bd. 2）『日本の社会——社会集団と社会過程』（*Gesellschaft Japans: Soziale Gruppen und Sozialer Prozeß*, Westdeutscher Verlag, 1976）所収の論文 *Kontinuität des Tenno-System*（「天皇制の連続性」）をもとにしたものである。

この論文が書き上げられたことを知った『諸君！』編集部の東眞史の慫慂《しょうよう》でドイツ語版よりひと足さきに『諸君！』に発表されることになった。清水は東に掲載を促されたとき、「日本人なら誰でも知っているイロハのようなもので、今更、それを日本の読者に提供しても……」といって渋ったが、掲載されると、この号はかなり売れることになる。一九七三年度の『諸君！』の月平均実売数は三万部だったが、清水の「天皇論」と「ベンダサンの日本歴史」が掲載された三月号の実売数は、平均より五〇〇〇部多い三万五〇〇〇部に達した。日本の歴史について予備知識が乏しい外国人向けに書かれた論文であることが、かえって日本の読者に受けることになった。

というのは、この論文が掲載されたころの大学生などの二〇歳前後の若い人々は、戦後生まれで、戦前を知らない世代が厚みをましていたからである。また年長世代にとっても暗黒の戦前と明るい戦後、戦前と戦後の断絶、というような戦後民主主義史観に対して距離をもって眺められるだけの時間がたったことも大きい。そうしたことから、天皇がいかに日本社会の統合機能をはたしてきたかを説明した外国人読者向けの記述がかえってわかりよい話になった節もある。

日本について知識が乏しい外国人向けとはいっても単なる概論ではない。論述の方向性は、知識人の世界では天皇支持は少数派であるにしても、多数のふつうの人々の間では天皇支持は公理であったとして、戦後の知識人中心の天皇観を訂正するものだった。また、「(日本人の天皇観の――引用者) 将来を予測するに当っては、広く国民の間に見られる天皇支持の傾向と、その廃止を強く要求する日本共産党の今後の発展との間に生まれる緊張が最も重要であろう」といい添えている。インパクトもあった［注2］。

『諸君！』同年七月号から二五回（一九七五年七月号まで）にわたって、自伝「わが人生の断片」が連載された。右旋回のあとに書かれた回顧録であることもあり、平和問題談話会の活動と六〇年安保改定反対運動の内幕を暴露したものとなっている。清水が早くから感じていた官学知識人への違和感が直截に書かれている。これまでいくつか引用してきたように、丸山眞男などの進歩的東大教授への反感も書かれている。この自伝で清水は多くの友人を失うことになったといっている（文春文庫版〔一九八五〕の「後記」）。

こうして、清水は表6－2にみることができるように、『諸君！』の常連執筆者となる。

表6-2は、『諸君』一九六九（昭和四四）年七月号（創刊号）～七六年六月号の執筆回数ランキングである。清水の執筆回数は、児島襄《のぼる》（作家、一九二七～二〇〇一）、イザヤ・ベンダサン、山本夏彦（評論家、一九一五～二〇〇二）、西義之（ドイツ文学者、一九二二～二〇〇八）、佐伯彰一、山本七平についで七位となっている。

「天皇論」を皮切りに、清水は、新しい戦後日本がはじまった、とリヴィジョニズム（歴史修正主義）戦後日本論を開始する。第一弾がさきに触れた「天皇論」だとすれば、第二弾として「戦後教育について」が『中央公論』一九七四（昭和四九）年一一月号に発表される。「忽ち夥しい部数のゼロックス・コピーが全国で作られた」（「あとがき」『戦後を疑う』）と清水はいっている。

『中央公論』一一月号の実売数は九万二〇〇〇部。この年の『中央公論』の月平均実売数八万六〇〇〇部とくらべて六〇〇〇部も多い。清水論文の掲載号が売れた。清水のいうとおりの大きな反響があった。つづいて第三弾の「戦後を疑う」が『中央公論』一九七八年六月号に発表される。清水はこれも「掲載されるや否や、（中略）各地各所ゼロックス・コピーが作られ、雑誌から独立して、広く多数の人々に読まれるようになった」と書いている（同前）。しかし、掲載誌の『中央公論』を実売数でみると、七万六〇〇〇部で、この年度の平均とほぼ同じである。先行する同年一月から五月号までの平均の八万部を下回ってさえいた。このときは、掲載雑誌それ自体はさほど売れなかったようである。

一九七〇年代半ばには、戦後民主主義批判からはじまり戦後批判が喧《かまびす》しくなっていたから、「戦後教育について」のような各論ではない、一般論としての戦後批判論がそれほど新鮮でなくなっていたからかもしれない。また、中庸を好む『中央公論』読者のテイストと合わなかったことによるのかもしれない。それはともかく戦後日本論三部作がこれで終わる。「戦後を疑う」までの三部作は、一九六三（昭和三八）年の三部作「無思想時代の思想」「野党の思想的条件」「新しい歴史観への出発」の延長線上にある。

「戦後を疑う」で注目すべきは、戦後民主主義に代表される価値体系は戦前の治安維持法への復讐であると

表6-2：『諸君！』への執筆回数ランキングリスト（1969年7月号～76年6月号）

氏名	回数	氏名	回数
児島　襄	53	杉森久英	14
イザヤ・ベンダサン	49	鳥居　民	14
山本夏彦	41	原田統吉	14
西　義之	33	江藤　淳	15《ママ》回以下 10回以上
佐伯彰一	32	福田恆存	
山本七平	32	神谷不二	
清水幾太郎	29	森本哲郎	
田中美知太郎	27	小松左京	
藤島泰輔	23	山崎正和	
中島嶺雄	19	石原慎太郎	
渡部昇一	19	古山高麗雄	
上之郷利昭	18	佐瀬昌盛	
岡田英弘	16	柴田　穂	
高坂正堯	15	会田雄次	9
曽野綾子	14	林　健太郎	9
本田靖春	14	本間長世	9
草柳大蔵	14		

出所：松浦総三『文藝春秋の研究』晩聲社、1977年

するくだりである。治安維持法は、一九二五（大正一四）年に制定された法律で、国体変革を狙う結社や運動の弾圧のために思想運動や大衆運動を取り締まるものであった。処分者は数万人におよび、一九四五（昭和二〇）年、GHQ指令で廃止される。この治安維持法をめぐって、清水はこういい出すのである。

……戦後の「価値体系」、古い言い方では、戦後の「大義名分」、それは、「治安維持法への復讐」にあるような気が致します。是が非でも、天皇制を廃止して、共和制を実現しよう、是が非でも、資本主義を廃止して、社会主義や共産主義を実現しよう。これが、戦後思想の二大公理であるように思われます。

このくだりは、丸山眞男が「近代日本の知識人」（『後衛の位置から』）のなかで述べた「悔恨共同体」（第二次世界大戦にいたる戦争を食い止めえなかった悔恨が戦後の知識人の共同感情となった）の裏に実は、戦前の治安維持法への知識人の復讐感情があったとするものである。「悔恨共同体」の深層には「怨恨共同体」があったのだというのである。「天皇論」にはじまる戦後日本論三部作は、『戦後を疑う』（講談社、一九八〇）という単行本にまとめられる。

論壇への愛想づかしと「核の選択」

このころ、清水の論文は、論壇、とくに「朝日新聞」論壇時評でほとんど取り上げられなくなっていた。表6－3は「朝日新聞」論壇時評で言及された清水の論文の頻度を時系列でみたものである。

表6-3：清水の論文への言及頻度（「朝日新聞」論壇時評）

期間	肯定的（合計39）	否定的（合計7）	執筆者名
1951.10～57. 5	17	1	執筆者複数
1957. 6～59.11	4	－	中島健蔵
1959.12～60.11	4	－	桑原武夫
1960.12～61.11	－	1	猪木正道
1961.12～63.11	4	2	都留重人
1963.12～64.11	－	－	猪木正道
1964.12～65.11	1	－	都留重人
1965.12～66.11	－	－	猪木正道
1966.12～69. 3	1	－	長州一二
1969. 4～70. 3	2	－	河野健二
1970. 4～71. 3	－	－	坂本義和
1971. 4～72. 7	1	－	久野　収
1972. 8～73.12	1	－	河野健二
1974. 1～75.12	2	－	鶴見俊輔
1976. 1～75. 5	－	－	武者小路公秀
1977. 1～77.12	－	－	中野好夫
1978. 1～79.12	1	－	松下圭一
1980. 1～80.12	1	3	宮崎義一

出所：辻村明「朝日新聞の仮面」（『諸君！』1982年1月号）

六〇年安保後取り上げられることが少なくなると同時に取り上げられた論文への否定的言及が増え、やがてほとんど取り上げられなくなっていく。一九七六年三月〜七七年八月には清水は『諸君!』に「昨日の旅」を連載していたものの、時論的な論文をほとんど発表していなかったせいもあるが、一九七六年一月〜七九年一二月まででは「朝日新聞」論壇時評で取り上げられたのはわずか一回となる。

そんなこともあってだろう、「東京新聞」の「時評」(一九七九年一〇月一日)で、論壇についてつぎのように述べている。いまや読書というより「一目でパッと判る」漫画の時代になった。では、漫画を手にする大衆と真面目な読書階級との二大階級になったかというと、そうとはいえない、実はふたつとも意外と似ているのだという。論壇にあらわれる論文とその交通整理をする論壇時評についてつぎのように述べている。

(論壇の言論は——引用者)リアリティと遠く離れたペダンティックな理想論か、社会主義に関するメソメソした弁明が多い。そうでなければ、文字が実物でなく、シンボルであることさえ忘れて、激烈な文字を連ねさえすれば、それで現実に激烈な変化が生ずると思い込んだ、スポーツ新聞のプロレス記事のような急進的大文章である。

(中略)

毎月、多くの新聞に載る「論壇時評」(中略)を本気で読むのは、当の筆者と、彼に褒められている人間くらいのものであろう。考えて茲《ここ》に至ると、一目でパッと判る漫画と、他人《ひと》は誰も読まぬ言論とは、背中合わせの共犯者のように見えて来る。

こうした論壇への愛想づかしも引き金になったであろうが、『諸君！』一九八〇（昭和五五）年七月号に「核の選択――日本よ　国家たれ」というセンセーショナルな題名で、総頁数八三頁にもわたる論文が掲載された。センセーショナルなのはこの論文の登場の経緯そのものにある。

さきの論壇時評への絶縁状にも等しいエッセイが書かれた一九七九年一〇月から一九八〇年の春まで、清水研究室では月二回の頻度で「軍事科学研究会」が開かれた。それまでの元『中央公論』編集長や立花隆、本間長世（政治学者、一九二九～）などが参加した談話会と違って、元自衛隊のトップクラスのメンバーなどが集まった。サロン的な談話会といったものではなく、憂国のための集まりであった。

『諸君！』に発表された「核の選択――日本よ　国家たれ」論文のもとは、さきにふれた「軍事科学研究会」での研究成果『日本よ　国家たれ』という自費出版の小冊子（九六頁）である。小冊子は一九八〇年五月に刊行された。発行部数は三〇〇〇部だった。防衛庁長官など自衛隊関係者に配付され、残りは日本青年協議会に寄付された。この小冊子の全文が『諸君！』七月号に掲載されたのである。

掲載誌の『諸君！』七月号発売と同時に『週刊文春』同年六月五日号にも「戦後最大のタブーに挑んで話題騒然清水幾太郎氏の『核の選択』」という記事が掲載された。掲載誌の『諸君！』では、黒の表紙に黄色の大きな活字で題名と清水幾太郎の名が入り、「話題の爆弾論文一挙掲載260枚」と添えられている。「経済学は現代を救えるか？」（飯田経夫ほか）や「アホ馬鹿まぬけ大学教授」（谷沢永一）などの耳目を引く目玉論文ともあいまって、『諸君！』七月号はよく売れた。当時の『諸君！』実売数はそれほど多くはなく、毎月二万数千部だったが、この号は一万部も多い三万二〇〇〇部を売り切った。

ちょうど、この『諸君！』七月号が店頭に出ている間の六月中旬に、さきの「天皇論」にはじまるリヴィジョニズム戦後日本論三部作が単行本『戦後を疑う』として講談社から刊行された。「核の選択――日本よ　国家たれ」論文との相乗効果でどちらもよく読まれるようになる。

「核の選択――日本よ　国家たれ」の内容はつぎのようなものである。第一部「日本よ国家たれ」では、こういう。日本国憲法第九条で軍隊を放棄したことは日本が国家でないことを宣言したに等しい。しかし、国際社会は法律や道徳がない状態で、軍事力がなければ立ちゆかない。共産主義イデオロギーを掲げ、核兵器によって脅威をあたえるソ連の膨張主義がいちじるしくなった反面、アメリカの軍事力が相対的に低下している。したがって、いまこそ日本が軍事力によって海上輸送路の安全をはからなければ、日本の存続は危うくなる。最初の被爆国日本こそ「真先に核兵器を製造し所有する特権を有している」と主張し、核兵器の保有を日本の経済力にみあう軍事力として採用することが強調されている。

第二部「日本が持つべき防衛力」は、軍事科学研究会の名で、日本は独自に核戦略を立てるべきだとして、日本が攻撃される場合のいくつかのシナリオが提起され、空母部隊の新設など具体的な提言がなされている。最後に国防費をGNP（国民総生産）の〇・九%（一九八〇年）から三%にする（世界各国平均は六%）ことなどが提言されている。この論文は、主題と副題を入れ替え、一九八〇年九月に『日本よ国家たれ――核の選択』（文藝春秋）として出版される。

論文が掲載されると、『諸君！』編集部に寄せられた賛否両論の投書数は記録破りになり、翌月号に投書特集が組まれるほどだった。

福田恆存の大批判

福田恆存は、『諸君！』掲載の清水論文を、欄外に書き込みをしながら二晩かけて読んだ。三ヶ月後に批判論文「近代日本知識人の典型――清水幾太郎を論ず」（『中央公論』一九八〇年一〇月号）を発表する。

福田論文の内容に入る前に清水と福田の関係についてふれておこう。清水と福田は先輩後輩の関係にあり、若いときから親しくつきあった。対談（「日本の思想と文学」『人間』一九五一年四月号）をしたり、本を寄贈したりする関係が続いた。清水は一九五四（昭和二九）年六月から九月までヨーロッパに旅行に出かけているが、ロンドンでの宿は福田恆存に教えてもらったホテルだった（「ロンドンの宿」『文藝春秋』一九六八年一一月号）。

しかし、福田が、清水を代表とする平和問題談話会に集まったいわゆる進歩的文化人に疑問を感じて、「平和論の進め方についての疑問」（『中央公論』一九五四年一二月号）を発表したあたりから二人の関係に軋みが出てきた。清水がさきにふれた「新しい歴史観への出発」や「戦後教育について」を書き、六〇年安保をともにたたかった人々を「わが人生の断片」で批判することになると、「あれから15年　おやおや清水幾太郎氏が書いた〝安保知識人〟批判」（『週刊文春』一九七五年五月二一日号）という記事が掲載され、各界の反応がまとめられている。福田恆存は、このとき、「われわれにしたってそうだけど、いつもモテてないと気がすまないからでしょう。そこがよさでもあり、嫌なところでもある」と、それでも比較的バランスのとれたコメントをしている。

ところが二人の関係が悪化するきっかけが生じた。それから三年ほどあと、疎遠状態にあった清水と福田が一九七八（昭和五三）年一〇月にソウルのホテルで偶然再会することになった。そのときの模様については、清水につきそって渡韓していた清水の教え子の松本晃が書いている。

ホテルで清水と鉢合わせし、福田はこういった。「清水さん、折角ここでお会いしたんですから、何とか一晩、時間を作ってください。一杯やりましょうよ。ウィスキーは私が持ってきます」。清水は久方ぶりの再会を喜んでいるようでもなかったが、結局、清水の部屋で二人は話した。翌朝、清水は、松本に、福田との話の内容を何も話さなかった。ただ、ポツリといった。「僕は、彼と以前、短期間ですが一緒に暮らしたことがありましてね。彼は、今でも女学生みたいなところがあって」（『清水幾太郎の「20世紀検証の旅」』）。

清水がいったという「女学生みたいなところ」というのは、どういう意味で、福田のどういうところを指していったのかはわからない。しかし、この久しぶりの対面が清水にとって楽しいものではなかったことは十分に窺える。福田は、清水の変節ぶりを問うたのかもしれない。話が嚙み合ったとは思えないから、福田のほうも楽しい会合ではなかったのではないか。だとすれば、この対面が、福田の「核の選択――日本よ　国家たれ」論文をきっかけにした反応の伏線になっていただろうと思われる。

福田の「近代日本知識人の典型――清水幾太郎を論ず」論文に戻ろう。清水幾太郎に対する積年の疑問と不満が爆発した批判論文である。内容はすでに言い尽くされたことの「優等生並みのダイジェスト版」にすぎない。自民党がいっても何の話題にもならない内容である。話題をよんだのは、非武装中立論者だった「あの清水幾太郎が」こうまでいうようになったということによるものだ、としている。「核の選択」によって防衛しようとしているのは「日本なのではなく清水氏自身」だとする。リフレーミングとは、同じ土俵にのって議論するのではなく、土俵を換えることである。防衛問題の賛否そのものではなく、論者の清水の変節そのものへと論点をリフォーカシングするものである。このリフレーミングは十分に説得的であった。六〇年安保後は清水の変節がたびたび話題になっていたから、福田のリフレーミングは、潜在的フレームを顕在化するものだったからである。

論者の立論の前提そのものに立ち入るというリフレーミングの論法こそ、レトリシャンとか論争の手品師とかいわれた福田の流儀であるが、それは、早くは「政治と文学」論争や「主体性」論争、そして、「平和論の進め方についての疑問」で使われた手法である。

逝去

清水は、物情騒然とさせたこの論文を書いてのちは、『諸君!』の一九八二(昭和五七)年一月号~同年一〇月号に「現代史の旅」を連載し、つづいて、一九八四年一~一二月号に、「ジョージ・オーウェル『一九八四年』への旅」を連載した。それ以後は表6-1(三〇九頁)にみることができるように、主要論壇誌には再録以外は執筆していない。単行本は、『私の社会学者たち』(筑摩書房、一九八六)が最後である。

清水は一九八七年夏ころから入退院をくりかえすが、手術を受け一旦は回復し、そのころ著作集の刊行を企図していた。清水の弟子筋にあたるものなどが骨を折ったが、岩波書店はもとより中央公論社や文藝春秋なども引き受けなかった。後輩の福田恆存の全集が文藝春秋から出ていることを考えると、清水には無念の気持が強かったろう。

ついに、一九八七年末に版元が新評論に決まるが、仲介の労をとったのは、清水の弟子である読売新聞記者だった。翌八八年三月末に、五月二五日発売予定の『清水幾太郎集』全一一巻の予告パンフレットができた。『清水幾太郎の決定版自撰作品集』と銘打ってある。幻の出版となった、各巻の構成と解説は以下のようであった。

第1巻　流言蜚語　解説　吉本隆明
第2巻　環境の中の人間　解説　三國一朗
第3巻　社会学講義　解説　田原音和
第4巻　社会心理学　解説　藤竹暁
第5巻　安保敗北の思想　解説　松本健一
第6巻　現代思想　解説　西部邁
第7巻　倫理学ノート　解説　中川久定
第8巻　昨日の旅　解説　森本哲郎
第9巻　オーギュスト・コント　解説　霧生和夫

第10巻　私の文章作法　　解説　野坂昭如
第11巻　わが人生の断片　附　自撰年譜・著作目録　解説　渡辺京二

第一回配本は第六巻『現代思想』、第二回配本は第七巻『倫理学ノート』で、各巻末には清水の「思い出」という文章が入ることにもなっていた。

しかし、このパンフレットができて間もなく清水は倒れ、緊急入院する。その間に、新評論からの著作集刊行は中止され、結局、企画は破棄される。娘の禮子が新評論の編集方針に不満だったことによるとある編集者から聞いたことがある。著作集は、最終的には、『清水幾太郎著作集』全一九巻として一九九二〜九三年に講談社から出版された。

清水は、一九八八年八月一〇日、慶應義塾大学病院で逝去した。享年八一歳。「朝日新聞」九月五日の葬儀広告では、喪主清水禮子によって以下のように記されている。

父　清水幾太郎　八十一年の歳月を
辛抱強く　しかし実に素直に潔く生き
八月十日長逝いたしました
彼に対し温いお気持を抱いて下さいました
方々に深い感謝を捧げますとともに

謹んで本葬の御通知を申し上げます

記

日時　九月十二日（月）午後二時〜三時
場所　千日谷会堂（東京都新宿区南元町十九－二）
昭和六十三年九月五日

喪主　清水禮子

葬儀委員長は林健太郎、友人として渡辺慧、嶋中鵬二、犬養康彦、黛敏郎、西岡武夫の名前が並んでいる。

［注1］戦後、竹山道雄や和辻哲郎などオールドリベラリストが清水の言動にいかに恐怖を懐いていたかについては、竹山道雄「二つの秘話」『教養学部報』（一九八〇年二月一八日）、和辻哲郎「夢」『新潮』（一九五二年九月号）を参照されたい。

［注2］もちろんこのような天皇像は、清水が戦後初期に書いた天皇像（「占領下の天皇」『思想』一九五三年六月号）とは一八〇度異なっている。そこではたとえばつぎのように書いている。「天皇制権力を構成するものは、軍閥、官僚、重臣、財閥の諸勢力であって、（中略）体裁は君

主制でも、実質は寡頭制ということになる。天皇制とは、簡単に言えば、これ等の勢力が、内部的な衝突と協力とを重ねながら、そして、天皇の名で民衆を脅かしながら、互いに勝手なこと（を——引用者）して来た体制を意味する」。

終章　覇権と忘却

成功と失敗

最後に、清水のラジカリズムなどの戦略を丸山眞男や鶴見俊輔、福田恆存《つねあり》、吉本隆明《たかあき》との対比で考察し、序章にふれた清水の謎について立ち入りたい。

これまで清水のラジカリズムは、正系知識人への対抗戦略＝覇権戦略だとしてきた。このラジカリズムが首尾よくおこなわれるには、知識人界の周縁にいるインテリや新参者や予備軍の学生インテリ（いずれもより貧弱な資本の持ち主）を動員することが重要である。「転覆的な価値の名において委任を占有する者の方が、保守的価値の名においてそうする者以上に、資本を欠いた人々から委任を受けるチャンスが増えるのである。そうした人々は受任者を信頼し、計り知れない自由を許す。自分自身で語ることができれば言うはずのことと正反対のことを受任者が言う自由までをも」（ピエール・ブルデュー『政治』藤本一勇ほか訳）ということである。

清水は、平和問題談話会に参加すると同時に、積極的に日教組に肩入れして教研集会などで講演をしている。当時のラジカリストである日本共産党員や日本共産党シンパからも好意的に迎えられている（たとえば矢川徳光「教育学の今日的課題」『教師の友』一九五一年六月号、「座談会　岩波講座『教育』をめぐって」同誌一九五二年一二月号）。内灘闘争でも左派社会党を批判し、共産党や全学連に肩入れしている。六〇年安保も清水はブントが指導する全学連（主流派）のラジカリズムに加担することで、自らの知識人界の覇権の援軍とし、かつ「集団の名において語ることができるように権威を与えるそうした集団のその権威によって、語る者がみずからを権威付け」（ピエール・ブルデュー、前掲書）たのである。

このようにみてくると、清水の平和問題談話会から六〇年安保のときの全学連主流派への肩入れにいたる左のラジカリズムも、その後の「戦後を疑う」から「核の選択――日本よ　国家たれ」にいたる右のラジカリズムも変節や転向、あるいは「蕩児の帰還」（林健太郎）とみるだけでなく、知識人界のヘゲモニーを握るための荒業であり、その限り、一貫していたとみることができる。清水がそもそも社会学やマルクス主義に興味をもったことからして、学問界におけるラジカリズムという覇権戦略とみなされうる。

もっとも、左のラジカリズムはあくまで知識人界内部での転覆戦略であるのに対し、右のラジカリズムは、知識人界の外部に出て知識人界全体を敵にするラジカリズムである。それまでの首尾よく行使された転覆戦略もあくまで知識人界内部であればこそだった。外部に出てしまえば、転覆戦略は、過去が参照されるという前歴勘案によって知識人党からスキャンダル、つまり、変節や転向として批判されるだけでなく、外部の保守知識人からも、これまでの左のラジカリズムの記憶によるこれまた前歴勘案によって猛反撥を受けてしまう。清水にとって、知識人としての成功は転覆戦略の成功にあったが、忘れられた思想家になったのも過剰に反復される転覆戦略ゆえのものだった。まことに成功をもたらした当のものが失敗の因となった。

戦略としての庶民

清水は、「自分は火つけ役」だとしている。誰も気にしていないような問題をみつけその重要性を説くことに大いにそそられるのだ、と。だが、皆が群がってくると火事の現場から逃げ出して、別のことをやるのだ（清水禮子「国会前で泣いた安保の日」『潮』一九七四年五月号）といっている。また、わたしが聴き取りをした、清水と長年親交があった評論家は、清水のことを「火中の栗を拾う、潔い人」と評していた。「火事と喧嘩は江戸の花」という「下町ラジカリズム」（小熊英二『清水幾太郎』）という論者もいる。しかし、そうしたラジカリズムが傍系知識人の覇権戦略だったことは忘れてはならない。

ラジカリズムを清水の転覆戦略Ⅰとするなら、もうひとつの転覆戦略Ⅱは「戦略としての庶民」（大久保孝治「清水幾太郎における『庶民』のゆくえ」『社会学年誌』四八号、二〇〇七）である。一章でふれたように、清水は、庶民についてこういっている。庶民とは、「豆腐屋のラッパ」や「秋刀魚を焼く煙」が思い出されるような存在で、市井に投げ出されたままで、背伸びして自己を超えようとはしない人間群だとする。だから庶民は、支配階級はもちろん知識人と区別された人間群である、と。ところが、そう言い切ったすぐあとに「私自身が庶民」であるという。

清水は旗本の末裔といいながら、下町の庶民階級として育ったことから、庶民を自らの分身と考えていた。同時に啓蒙知識人として生きたから庶民は啓蒙の当の対象でもあった。庶民あるいは凡人の哲学といわれるデューイのプラグマティズムへの関心、社会心理学への関心、そして大衆社会への関心は、清水の「庶民」への並々ならぬ関心のあらわれである。日本に大衆社会を紹介したのは、――原語のままの「マス・ソサイティ」(mass society)という形ではあるが――清水が最初である(『社会心理学』)。

こうした清水の庶民への並々ならぬ関心を、社会学者大久保孝治は、「戦略としての『庶民』」とし、清水の思想と行動の解き口としている。

大久保はつぎのようにいう。清水は、西欧的市民社会の個人の理念を理想として庶民を見下す進歩的文化人に対し、自分は庶民の背後にある「匿名の思想」に気づいているとして自分の思考の梃子の支点として庶民を使っている、と。ここで匿名の思想というのは○○主義というような提唱者の名前がつけられた有名の思想と違って「国民の大部分がその日常生活のうちにおいて信じているもの」であり、言語化されない粘体のような姿をした「経験・問題・願望」である(清水幾太郎「匿名の思想」『世界』一九四八年九月号)。日本の知識人が、いたずらに諸外国の学説を有難がり、独自性がないのは、このような匿名の思想に立ち入って、これに表現を与える努力を怠っているからだ(「運命の岐路に立ちて」『朝日評論』一九五〇年八月号)、ともいっている。かくて大久保は、「(清水にとっての――引用者)庶民という概念は、清水が自身を他の進歩的文化人と差異化するための、そして清水が参加していた社会主義的社会の実現を目指す運動のための、一種の戦略的概念」(前掲論文)だとしている。

丸山眞男の大衆像

ここで西欧市民社会の個人像を理想としてみる知識人の代表者である丸山における「大衆」像をみておけば、清水における「戦略としての庶民」がよりわかりやすくなろう。

丸山は、「個人析出のさまざまなパターン――近代日本をケースとして」(細谷千博ほか編訳『日本における近代化の問題』)で、近代日本の大衆運動を描いている。その分析枠組は、「結社形成的」か「非結社的」かという軸と、政治的権威の中心に対して抱く距離の意識において「求心的」か「遠心的」かの軸を交差させた四象限である。個人が非結社的で遠心的である場合が「私化」で、非結社的で求心的が「原子化」、結社形成的で遠心的が「自立(自由)化」、結社形成的で求心的が「民主化」である。「私化」や「原子化」は大衆社会の病理現象を生むものとされ、自発的な集団(結社)を形成し自主独立の個人を生み出す「自立化」と結社形成的で地方自治や中央政府を通じて改革を志向する「民主化」が評価されている。

丸山はこの分析枠組のもとに、一九〇〇（明治三三）年ころからの近代日本の特徴として、労働者を「原子化の傾向」、知識青年を「私化の傾向」に位置づける。丸山における労働者大衆はそのままではファシズムに容易に結びつく存在だった。重要なのは、丸山にとって大衆は抽象化された存在だったことである。抽象化された存在としての大衆は社会科学的概念としては当然ともいえるが、丸山には、実在としての大衆の実感が薄く、内在的に理解を試みた形跡はみえにくい。下士官や上等兵に始終殴られたという丸山の二等兵としての軍隊経験がトラウマになり自我防衛をしなければならなかったということもあろう。

丸山が生身の大衆と向き合うことをいやがったのは、「私は土着的とか日本的とかいう言葉にはほとんどアレルギー的反応をおこすんです」（「日本の近代化と土着」『未来』一九六八年五月号）という、丸山の土着主義や土着ナショナリズムへの嫌悪にもみることができる。土着主義こそ実在の大衆の心情を汲みあげた思想である。また大衆に限りなく近い耳学問でいっぱしのことをいう「亜インテリ」についてのネガティヴな評価（「日本ファシズムの思想と運動」丸山眞男ほか『東洋文化講座　第二巻　尊攘思想と絶対主義』）は、丸山の生身の大衆への嫌悪を象徴している。

丸山が実在の大衆と向き合うことに対して意味を感じなかった、あるいは、そもそも実感がなかったのは、政治学者京極純一（一九二四〜二〇一六）のつぎのような逸話からもわかる。京極純一は五年間の特別研究生のあとに一九五一（昭和二六）年暮の高知県知事選挙を題材とした修了論文を書いた（『思想』一九五二年九、一〇、一二月号掲載）。旧制高知高校出身の京極は、修了論文に、自分の実体験のある場所を選び、実証的な論文を書いた。土佐のおっちゃんが酒を飲んだり、買収したりしている世界である。丸山はこの論文を読んで「自分には分かるけれど、実感がないな」（京極純一「私の来た道（前編）単独行の政治学」『中央公論』二〇〇〇年一二月号）といったという。

わたしは、清水の転覆戦略Ⅰを「政治的ラジカリズム」、転覆戦略Ⅱを「戦略としての庶民」としたが、両者は別物ではない。清水の戦略が「下町ラジカリズム」（小熊英二）といわれたように、ラジカリズムは知識人党の周縁部の動員戦略になる。その意味で、政治的「ラジカリズム」と「戦略としての庶民」とは通底している。清水は、庶民を非合理的存在（「庶民」「迷信」『私の社会観』）とみていたから、庶民を持ち出すことでラジカリズムにつながり、そのことを通じて、政治運動化を抑制し思想運動にとどめようとしがちな知識人界の正系を揺さぶりうると思ったのである。同時に庶民はこのような政治的ラジカリズムに参加することをとおし、近代的個人となりうるのだというかれの期待もこめられていた。清水はこう書いている。

> ヨーロッパの思想家の意見を基準にして日本のことを考えるのは危険である。彼らの見解とは反対に、日本の個人は戦後の大衆の荒削りな運動の中からようやく現われてきている。日本では、大衆は個人を亡ぼすものであるよりは、個人を生み出す地盤である。大衆は、明治初年以来の帝国臣民という権力的組織が敗戦によって崩壊したところに本格的に実現され、その自覚や組織化の進展によって、時々刻々、はじめて日本に個人というものを生み出している。
> （傍点引用者、『社会学入門』）

大衆運動によって大衆は近代的個人になっていくというところに清水独特の大衆観がある。「ラジカリズム」と「戦略としての庶民」は一体であるといった所以である。したがって、清水の人間観は、大塚久雄（経済史学者、一九〇七～九六）や丸山眞男などが唱えた民主主義の制度を担う近代的主体論の構築という自主性を備えた近代的人間とは別のところにあった。

しかし、「戦略としての庶民」も「ラジカリズム」もマルクス主義におけるプロレタリアートがそうであるように、傍系知識人の覇権戦略であることを思えば、清水に限ったものではない。したがって、清水の転覆戦略や「庶民」への関心と理解の特徴をさらに明確にするには、清水と同じ傍系知識人である吉本隆明の「大衆の原像」や福田恆存の「民衆の心」などの大衆像とそれをもとにした転覆戦略を合わせ鏡としてみなければならないだろう。

知識人の類型

そのために、まず、正系知識人と傍系知識人のヴァリアント（変異型）の位置づけをしてから、傍系知識人における大衆観というテーマに入ろう。

そこで、ふたつの軸で構成される図L‐1のような四象限をつくろう。縦軸は、山の手か下町出身かの「社会的・地理的軌道」である。横軸は、旧制高等学校→東京帝国大学という正系学歴か、専門学校などの傍系学歴かの「学歴軌道」である。「社会的・地理的軌道」は、家庭からの「継承文化資本」＋・－の軸で、「学歴軌道」は、「学歴資本」＋・－の軸である。継承文化資本と学歴資本は強い正の相関関係にあるが、学歴資本を獲得してしまえば、継承文化資本の重要性が減じるわけではない。継承文化資本の乏しいものは学歴獲得で継承文化資本を使い尽くしてしまう。これに対して継承文化資本に富んでいるものは、学歴資本獲得後も余剰としての継承文化資本が残っている。したがって継承文化資本と学歴資本は相関しながらも相互に独立である。そこで、継承文化資本（出身地）＋・－と学歴資本＋・－を組み合わせると、図の四象限ができあがる。

地方出身者を図の下町に括《くく》れば、近代日本の知識人の立ち位置はこの象限のいずれかになる。ただし、戦後の知識人界は、反体制知識人が中心だった。知識人は支配階級に比べ

図L-1：類型知識人

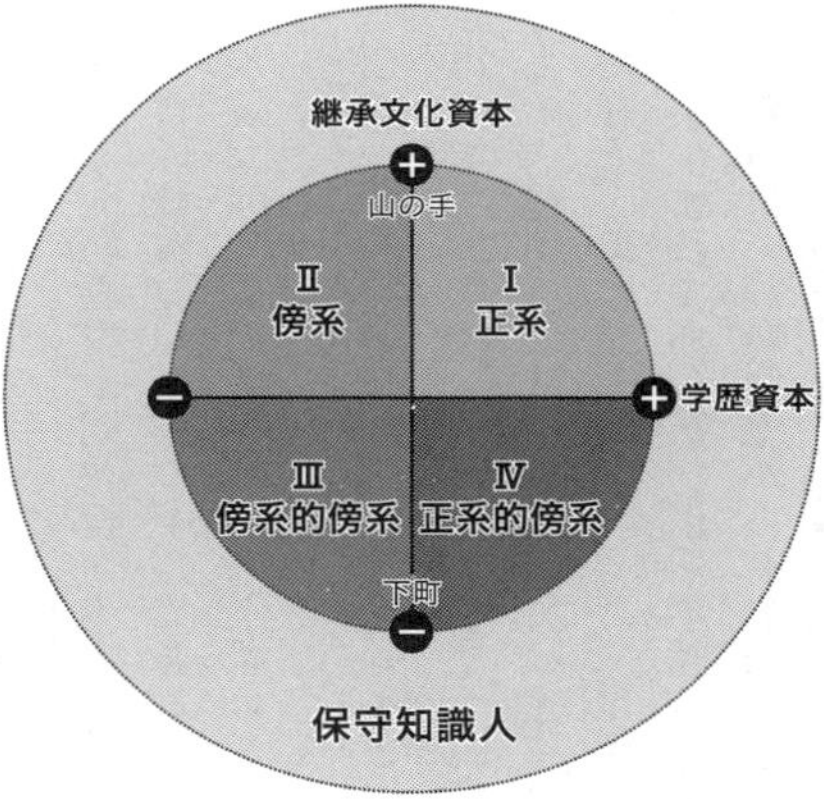

て経済資本ー（少）、文化資本＋（多）という支配階級のなかの被支配フラクションであることから既成秩序への異議申し立て集団になる傾向があるからである［注1］。かくて保守知識人は、保守反動というレッテルを代償に知識人の仲間入りを許される周縁知識人となる。

したがって、保守知識人はこの図の外側に位置することになる。エリート海軍軍人の長男で、山の手育ち、府立六中（現在の東京都立新宿高等学校の前身校）→第一高等学校→東京帝大文学部卒→第一高等学校教授→東大文学部助教授→同教授の林健太郎はI象限にあるが、林は、戦後早いときに保守知識人になったから、この図ではI象限の外側に位置していることになる。田中美知太郎（哲学者、一九〇二～八五）や竹山道雄、江藤淳（評論家、一九三二～九九）などは、林健太郎と同じように図の外周に位置することになる。

このように作図すると、I象限の代表的知識人は丸山眞男になる。丸山は、新聞記者丸山幹治の次男で、山の手育ち、府立一中→第一高等学校→東京帝大法学部卒→東京帝大法学部助手→同助教授→同教授と歩んだ進歩的文化人の代表格である。丸山に代表されるⅠ象限が戦後日本の知識人の中心である。そこでⅠ象限を「正系」知識人と命名する。

清水幾太郎や福田恆存は正系学歴エリートではあるが山の手階級ではないⅣ象限の代表的知識人（福田はⅣ象限の外周）である。清水がⅣ象限に位置づけられることはいままでふれてきた経歴から、説明の要がないだろう。福田は、清水と同じように下町に生まれた。東京市立第二中学校（現在の東京都立上野高校の前身校）→浦和高等学校→東京帝大文学部卒である。福田の父は小学校卒で東京電燈株式会社のサラリーマンだったが、父の兄弟はすべて職人。母の父も職人だった。Ⅳ象限を「正系的傍系」と命名する。

山の手生まれであるが、正系学歴エリートではないⅡ象限の代表的知識人は鶴見俊輔である。鶴見は、高級官僚から有名な政治家になった鶴見祐輔を父にして、東京市麻布三軒家町（山の手）に生まれ、東京府立第五中学校（現在の東京都立小石川高校の前身校）中退でハーバード大学卒→京都大学人文科学研究所助教授→東京工業大学助教授→同志社大学教授→フリーランスの知識人である。これを「傍系」と命名する。

Ⅲ象限の代表的知識人は吉本隆明である。吉本は、京橋区（現・中央区）の下町の船大工の三男として生まれ育った。学歴も東京府立化学工業学校→米沢高等工業学校→東京工業大学卒と歩んだ。実業学校（東京府立化学工業学校）も専門学校（米沢高等工業学校）も旧制中学校や旧制高等学校を正系とする戦前の学歴体系では傍系学歴である。吉本は、東京工業大学を卒業後、会社勤めのかたわら組合活動をして馘首《かくしゅ》され、隔日の特許事務所勤務などで生計を立てながら作家活動をし、のちにフリーランスの作家となる。大学教師の経歴はない。正系知識人からもっとも遠いから「傍系的傍系」と命名する。

吉本隆明と「大衆の原像」

まず、傍系の極北、つまり傍系的傍系に位置する吉本隆明からみていこう。吉本の「戦略としての庶民」は、実在としての大衆ではなく「原像としての大衆（庶民）」であることに注意したい。そのエッセンスを吉本自身の言葉から引用すればつぎのようである。

> 大衆は社会の構成を生活の水準によってしかとらえず、けっしてそこを離陸しようとしないという理由で、きわめて強固な巨大な基盤のうえにたっている。それとともに、情況に着目しようとしないために、現況にたいしてはきわめて現象的な存在である。もっとも強固な巨大な生活基盤と、もっとも微小な幻想のなかに存在するという矛盾が大衆のもっている本質的な存在様式である。
>
> （「情況とは何かⅠ」『自立の思想的拠点』）

「強固な巨大な生活基盤」と「微小な幻想」が大衆の原型の核であるとされるが、これを吉本の講演でのもっとくだいた表現でみればつぎのようである。

吉本は大衆の原型を、魚屋が魚を明日どうやって売るかという問題しか考えないように、「日常当面する問題についてしかかんがえない存在」（「自立の思想的拠点」『情況への発言』）とする。知識人はその思想にこうした「大衆の原像」を繰り込むことこそ肝心であり、このような生活思想の深化に自立主義の基盤があるとした。吉本は、このようなロマン化された「原像としての大衆」を梃子として、正系知識人を「古典左翼」、周縁にある修正主義やラジカリズム知識人を「転向ファシスト」「スターリニスト」とし、一挙に両方を叩くもっともはげしい転覆戦略を行使した。

そうなったのは、吉本が知識人の立ち位置において、もっとも正系から遠い所に位置したからだった。山の手に対する下町、正系学歴に対する傍系学歴と、どちらからみても正系知識人の陽極からもっとも遠い陰極の位置になる。したがって、吉本は「正系的傍系」（清水幾太郎）ではないことはもちろん単なる「傍系」（鶴見俊輔）でもない。「傍系的傍系」と命名した所以である。吉本は「傍系」をテーマに兵庫県立第一神戸商業学校→長崎高等商業学校→九州帝大法文学部（経済学科から文科に転科）卒の経歴をもつ作家の島尾敏雄（一九一七〜八六）と対談し、こんなことをいっている。

……ひとつは、ぼくなんかもそのくちなんですが、島尾さんの少年から青年までの経歴の特徴のひとつは、たえず傍系の学校から傍系の学校へというふうにゆかれたことでしょう。（中略）

……ぼくなんかはどこにいてもたえずよそ者みたいな意識が伴ってやまないわけですが、島尾さんの場合はどうですか。

（「傍系について」『海』一九七〇年五月号）

さきほどふれたように、吉本と丸山は、社会的・地理的軌道においても学歴軌道においても対蹠的知識人である。だから、法学部研究室の資料をずたずたにしてしまった全共闘学生の蛮行について「ナチスも軍国主義もしなかった暴挙」という丸山の言葉がマスコミに載ったときに、吉本はこう非難している。たかが大学生に研究室に踏み込まれたくらいで大げさな言い草である、自分などは資料収集のために図書館の列にいつも延々と並んでいる、生活費を稼ぐ仕事の合間に研究しているのだ（「収拾の論理」『吉本隆明全著作集　続10　思想論Ⅱ』）、と［注2］。

吉本は傍系のなかの傍系であるだけに、知識人界で覇権をにぎるには、地道な戦略ではなく、華々しい戦略をとらざるをえない。吉本が早い時期に「丸山眞男論」（初出は「一橋新聞」一九六二年一月一五日号〜六三年四月一六日号）を書いたのは偶然ではない。丸山を否認することで、丸山が正系知識人であることは認めてしまう代償を払うことになってしまったにしても。もちろん傍系的傍系知識人が、自動的に華々しい転覆戦略をとるわけではない。現実には「小心翼々戦略」や「小判鮫戦略」をとる上昇インテリが多いことはこれまでふれてきたとおりである。しかし、野心のある傍系的傍系が知識人党に参入し、覇権を狙うならば、正系から遠いだけに華々しい戦略をとることが有効になる。

福田恆存と「民衆の心」

福田恆存の場合はどうだろうか。さきにふれたように、福田の父は東京電燈株式会社のサラリーマンだったが、親類に職人が多かった。そのせいだろうと、福田は後年つぎのように書いている。浦和高等学校時代は、同級生が当時の流行で、マルクスや史的唯物論がどうのこうのといって論争している姿をみて「全く足が地についてゐないやうに見えて、何とも空しかつた。（中略）私は気質的には良くも悪くも職人であり、下町人種であったのだ」（「覚書一」『福田恆存全集』1）。だから、福田恆存は戦後すぐに『展望』一九四六（昭和二一）年三月号に「民衆の心」を書き、こういっている。

民衆がいかに頼りなく見えようとも、またいかに背徳と頽廃とのうちに陥つてゐようとも、それはけつして鞭打すべき対象としてではなく、そのまま自分の姿として、そのうちにぼくたち自身の生活の根を置かねばならないのである。

このような民衆像をもっていた福田には平和問題談話会に蝟集《いしゅう》する知識人がそうした根を欠いた薄っぺらな文化人にみえた。進歩的文化人は民衆とともに歩んでいるように思っているのかもしれないが、まるで民衆のことがわかっていない。小市民とは革命になればなにもかも吹き飛んでしまうことを知らぬげに「こつこつと小金をためてゐる」存在で、「平和運動が士族の商法みたいに身を落として大衆の中に降りて行くなどと高ぶったことをいってみても……大衆が受けつけぬのも当然です」（「ふたたび平和論者に送る」『中央公論』一九五五年二月号）としている。

吉本は、大衆とは、デモがあると、そのそばでアンパンを売り始めるような存在だといったことがあるが、福田の民衆像は、吉本のこうした大衆像と重なる。山の手知識人やそれを範型とする上昇型インテリの思考様式の根本にある、啓蒙されるべき存在としての大衆像を批判したものなのである。しかし、福田の「民衆」は、吉本のような、知識人界の改編のためというより知識人界そのものへの挑戦として存在していた。だから、福田は「正系的傍系」知識人として清水と同じ型（ただしⅣ象限の外周）とするよりも、いわば「反知識人主義的」知識人と命名できるだろう。

しかし、福田は必ずしもはじめから反知識人主義の知識人だったわけではない。たしかに福田は、すでに敗戦直後に共産党知識人や戦後啓蒙派知識人から「反動」に「精神的支柱」をあたえる「惧れがある」とみられていたところはあるが、「ぼくはコミュニズムを信ずるが」とか「今日のインテリゲンツィアにしてコミュニズムを理解できぬものがはたしてあらうか」(「白く塗りたる墓」『福田恆存全集』2)ともいっている。ただし、その(コミュニズムの)「文化活動を信じない」と続くのだが。

福田は、はじめから知識人界に背をむけていたわけではなかった。そのことで、知識人界の無意識の思考(隠れたドクサ(臆見))を把握することができ、それを撃つことができたのである。知識人界に参入しようとするが、その特権的な思考様式にどうしても馴染めず、そこを批判するうちに、保守反動として知識人界から排除されるようになる。かくて、知識人界の中心から「保守」や「反動」という形容詞による貶価《へんか》を付与されることを代償に知識人と認められる周縁的知識人つまり保守知識人としての自らの立ち位置が決まったというのが正確であろう。

鶴見俊輔と大衆

鶴見俊輔は、戦時中の知識人が一般市民に比べて「柔弱」「無力」「卑怯」で「みにくく行動」したことに衝撃を受け、「疑う」大衆を知識人に橋渡しすることに戦後日本の可能性を見出した。

「私にとっては、何だあいつはわけもわからないくせにと、ぶつぶつ言いながら、半身の姿勢で戦争に協力していたような人たちが、大へん重要な大衆のイメージです」（『同時代鶴見俊輔対話集』）。「私は大衆がウルトラであるという考えはとらない。疑う大衆というものを信じているんです。兵隊なんかでポヤポヤしたヒゲを生やしているのがいたでしょう。（中略）髭をくってる兵隊だから上官もとがめられない。あれは軍隊の秩序に対する疑いの表明なんです」（「私の戦中・戦後から」『ちくま』一九七五年三月号）。かくて、漫画や流行歌、映画や限界芸術（芸術と生活との境界にある作品群）を積極的に取り上げ、大衆文化を汲み上げることをおこなった。そのかぎり、鶴見は知識人のなかでもっとも実在の大衆に接近し、知識人への大衆の媒介者となったとはいえる。

しかし、鶴見の大衆像は正鵠《せいこく》を射ていただろうか。丸山眞男はこういう。鶴見の哲学はおおいに信用するが、「日常感覚は信用しないんだな」「育った生活環境からいってもわたしのほうがはるかにドロドロした『前近代的』なものなんですよ」といい、鶴見の主宰した『思想の科学』もなんでもありの「イラハイイラハイ主義」だと揶揄《やゆ》している（「普遍的原理の立場」『丸山眞男座談』7）。すでに述べたように、丸山が大衆を内在的に理解していたとは思えないし、まして理解しようとしたとはとても思えないが、だからといって鶴見の大衆像が的を射ていたとも思いにくい。

鶴見の大衆像は、「一番」や「優等生」を嫌い、「うまれついたところと、ほぼ反対のところ」への「退行計画」（『展望』一九六八年三月号）によって、おぼっちゃまがみた異形崇拝じみている。丸山が意地悪く抽出した「亜インテリ」の特徴を裏返し（よき面）にしただけの大衆像とはいえまいか。吉本の「表返せば大衆というものはいいものだし、裏返せば悪い」（『同時代』）という表裏一体論の大衆像を補助線にすれば、鶴見の大衆は「片恋い」で、大衆の「原像」というより「理想像」（東條文規「鶴見俊輔覚え書き」『四国学院大学論集』四〇号、一九七八）である。

たしかに、吉本も大衆を肯定的に描いているが、鶴見のように生の大衆ではなく、理念に濾過されたロマン化された大衆といえる。また福田も大衆を肯定的に描いたが、エゴイズムの化身を含めての大衆の実像によって知識人の独善主義を相対化するためのものである。鶴見の大衆像は、知識人との共同戦線のために実在の大衆の一面を切り取った以上のものではない。ただしこの「以上ではない」つまり、以下でもないというところに、鶴見の知識人界における覇権を目指さないことによる覇権という無欲（退行計画）の勝利があったことはいい添えておかねばならないだろう。

異化作用か、ご都合主義か

以上、それぞれの思想家の大衆像を粗描してきた。そこに清水を加えて特徴をみよう。清水の大衆像は、実在的なぶん鶴見や福田に近いが、肯定的（吉本・福田）でも否定的（丸山）でもないところに位置する。肯定的でも否定的でもないところにユニークさが認められるかというと、そうはいいにくい。清水の「戦略としての庶民」は、吉本や福田の大衆像と比べて徹底さを欠くぶん、自明性を揺るがす異化作用というより、多分にご都合主義的なものにさえみえてくる。

清水は、「庶民」を非合理主義的存在とみて、ラジカリズムでエネルギー化しようとする反面、庶民を科学によって啓蒙されるべき存在ともみている。知識人にむけては、庶民を出しにつかうが、庶民にむけては「学者たちの研究と意見とに耳を傾ける必要がある」（内灘）（「中山村長への手紙」『世界』一九五三年一一月号）や「インテリをも少し御利用になったらいかがでありましょう」（砂川闘争）（「インテリをも少し御利用になったら」『国民』一九五六年一月号）といったりする。

清水の知識人と庶民という分裂ハビトゥスが大衆と知識人のどちらにもはげしく対立し、大衆に対峙しては、「断固たる知識人」であり、知識人に向かっては「鋭い大衆」となり「偽善の道をつらぬく」という谷川雁（「工作者の死体に萌えるもの」『原点が存在する』）のいうような異化作用戦略となったとはいいにくい。

庶民と対面したときには、知識人＝啓蒙家として振る舞い、知識人の輪のなかにいるときには庶民の代弁者としてラジカリズムをぶったが、清水のこのような「戦略としての庶民」は六〇年安保まで綻びが生じずに済んだ。六〇年安保までは、清水の「戦略」としての「庶民」と「ラジカリズム」は奏功した。清水は六〇年安保を振り返ってこういっている。

静かな啓蒙的方法でボソボソ訴えても、大衆は容易に目が覚めない。（中略）人間の知性だけでなく、その人間全体を摑むような方法が必要なのは、子供の教育ばかりではない。大衆の教育にこそ必要なのであろう。（中略）何回も懇切で詳細な話を聞かせるより、一挙に、広汎に、否応なしに、「国会乱入」事件は大衆の関心を摑んだのである。（中略）百回の大講演会でも摑み得なかった大衆の関心を、一挙に、広汎に、否応なしに摑んでしまったのである。

（「大衆社会論の勝利」『清水幾太郎著作集』10）

ところが、経済の高度成長とともに飢餓の恐怖がなくなった。飢餓の恐怖がなくなったことで清水の大衆への思い入れが消滅した。同時に飢餓の恐怖をかかえた大衆を代表する知識人という表象へのコミットメントもなくなる。それにともなって「戦略としての庶民」や「ラジカリズム」も消滅する。かくて、人間を自分に高い要求を課す「貴族」と現にある自己のまま生きる多数の「大衆」にわけ、飢餓の恐怖から解放された現代では、大衆は貴族たることを要求されるが、それが不可能ということであれば、「『大衆』に向って『貴族』への服従を要求するところから始まるであろう」（『倫理学ノート』）とまでいうにいたる。清水のあのあるがままの庶民への関心は限りなく後景にしりぞき、テクノクラートを中心とした「知識人政体《インテリガーキー》」(intelligarchy)さえ仄《ほの》めかされている。

リフレクションと知識人批判

では、清水のこのような転覆戦略や晩年の反知識人主義を動かしていたものはなんだったのだろうか。あるいは、転覆戦略を重ねた自らの来歴をどう思っていたのだろう。そのことを考えるうえで、序章でふれたが、清水の最後の執筆となった「若き読書子に告ぐ」の謎のような言葉が重要であろう。

「若き読書子に告ぐ」は、新評論を版元として出すことになっていた著作集の宣伝パンフレットのために、死の五ヶ月ほど前に書かれたものである。なお著作集は、結局は新評論からではなく、講談社から出版されたのだが、その経緯は六章でふれたとおりである。「若き読書子に告ぐ」(『清水幾太郎著作集』19)で、清水はこう書いている。

> 私の場合と同じように、所詮、諸君にとっての未来も深い闇であり、その前に立って、諸君は孤独な決断を迫られるであろう。
>
> その時、今日と同様、予言者の如く振舞う人々が多く現れるであろうが、彼らの言葉を信じるべきではない。ただ頼るべきは、先人の遺した文字と諸君自らの思考とで

ある。私は、そういう先人に敢えて自分を加えるほど不遜ではないけれども、私の綴った文字の一つでもよい、二つでもよい、或る瞬間、何か諸君のお役に立てば、というのが私の謙虚な期待である。

清水自身が終始予言者のようにふるまったメディア知識人ではなかったのか。おそらく「彼らの言葉を信じるべきではない」という文言の「彼ら」には清水自身も含まれているだろう。だとすれば、よけいこの言明には、どのような清水の思いがこめられていたのかを知りたくなる。清水の予言者＝知識人批判や反知識人論めいた言明は、死の直前にとどまらなかった。すでに一九四〇（昭和一五）年、清水三三歳のときのつぎのような文言にもみることができる。

文化人の大部分は気障《きざ》な厭味な人々である。文化や思想を装飾にして世を渡るエゴイストが多い。その偏狭なエゴイズムを秘しておいて、思ひ出したやうに真理を語り、国家を云々するのが彼等の大半である。敢へて言へば、文化人といふものは日本国民の中でもかなり汚い部分を形作つてゐるのである。そしてかういふ汚さが最も甚しいのは、寧ろ良心的などと評せられてゐる文化人であらう。格別の業績もなくて、ただ良心的といふやうなポーズを以て身を守つてゐる人々に至つては唾棄すべき偽善者である。所詮思想を通じて彼等を見るのが過失である。

（「新体制と文化人」『日本評論』一九四〇年九月臨時号）

まるで福田恆存が書いたかとさえ思われるような毒気たっぷりの文化人論である［注3］。六〇年安保闘争のあとに清水の転向が取り沙汰されるころにも、清水は知識人批判や反知識人論めいたことを書いている。

さきほどふれたように、庶民が飢餓の恐怖を免れはじめたとき、庶民の表象＝代理である知識人の存在への懐疑がいやますことになったのだろう。「疎外などという哲学的ムード的な言葉を使わずに、学者は各自の専門で立派な仕事をしたらよい」（「無思想時代の思想」『中央公論』一九六三年七月号）とか、ふだんは何の専門の仕事もしないくせに、政治的事件がおきるとにわかに目を覚ましてしゃしゃり出てくるインテリが多すぎる（「知識人の機能」「朝日新聞」一九六六年一〇月一二日夕刊）、と。「安保後の知識人」（『諸君！』一九七七年六月号）で、清水は六〇年安保後に知識人が知識人としてサバイヴしたことについてもこんな皮肉を述べていた。

安保後の知識人の第三の問題は、「代用品」ということです。（中略）知識人は、最初、経済成長の過程で国民生活が豊かになって行く事実をあれこれと否認していましたが、そのうち、否認し切れなくなると、貧困は諦めるとして、今度は、貧困に代るものを探し始めました。何か探し出さなければ、国民は幸福になっているということになり、「現体制」――というのは、全く曖昧な言葉ですね――でよいということになり、シュンペーターの謂わゆる「批判的精神」の使い道がなくなるわけでしょう。そこで、探し出されたのが、例の「疎外」という観念です。(中略)戦前の或る時期から、少数の人たちの間では用いられていた言葉ですが、経済の高度成長が進行するにつれて、猫も杓子も疎外ということを口にするようになりました。確かに国民は豊かになって来ているが、しかし、貧困より更に不幸な疎外の状態にある、いや、豊かになればなるほど、疎外は深くなって行く……。多くの知識人は、こういう合唱を始めました。

これは六〇年安保闘争までの知識人を批判したものであるが、放った矢は清水自身に戻り、ブーメラン効果をもたらす。このような清水の予言者=知識人批判は、自己を抜きにした論説というよりも、自己を準拠としたリフレクション(自己言及による反省)とみなすことができる。

メディア知識人の「業」

清水禮子は、『清水幾太郎著作集』19に寄せた「跋《ばつ》」で、清水幾太郎には、いつも、閉じた円環となることへ惧れがあったとして、「閉じて完結し固定することを嫌い、経験の風に身を晒し、風の中から無遠慮に突当って来るノヴェルティに対応し得る新たな地平を求め、絶えず見地を移動させ変化させて行くことを自らに課し続けた人間」だったといっている。継続的リフレクション（自省）は近代に特有な現象（P・L・バーガーほか『故郷喪失者たち』高山真知子ほか訳、A・ギデンズ『近代とはいかなる時代か？』松尾精文ほか訳）だが、こうした近代の意識を過剰かつ自覚的に生きたのが清水幾太郎だった。

清水は「人間　この経験に学ぶもの」を揮毫の文章にしたが、経験をもとにしたリフレクションが清水の思考の基礎にあった。清水自身が翻訳したジョン・デューイの、「古い経験が、新しい改良された経験を育てるための目標や方法を暗示するものとして利用される。従って、その意味で、経験は構成的な自己調整を行なうものになる」（『哲学の改造』）という言明を自ら生きた。

自分の経験を踏み台にした後に、すぐに崩していく清水の流儀が、恒常的に新奇さが求められる売文業や知識人界の生存戦略のためだったのか、それともそうした過剰ともいえるリフレクションが、結果的に売文業や転覆戦略に奏功したのか。おそらく、両者がポジティヴ・フィードバック作用を励起していたのだろう。そして、過剰なほどのリフレクションが自省のたまものなのか、いつもウケていたいという文筆家の宿痾《しゅくあ》によるものなのか、見極め難い。いや清水自身にさえも判別しにくいところに強力な文筆戦略たりえた秘密もあったのだろう。

こうもいえよう。清水がメディア知識人として差異化やウケをねらったことはたしかだとしても、そうであればあるぶん、稀代の才人で、かつリフレクションの人である清水は、そうしたメディア知識人の「業」に十分に自覚的だったはずである。したがって、「火中の栗を拾う」というような清水のラジカリズムは、差異化戦略による生存戦略・覇権戦略とうらはらな形で、メディア知識人の「業」――所謂「愛情乞食」(伊藤整)[注4]――を払拭するための自己運動でもあったのではないかと思えてくる。あれほどインテリになりたいと思い、インテリそれも大インテリになった頂《いただき》での知識人への幻滅めいた吐露に自己言及の人だった清水の栄光と悲惨が凝縮されている。

いまや活字メディアにとどまらず、ネット論壇人やテレビ文化人の時代となった。同時に知識人と大衆という知の身分制のもとにメディア知識人が大衆の代弁者であることが疑われない時代が終焉した社会にあっては、大衆の表象=代理という目隠しがなくなったそのぶん、メディア知識人の差異化戦略、生存戦略、転覆戦略など、「清水的なるもの」は、かえってあからさまになっている。ラジカリズムならぬポピュリズムがメディア知識人の生存戦略や覇権戦略として行使されることや、なにかを主張したいのではなく、持続的な執筆、持続的な出演それ自体が目的のようにさえみえるメディア知識人の志向などが目につきやすくなっている。たしかに清水は忘れ去られた思想家であるが、こうしたメディア知識人の原型として、つまりメディア知識人の「業」を象徴する存在として思い出されてしかるべきである。

[注1]　しかし、経済資本－、文化資本－の労働者階級の大衆的唯物論者と、精神的禁欲主義かつ主知主義である知識人にはずれがあり、このずれによって知識人には労働者階級の左派と微妙に異なった特有の左派が生まれやすい。

誰が知識人かという知識人の定義（境界設定）自体が知識人界の闘争の客体であるが、知識人をめぐる修辞（革命的知識人など）闘争や類似名称をめぐる（文化人など）闘争もおきる。二一世紀になると、アメリカを中心に、「公共知識人」（public intellectual）という用語がさかんに使用されるようになった（E. Townsley, "The Public Intellectual Trope in the United States", *American Sociologist*, Vol. 37, No. 3, 2006）が、公共知識人は左派知識人のみならず保守知識人をも包摂した名称である。知識人界における左派知識人の勢力の衰退をあらわすとともに、エリート・ジャーナリストによる、専門に閉塞する大学人との差異化や知識人界を象徴的に再編するための名称革命とみることもできる。

[注2]　吉本隆明の著作が大学生たちに読まれるようになったのは、六〇年安保前後からである。し

かし、当時のインテリっぽい学生のほとんどはまだ丸山眞男のほうを教祖としていた。丸山が正統知識人で吉本は異端知識人だった。そんな時代だったから、わたしは丸山ファンを優等生っぽく、吉本ファンを自分に正直な人に思えたものであるが、前者は大学院へ進学して大学教授になりたいというような上昇インテリ的で、後者は自分の来歴に正直だったからといえよう。しかし、全共闘世代になると、丸山ファンというより、丸山の悪口をいうのがインテリの証のようになり、吉本は正統なき異端のなかで中心に躍り出た。吉本の覇権戦略が成功し、知識人界の従来の構成が揺らぎだした。吉本が正系に、丸山が異端になったというのではなく、知識人界の中心と周縁そのものが融解したのである。

転覆戦略をとる傍系知識人は、上昇インテリを界の再生産ではなく、界の「ルールを変える」ために動員することによって界の構造を覆そうとする。その際、大衆を戦略概念とすることがきわめて有効になる。庶民は上昇インテリの半身であるからだ。吉本隆明の転覆戦略はこの動員がもっとも成功した例である。

吉本の覇権戦略が成功したのは、大量の大学第一世代（親が大卒ではない大学生）が生産されたことにより、かれらの間にプロレタリア状態化した知識人であることとの不安がひろがり、実感としてとらえられるようになったからである。吉本が異端知識人の位置に甘んじていた六〇年安保までの時代は、大学第一世代つまり出発地位が経済資本と文化資本で劣った地位であっても、その未来が知的中間層になりうるかもしれないという予期があった。そのときには、正系知識人への憧れが模倣のエネルギーとなり、上昇インテリを生む。しかし、そうした予期をもてなくなったときには、学生の官学大学教授に代表される正系知識人への憧れと憤怒との両義性は激しく振動しはじめる。
かくて、学園闘争を担った学生たちは、大学知識人を範型にした文化プチブルジョアの道にではなく、文化ブルジョアを苛酷に相対化した吉本隆明のほうに共感をもつようになる。もっといってしまえば、下町知識人吉本隆明が表明した正系知識人という文化貴族への怨恨にもとづく転覆戦略こそ、闘争を担った学生＝プロレタリアート化したインテリあるいは高等教育第一世代の怨恨を代弁するものだった。プロレタリアート化した学生にとっては、大衆の知識人化をいう丸山に代表される山の手知識人ではなく、下町知識人のポジションから大衆の原像（あるがままの大衆）に下降し、自立の思想を説く吉本隆明のほうに共感をもつのは不思議ではないだろう。吉本の転覆戦略と周辺インテリの期待（憤怒）が合致した結果である。

［注3］　福田は「知識人とは何か」で、こう書いている。「……知識人を自認する事によつて、専門の職能人としての怠慢をごまかし、その資格からの転落を防がうとしてゐる知識人が余りに多過ぎはしないでせうか。といふより、くどい様ですが、さういふ人々を知識人と呼ぶと定義すべき実情です。例は幾らでもあります。知識人が職業化した時、平和屋になり、テレビ・タレント化して行くのです。これもくどい様ですが、さうして知識人が職業化すれば、それが職業である以上、危機を食ひ物にする利己心に支配されざるを得ず、大義名分と利己心との混同といふ自己欺瞞に追ひ込まれて行くのは必然と言へませう」（『福田恆存全集』6）。

［注4］　「芸術家は作品を賞賛され、著名になり、敬愛され、先生とか天才とか鬼才とか言われること

を、切に、生命がけで求める。（中略）あらゆる批評の中に芸術家は、自分が愛されているか否かのみを確かめようとするのだ」（伊藤整『鳴海仙吉』）。

あとがき

二〇〇八年の秋のことだった。日本教育社会学会の帰り道、バスのなかで、わたしより数歳年長の研究者と一緒になった。『丸山眞男の時代』（中公新書）を上梓してしばらくたったときである。この研究者から、「つぎは、どんな本を書きますか」と話をむけられた。わたしは「清水幾太郎についてまとめてみたいと思っているのですが」と答えた。こういうと、「丸山より清水のほうがずっとおもしろいですよ」といって激励された。どのような意味でそういったかを聞き損ねたが、いまどき清水幾太郎でもないだろうよ、といわれるかと思ったので、少し安心した。いま清水を取り上げるのは、序章や終章に書いたように、いまをときめくメディア知識人の原型として、さらには戦後史を考えるうえでこれほど適格な人物はいないと思ったからである。

しかし、まもなく別のテーマで雑誌連載などがはじまったので、清水については、資料を収集し、それを読むという作業を少しずつ続ける程度で、大幅に進捗したわけではなかった。清水にとりかかろうとしたのは、前記の連載が軌道に乗り出したころ、二〇一〇年になってからである。といっても一気にまとめあげる時間がないので、中央公論新社の松室徹さんに相談すると、「当社のホームページでのウェブ連載はどうですか」と示唆をいただいた。ありがたいことにウェブ連載をはじめるにさきだってその予告論文ともいうべき「メディア知識人の運命　清水幾太郎論の試み」を、『中央公論』編集部の小野一雄さんをつうじて、同誌二〇一〇年四月号で発表する機会を得た。こうして、同年四月から約二年、二三回にわたってウェブ連載をすることになった。本書はこの連載に大幅に加筆したものである。

清水は著作・編著書・翻訳書はいうまでもなく、新聞・雑誌への寄稿もただならぬ量にのぼる文筆家である。短い雑文も対談も、コピーをとり、読むことにつとめたが、分量が多く閉口したところもある。しかし、効能もあった。清水は「自分はジャーナリストという芸人」といっていただけに、サービス精神旺盛で、自分の経験を文章中にちりばめている。対談などでは、赤裸々に自己を語っている。これらを拾い集めると、さながら「架空インタビュー」となり、清水本人への聴き取り調査をおこなったような塩梅になったからである。清水という人を知るうえで大いに役立った。

もちろんこのような架空インタビューにとどまることなく、生前接触があった東眞史さんや浅見雅男さんなどの元編集者や評論家の方々などに聴き取りの機会を得た。さらに清水の教え子であり、『清水幾太郎「20世紀検証の旅」』の著書もある松本晃さんには、お話をうかがうだけでなく、貴重な清水関係資料をいただくことができた。松本さんのお誘いで学習院大学清水ゼミの皆さんとともに、八王子市の高尾霊園にある清水家の御霊前に御参りすることもできた。その折、早くから清水研究をしている早稲田大学の大久保孝治教授とも面識を得ることができた。そのほか資料収集で、獨協中学・高等学校図書館などでもお世話になった。お世話になったみなさまに厚くお礼を申し上げます。

資料は関西大学総合図書館・堺キャンパス図書室、同図書館・図書室をつうじて国会図書館などの相互利用で得たものが多い。司書の方々に感謝したい。編集を担当していただいた中央公論新社の井之上達矢さんと長期にわたるウェブ連載に伴走いただいた松室徹さんにお礼を申し上げます。

本書が若き日に清水の読者であった人々には思い出の新たな反芻となり、若い世代には、戦後を代表するメディア知識人をつうじて戦後史と現代のメディア知識人を考えるよすがとなれば、望外の喜びである。なお本書では、拙書『革新幻想の戦後史』など既発表との一部重複があるが、清水を論ずるときに、戦後史の背景を抜きにできなかったことによる。既発表との重複を文中でそのつどことわるのは煩瑣になるので、原則として省略した。読者のご海容を乞いたい。

二〇一二年六月一日　竹内　洋

文庫版あとがき

メディア・リテラシー、つまりメディアの真偽を見抜き活用する能力が大切といわれる。そのためにはメディアでの発信者であるメディア知識人（メディアを舞台に活躍する知識人）が何をどのように語るかについて着目することが大事だが、かれらがどうやってメディアの寵児になったのか、どうやってメディア有名人として生き延びているのか、その手練手管を知ることも大切だろう。メディア界での脚光のための戦略や遊泳術をも知らなければならない。

というのも、知識人も政治家も芸能人も世に出たい、受けたいというのは共通の欲望であり、そうした欲望を持った存在として知識人の言説をチェックしていくのが知識人の言説に振り回されないための予防策になると思うからである。

そこで、メディア知識人の祖型的人物を題材に、かれらの生存戦略を考えていこうとおもったのが本書の出発点となった。すぐに浮かんだ元祖メディア知識人は、徳富蘇峰（一八六三～一九五七）、室伏高信（一八九二～一九七〇）、清水幾太郎（一九〇七～八八）の三人だった。いずれも生涯にわたってジャーナリズムの表舞台に出ずっぱりだった。そしてその論調の変化に対して「便宜主義」（蘇峰）、「転々たる変説」（室伏）、「論ころがし」（清水）と批判されたことでも三人は共通している。

蘇峰については、これまでに研究がただならぬところがあることと、活躍した時代が遠すぎるので、候補から外した。室伏にするか、清水にするかで迷ったが、清水の活躍を同時代で知っているという土地勘ならぬ人物勘があることで清水を選んだ。

敗戦後から六〇年安保までの清水の論壇と社会運動での活躍は目覚ましかった。丸山眞男が「清水親分」といって一目も二目もおいた存在で、進歩的文化人の代表格だった。六〇年安保闘争が敗北すると、しだいに右旋回する。八〇年には、「核の選択――日本よ国家たれ」というバリバリのタカ派論文を書き、世間を騒然とさせた。この右旋回で、総合雑誌はもとより週刊誌の特集に、「また転身する清水幾太郎」「清水先生、もうアジはごめんです」などというスキャンダラスな題目で何回もとりあげられた。清水は変節漢にすぎなく、思想家などとはいえないという悪評のもととなり、忘却の箱に投げ入れられた。清水は、死後、著作が正典化された丸山眞男と対蹠的な運命を描いた。

しかし清水を、今を謳歌するメディア知識人の原型としてふりかえることで、現代史と通底してくるのではないか。そう思ったのである。清水は生涯にわたってメディアに出ずっぱりだった。清水のメディア知識人としての世渡り戦略は並はずれたものだった。現代史的関心からみれば、清水を忘れられた思想家とみるよりも、メディア知識人の原型とみることによって腑に落ちることのほうが多くなる。

このあたりを探ることとは、いま新聞雑誌やテレビ、ネットで活躍するメディア知識人を考えることにつながる。「いまさら清水でもないだろう」という年輩世代にも、「清水って誰？」と思う若い世代にとっても、「昔は昔にあらず」になるのではなかろうか。本書を読みながら読者それぞれに清水幾太郎を考えることで現代のメディア知識人論と繫がることができれば、執筆者として望外の喜びである。

文庫化にあたっては学芸編集部長木佐貫治彦さんに御尽力いただいた。同編集部高橋真理子さんには煩瑣な作業を丁寧にしていただいた。佐藤八寿子さんには力のこもった、シャープな解説を書いていただいた。記して深く感謝申し上げます。

なお、単行本あとがきにも書いたように編集者として生前の清水と親交のあった東眞史氏（元文藝春秋編集者）から清水についての多くの貴重な思い出を聞かせていただいた。東氏は昨年六月黄泉の国に旅立たれた。東氏のご冥福をお祈りするとともに、ささやかな作品ではありますが、本書を氏の御霊前に献じさせていただきたく思います。

二〇一八年一月

竹内　洋

解説

佐藤八寿子

いささか偏った解説になるかもしれない。しかし著者の先生は、そんなことも先刻ご承知のうえで敢えて私をご指名下さったのだろうから、私なりの「傍系」解説を書くことにする。

本書は、現代すでに忘却された昭和の思想家・清水幾太郎の存在を、歴史の分厚い灰燼の中から掘り起こし光をあてた研究として高く評価される。あるいは、清水という思想家を通じ、「アカデミズム」と「論壇」との対比を軸に、知識人「界」のダイナミズムを描いた卓越した教育社会学である。

と「正系」の解説なら言うだろう。

確かに、そのようにも、読める。しかし、ここではもう少し遠景に身をひいて、真正面からではなく少々斜に構えて全体を眺めることとしよう。そうすることで、竹内社会学の面白さが一層立体的に味わえるように思えるからだ。

以下、二つのキイワードに沿って解説をしてみる。

第一のキイワードは戦略だ。本書は、「ラジカリズム」と「庶民」という戦略で時代の寵児となり、またそれ故に「忘却」せられた清水幾太郎を論じてはいるが、実は、彼一個人を超えてもっと大きな物語を描いている。その物語とは、我々皆が避けがたく巻き込まれてきた、そして今も巻き込まれているメリトクラシーの物語であり、清水幾太郎の戦略とはこの物語の中を生き抜くためのものだった。

近代社会は、教育に基づく競争原理、いわゆるメリトクラシーを動力エンジンとしてそのシステムを展開してきた。メリトクラシーとは、国民皆学のご時勢にあって、万人がもれなく巻き込まれて来た学歴競争、能力主義の別名だ。これまで教育社会学が、例えば「アスピレーション（野心）の加熱／冷却」として、繰り返し、様々に、読み解き、膨大な数字や概念で分析し、或いは批判してきた此の巨大な動力機関は、竹内洋の手にかかれば忽ち、目に見える「山の手」と「下町」文化の相克として明快に図解され、「インテリになりたい」という肉声一句によって、その本質を凝縮してみせる。

そこに凝縮された本質とは、メリトクラシーという双六の「上がり」の図であり、シンボルとしての「山の手」文化であり、そこに密輸されている勝者の「覇権」であり、つまるところ、普遍的な生活の豊かさや幸福である。このメリトクラシー双六に、まさに他ならぬ我々自身が、好むと好まざるとに関わらず、参加を余儀なくされている現実があるからこそ、清水一個人の肉声は我々自身のホンネへと反響してくる。メリトクラシーの底に流れる、そうした生々しい人間達の「業」の暴露こそが、本書と本書に連なる竹内洋の著作群――『日本のメリトクラシー　構造と心性』(一九九五)、『立身出世主義　近代日本のロマンと欲望』(一九九七)、『学歴貴族の栄光と挫折』(一九九九)、『大学という病　東大紛擾と教授群像』(二〇〇一)、『丸山眞男の時代　大学・知識人・ジャーナリズム』(二〇〇五)、『革新幻想の戦後史』(二〇一一) 等々――の中で展開されてきた「竹内学」の真骨頂であり醍醐味であると言えよう。

ちなみに、竹内洋他編著『日本の論壇雑誌　教養メディアの盛衰』(創元社、二〇一四)の中で、筆者は花森安治の『暮しの手帖』をとりあげ、「山の手」文化席巻の時代の素描を試みた。その他、細々と書き継いできたものもまた、その隠れ主題は一貫して「山の手」文化である。それらは何れも竹内の大河物語の傍らにある外伝にすぎない。

竹内は、文化資本弱者たる清水幾太郎の「山の手知識人のなかに入り込み、山の手文化を食い破る」戦略を看破している。ここで重要なのは、竹内自身解説しているように、清水を「界」におけるプレイヤーとしてとらえ、戦略をメタレベルの分析用語として読むことだ。清水の道程を「彼個人の気質に帰すべきで、『戦略』に帰すべきではない」という反論は、従って、その文言自体の意味するところに誤りは無いにせよ、議論としてはお門違いといわざるを得ない。清水本人が意図したか否かに関わらず、結果として彼は覇権闘争におけるプレイヤーとして極めて「戦略」的ロールを果たした、という解釈を、この語が成立させている。彼が同時代プレイヤーとして、非常に鮮明にその役を果たしたからこそ、清水幾太郎は清水幾太郎であるにとどまらず、本書は一知識人の研究にとどまらず、現代と地続きの時代の社会全体のダイナミズムを描くことに成功している。

第二のキイワードはメディアだ。本書には「メディアと知識人」というサブタイトルがついているが、実は、「メディアとしての知識人」をも活写している。清水幾太郎を戦後の「メディアそのもの」としてとらえてみると、竹内の解釈はさらに説得力を持ってくる。

メディアには「巫女」という意味もある。もともとメディアは「中間」「媒介」を意味するラテン語を語源とする medium の複数形だが、古くは神と人とを「媒介」するシャーマンや霊媒師を意味する語としても用いられていた。そんな用語は遥か遠い古代のもの、と、切って捨てられない側面が、実はメディアにはある。今日もなお我々は心のどこかで、メディアの無謬性を信仰している部分があるからだ。我々がしばしば痛烈にメディア批判を行い、時に怒り、時に裏切られたと悲嘆するのは、それが「本来は誤りがあってはならないもの」という根拠の無い一方的期待をそれに寄せているからに他ならない。

サンフランシスコ講和条約発効前、平和運動の先頭に立っていた当時の清水と徳川夢声との対談にこんなやりとりがある。

夢声　清水さんの地位は、やや教祖的なところがありますよ。【西田哲学の後に若き崇拝

者（信者）を最も多数集めているのは、今や清水哲学であるらしい】
清水　遺憾ながら、そう見られることが多いようですね。冗談でしょうけれども、こないだも手紙の裏にこんなことを書いてきました。「杉並区上高井戸、清水教本部……」（笑）
（昭和二六・一二・一九日　対談。『問答有用　夢声対談集Ⅱ』朝日新聞一九五二年、一五四頁）

預言者、教祖、まさにメディアであり、清水自身、充分にそのことを知っていた。その意味で、竹内が「清水自身が終始予言者のようにふるまった」ことを指摘していることは極めて重要だ。

竹内は大久保孝治「戦略としての『庶民』」を引きつつ、清水が「庶民の背後にある『匿名の思想』に気づいて」おり、それが「国民の大部分がその日常生活のうちにおいて信じているもの」であり、「言語化されない粘体のような姿をした『経験・問題・願望』」だったことを指摘している。終戦から六〇年安保にかけてメディアの寵児であり続け、その追悼で「いまの四十代後半から六十代前半のインテリたちで、清水氏の評論や行動によって深い感銘を一度も受けなかった人物がいるとすれば、それはモグリだ」と言われた清水を、時代の「メディアそのもの」として読解してみると、彼に投影された巨大な世論の影が浮かび上がってくる。清水は自らを「火付け役」とも呼ぶが、燃料がなければ火はたちどころに消えてしまう。燃料は満タンだった。そこに着火役を超えた、「民の声」を伝える時代のメディアとしての清水像が見えてくる。「民の声は神の声」とは、カール大帝（七四二～八一四）に世論を尊重すべきことを説いた神学者F・A・アルクイヌス（七三二頃～八〇四）の言だが、今日でもなお「紙の声は民の声」とばかりに振舞おうとする文筆の徒、そのような振舞いを期待する読者は、決して消えてはいない。「新しい考えを植えつけるのではなく、もともと持っていた感覚を引き出し、明確にさせ、拡大増幅する」というのは、使い古された、しかし今もなお新しいプロパガンダ理論である。庶民のホンネを「引き出し、明確にさせ、拡大増幅」してくれる「清水幾太郎というメディア」を、必要とし、生み出し、消費したのは、他ならぬ我々庶民だった、ということだ。

本書の末尾近くで竹内は、「庶民の表象＝代理である知識人の存在への懐疑がいやますことになった」（三三五頁）、「メディア知識人が大衆の代弁者であることが疑われない時代は終焉した」（三三八頁）と言う。確かに、知識人の株は暴落した。しかし、メディアそのものに対しては、我々は今もなお無謬性を期待してはいないか。そして、メディアを体現しているのは依然として圧倒的に知識人であるに違いない。そもそもメディアへの信仰をこそ先ず問うてみるべきだということを、本書は教えてくれている。我々は今もなお、日々膨大な「芸人」達を消費しながら生活している。メディアが加速度的に高度化している今日だからこそ、自らをあえて「一種の芸人」呼ばわりしてみせた知識人を振り返ることには大きな意味がある。それはメディアへ対する根拠無き信仰から、我々自身を自由にする第一歩になるかもしれない。

　以上、「戦略」と「メディア」という二語から、本書が単に清水個人を再評価した研究に留まらず、またアカデミズムやジャーナリズムという特殊な「界」における覇権闘争の物語を遥かに超えて、他ならぬ今日の我々自身の物語でもあることを見てきた。学界、論壇、知識人とやらには、およそ縁が無いと自認される方にも、いや、そういう方にこそ、是非ご一読頂きたい書である。その意味で今回の文庫化は真に慶すべきであり、読者諸氏には、今一度、本書冒頭のエピグラムを味読して頂きたいと思う。

　最後に蛇足を加える。私が初めて竹内洋を知ったのは、一九九六年一月、NHK教育で放送されていた人間大学シリーズの中の「立身出世と日本人」というテレビ番組だった。テレビというメディアを通じてすっかり竹内洋のファンとなった一専業主婦は、その後、彼の研究室の扉を叩くことになる。かくして歴とした傍系大衆知識人が一人出来上がり、今、ここで細い筆を執っているというわけだ。竹内教の信者という意味では、些かヤバイ存在であるのかもしれない。ともあれ、竹内先生、いつもながら痛快な物語をありがとうございました！


（教育社会学者）

清水幾太郎略年譜

（『清水幾太郎著作集』第一九巻巻末の「年譜」などを参照して作成）

西暦（年号）	年齢	事柄
一九〇七（明治四〇）		七月九日、東京市日本橋区薬研堀町（現・東京都中央区東日本橋二丁目）に生れる。父末吉（すえよし）、母寿々（すず）の長男。
一九一四（大正三）	六～七歳	四月、日本橋区千代田小学校入学。
一九一九（大正八）	一一～一二歳	六月、本所区柳島横川町（現・墨田区横川四丁目）へ移転。
一九二〇（大正九）	一二～一三歳	三月、千代田小学校卒業。九月、日本橋高等小学校入学。
一九二一（大正一〇）	一三～一四歳	四月、独逸学協会学校中学入学。
一九二三（大正一二）	一五～一六歳	九月、関東大震災に遭う。
一九二五（大正一四）	一七～一八歳	三月、独逸学協会中学第四学年修了。四月、東京高等学校文科乙類入学。
一九二八（昭和三）	二〇～二一歳	三月、東京高等学校卒業。四月、東京帝国大学文学部社会学科入学。
一九三一（昭和六）	二三～二四歳	三月、東京帝国大学文学部社会学科卒業。四月、東京帝国大学文学部社会学研究室副手。
一九三二（昭和七）	二四～二五歳	一〇月、唯物論研究会創立、長谷川如是閑などとともに幹事。
一九三三（昭和八）	二五～二六歳	三月、東京帝国大学文学部社会学研究室副手解職。
一九三八（昭和一三）	三〇～三一歳	「東京朝日新聞」社外嘱託。夏、昭和研究会文化委員会委員。
一九四一（昭和一六）	三三～三四歳	七月、「読売新聞」社論説委員。

一九四二（昭和一七）	三四～三五歳	一月、国民徴用令により徴用（ビルマ派遣軍林一六一一部隊）。一二月、帰国。
一九四五（昭和二〇）	三七～三八歳	三月、海軍技術研究所嘱託。一二月、読売新聞社退職。
一九四六（昭和二一）	三八～三九歳	二月、細入藤太郎、大河内一男とともに財団法人二十世紀研究所設立、所長。
一九四九（昭和二四）	四一～四二歳	一月、「戦争と平和に関する日本の科学者の声明」起草。三月、学習院大学教授。
一九五二（昭和二七）	四四～四五歳	一一月末、岩波書店の文化講演会のため北陸地方へ赴き、石川県内灘村のアメリカ軍砲弾試射場設置反対運動を知る。
一九五五（昭和三〇）	四七～四八歳	夏、東京都立川市砂川町の軍事基地拡張反対闘争に参加。
一九六〇（昭和三五）	五二～五三歳	安保改定阻止闘争で全学連主流派と行動をともにする。七月、現代思想研究会を組織。
一九六六（昭和四一）	五八～五九歳	四月、『現代思想』上下（岩波全書）出版。
一九六九（昭和四四）	六一～六二歳	三月、学習院大学退職。四月、新宿区大京町の野口英世記念会館内に「清水研究室」を設ける。
一九七三（昭和四八）	六五～六六歳	七月、「わが人生の断片」を『諸君！』に連載開始（一九七五年七月まで）。
一九八〇（昭和五五）	七二～七三歳	六月、『戦後を疑う』（講談社）出版。七月、「核の選択――日本よ　国家たれ」（『諸君！』七月号）発表。
一九八八（昭和六三）	八〇～八一歳	八月一〇日、慶應義塾大学病院で八一歳一ヶ月一日の生涯を終える。

批判」『週刊文春』1975年5月21日号
「現代達者伝　清水幾太郎　上」「朝日新聞」1979年1月5日
「現代達者伝　清水幾太郎　下」「朝日新聞」1979年1月6日
「戦後最大のタブーに挑んで話題騒然清水幾太郎氏の『核の選択』」『週刊文春』1980年6月5日号
葬儀広告「朝日新聞」1987年9月5日

【英文書籍・論文】

Benson, R. & E. Neveu (ed.), *Bourdieu and The Journalistic Field*, Polity Press, 2005
Jacobs, Ronald N. & Eleanor Townsley, *The Space of Opinion: Media Intellctuals and the Public Space*, Oxford University Press, 2011
Jacoby, Russell, *The Last Intellectuals*, Basic Books, 1987
Merton, R. K., *Sociological Ambivalence and Other Essays*, Free Press, 1976
Wald, Alan M., *The New York Intellectuals: The Rise and Decline of The Anti-Stalinist Left from the 1930s to the 1980s*, University of North Carolina Press, 1987
McLaughlin, N.,"How to Become a Forgotten Intellectual: Intellectual Movements and the Rise and Fall of Erich Fromm", *Sociological Forum*, Vol. 13, No. 2, 1998
Sapiro, Gisèle,"Forms of politicization in the French literary field", *Theory and Society*, 32, 2003
Townsley, E., "The Public Intellectual Trope in the United States", *American Sociologist*, Vol. 37, No. 3, 2006

安田武・中島嶺雄「清水幾太郎と戦後思想」『中央公論』1975年8月号
山嵜雅子「清水幾太郎の教育論の生成と展開にみる敗戦直後の知識人と教育」『立教大学教育学科研究年報』53号、2010年3月
山野彼方「非共産主義的左翼人」『週刊サンケイ』1954年7月4日号
吉野源三郎「知識人の地位」『新潮』1947年12月号
吉本隆明「丸山眞男論」「一橋新聞」1962年1月15日号〜63年4月16日号
吉本隆明・島尾敏雄「傍系について」『海』1970年5月号
和辻哲郎「夢」『新潮』1952年9月号

【無署名の新聞・雑誌記事論文】
「編輯余録」『新興科学の旗のもとに』第1号、1928年10月
「戸田帝大教授が満洲へ求人開拓に」「東京朝日新聞」1932年3月24日
「人物点描　清水幾太郎」『展望』1949年9月号
「天声人語」「朝日新聞」1950年1月20日
「『高山氏、教授に招けば私は辞職する』　もめる学習院大学　清水幾太郎氏が反対」「朝日新聞」1952年1月12日
「清水幾太郎氏（47）」『アサヒグラフ』1954年3月10日号
「特集　日米安保条約改定問題」『世界』1959年4月号
「『再び安保について』第二回世論調査」「毎日新聞」1960年4月5日
「医者か？　坊主か？――清水幾太郎氏の闘い」「図書新聞」1960年7月16日号
「丸山眞男氏の思想と行動」「週刊図書新聞」1960年9月19日
「日本革命の混成頭脳　共産党を見限った『現代思想研究会』」『週刊新潮』1960年9月19日号
「偽装転向の季節」『自由』1963年2月号
「清水幾太郎教授書斎にかえる」『サンデー毎日』1966年7月3日号
「あれから15年　おやおや清水幾太郎氏が書いた“安保知識人”

藤島泰輔「安倍能成と清水幾太郎」『文藝春秋』1966年9月号
藤竹暁「清水幾太郎の業績と着想」『社会学評論』1990年
不動明夫「批評家群を斬捨御免」『人物往来』1952年11月号
平和問題談話会「講和問題についての平和問題談話会声明」『世界』1950年3月号
平和問題談話会「三たび平和について」『世界』1950年12月号
細入藤太郎「細入藤太郎先生に聞く」『英米文学』立教大学文学部英米文学専修、第49号、1989年3月
松下圭一「マルクス主義理論の二十世紀的転換」『中央公論』1957年3月号
松本健一「思想の責任　清水幾太郎　再論」『正論』1982年3月号
丸山眞男「超国家主義の論理と心理」『世界』1946年5月号
丸山眞男「或る自由主義者への手紙」『世界』1950年9月号
丸山眞男ほか「夜店と本店と」（座談会）『図書』1955年7月号
丸山眞男・埴谷雄高・加藤周一「一年の後・十年の後」（座談会）『週刊読書人』1960年1月1日号
丸山眞男「『清水幾太郎氏の闘い』に寄す」「図書新聞」1960年7月30日号
丸山眞男ほか「議会制民主主義のゆくえ」（座談会）『エコノミスト』1960年別冊
丸山眞男「日本の近代化と土着」『未来』1968年5月号
丸山眞男「『平和問題談話会』について」『世界』1985年7月臨時増刊号
丸山眞男「サンフランシスコ講和 朝鮮戦争・六〇年安保」『世界』1995年11月号
三木清「大学の権威」『文藝春秋』1938年1月号
南成四「清水幾太郎論　安保闘争下の思想家像」『試行』1961年9月号
三好十郎「清水幾太郎さんへの手紙」『群像』1953年3月号
森田尚人「『赤い30年代』のジョン・デューイ」『教育学論集』第45号、2003年3月
矢川徳光「教育学の今日的課題」『教師の友』1951年6月号

12月1日号
中島誠「『世界』『朝日ジャーナル』にみる戦後民主主義」『流動』1979年7月号
中島嶺雄「現代思想研究会のこと」『中央公論』1988年9月号
中島嶺雄「清水幾太郎氏の晩年」上・下『朝日ジャーナル』1988年10月14日号、21日号
中野好男「清水幾太郎」『日本評論』1951年5月号
中村雄二郎「高みから啓蒙に代る――現実性・反逆性・居直り的自信」「日本図書新聞」1955年7月4日号
西部邁「追悼・清水幾太郎 能動的ニヒリストの生涯」『中央公論』1988年10月号
野坂昭如「野坂昭如のオフサイド80」『週刊朝日』1980年6月13日号
服部之総「清水幾太郎論――庶民への郷愁」『中央公論』1950年8月号
馬場明男「戦前戦後のコント研究」『社会学論叢』1991年12月号
馬場修一「1930年代と日本知識人」『季刊社会思想』1971年1月号
林健太郎「わが『転向』の師匠たち」『新潮』1958年2月号
林健太郎「竹山道雄と清水幾太郎」『潮』1964年3月号
林健太郎「戦後思想史と清水幾太郎」『諸君！』1988年10月号
林健太郎「清水幾太郎と全面講和運動」『知識』1991年8月号
早瀬利雄「戦前の日本社会学」『社会学評論』1977年
平田武靖「清水幾太郎――その都度の真実」『現代の眼』1979年8月号
平林たい子「アンケート安保改定問題　私はこう思う」『世界』1959年11月号
福田恆存「民衆の心」『展望』1946年3月号
福田恆存「平和論の進め方についての疑問」『中央公論』1954年12月号
福田恆存「ふたたび平和論者に送る」『中央公論』1955年2月号
福田恆存「近代日本知識人の典型――清水幾太郎を論ず」『中央公論』1980年10月号

高木喜孝「人間的自然と市民社会の往還――清水幾太郎の論陣体系と運動組織論」『季刊ジャーナリズム論史研究』1976年9月号
高根正昭「安保改訂運動と文化人」「東京大学新聞」1959年4月22日号
高根正昭「“世界”を震撼させた岩波文化盛衰の日」『正論』1982年7月号
竹内成明「戦後行動的知識人の終焉――清水幾太郎の思想と行動」『朝日ジャーナル』1970年8月30日号
竹内洋「社会変化映したその軌跡（丸山眞男没後10年）」「毎日新聞」2006年8月13日
竹内洋「ひとつの加藤秀俊論」『アリーナ』第12号、2011年
竹内洋「テレビのなかで消費される知識人」『中央公論』2011年10月号
竹内好「清水幾太郎『愛国心』書評」『図書』1950年5月号
竹内好「民主か独裁か」「図書新聞」1960年6月4日号
竹森清「直球主義を排して」『週刊読書人』1960年5月2日号
竹山道雄「言論の責任」『自由』1964年1月号
竹山道雄「一つの秘話」『教養学部報』1980年2月18日号
田辺元「所感――『社会科学者はかく訴える』を読んで」『世界』1949年3月号
辻清明「憲法問題研究会の存在」『ジュリスト』1964年1月1日号
辻清明「憲法問題研究会の十年」『世界』1968年7月号
坪内祐三「戦後論壇の巨人たち　20回　清水幾太郎」『諸君！』1998年2月号
鶴見俊輔「坂口安吾　清水幾太郎　伊藤整」『中央公論』1955年11月号
鶴見俊輔「私の戦中・戦後から」『ちくま』1975年3月号
東條文規「鶴見俊輔覚え書き」『四国学院大学論集』1978年
戸田貞三「学究生活の思い出」『思想』1953年11月号
中島健蔵「民間アカデミスト」『文学界』1955年9月号
中島誠「丸山真男　宙づりの思想家」『朝日ジャーナル』1968年

熊谷昭三「清水幾太郎論」上・下『思想の科学』1975年10月、11月号
小泉信三「『平和問題談話会』について」『世界』1985年7月臨時増刊号
香内三郎「清水幾太郎における『環境』概念の定位」『季刊ジャーナリズム論史研究』2号、1976年
香内三郎「清水幾太郎における『社会学』の復権」『季刊ジャーナリズム論史研究』6号、1977年
河野密「サラリーマンの経済的基礎」『中央公論』1931年7月号
古在由重・松村一人・清水幾太郎・丸山眞男・宮城音弥「唯物史観と主体性」『世界』1948年2月号
小林秀雄「官僚と学者」『文藝春秋』1939年11月号
今日出海「さまよえる人」『自由』1964年2月号
斎藤晌「あるメモワール」『理想』1963年9月号
作田啓一「日高六郎論—社会学の方法を中心に」『思想の科学』1965年7月号
佐原徹「清水研究室と60年安保『転向』の系譜」『創』1980年12月号
塩崎弘明「昭和研究会と三木清の協同主義」『日本歴史』1993年7月号
志水速雄「清水幾太郎の人と思想」『経済往来』1978年10月号
清水禮子「国会前で泣いた安保の日」『潮』1974年5月号
社会心理研究所「世論をつくる人々」『知性』1954年10月号
庄司武史「清水幾太郎における人間の日常性と非合理性への関心」『社会評論集』Vol. 17、2011年3月
新明正道「紹介 清水幾太郎『社会学批判序説』」『国家学会雑誌』第47巻下、1933年
杉山平助「危機における日本のインテリゲンチヤを分析す」『改造』1938年4月号
杉山平助「大学教授の頭を改造せよ」『日本評論』1938年8月号
鈴木広「清水幾太郎私論」『社会学評論』160号、1990年12月
関根弘「アジテーター求める学生」『東京大学新聞』1962年6月20日号

大隈秀夫「今どうしている“安保”の主役たち」『週刊言論』1967年5月3日号
大隈秀夫・村上兵衛・丸山邦男・村島健一「日本を動かす100人の文化人」『文藝春秋』1967年10月号
大宅壮一「就職難と知識階級の高速度的没落」『中央公論』1929年3月号
大宅壮一「教祖的人物銘々傳」『中央公論』1952年1月号
小田晋・西義之・渡部昇一「『核の選択』から『夕暮れ』まで」『諸君！』1980年12月号
尾高邦雄「福武・日高・高橋君のプロフィル」『書斎の窓』56号、1968年
尾高邦雄・高橋徹「インタビュー　この人この本」『現代社会学』1985年
小田切秀雄「ひとときの傾倒——亀井勝一郎と清水幾太郎」『すばる』1983年6月号
加藤シヅエ「離婚の幸福 清水幾太郎」『女性改造』1951年5月号
加藤秀俊「中間文化論」『中央公論』1957年3月号
神山茂夫「批判は事実に即して——清水幾太郎氏の広島大会をめぐる評価の誤り」『世界』1960年2月号
亀井勝一郎「清水幾太郎」『文藝春秋』1951年7月臨時増刊号
苅部直「恐怖とのつきあい方」『アステイオン』76号、2012年
菅孝行「主題制覇いかに考察されたか——清水幾太郎における偽装抵抗と韜晦」『軌跡』1977年7月号
菅孝行「自己破産へとつき進んだ党派性」『流動』1981年3月号
樺俊雄「清水幾太郎——利にさとい合理主義者」『現代の眼』1980年6月号
京極純一「現代日本における政治的行動様式」上・中・下『思想』1952年9月、10月、12月号
京極純一「単独行の政治学」『中央公論』2000年12月号
久野収「清水幾太郎さんを悼む　学問と評論と運動と」「読売新聞」1988年8月12日
久能不二夫「清水幾太郎に於ける人間の研究」『新潮』1957年5月号

五十嵐信「フィアカントの社会学概念に於ける二三の問題」『哲学研究』第10巻九、一〇
石田宇三郎ほか「座談会　岩波講座『教育』をめぐって」『教師の友』1952年11月号
石田精一「『現代思想研究会』の論理」『日本共産党中央委員会理論政治誌』1960年12月
石原辰郎ほか「『唯物論研究会』の活動」『現代と思想』1971年3月号
伊東冬美「追悼・清水幾太郎 清水研究室の十四年」『中央公論』1988年10月号
猪木正道「空想的平和主義から空想的軍国主義へ」『中央公論』1980年9月号
上山春平「非武装自衛は空論か」『中央公論』1980年9月号
上山春平「清水幾太郎の『方向転換』を疑う」『エコノミスト』1981年10月6日号
臼井吉見ほか「総合雑誌と巻頭論文」（座談会）『中央公論』1957年5月号
内海庸介「名著の履歴書　清水幾太郎著『社会学講義』」上・下「図書新聞」1966年5月14日、5月21日号
梅棹忠夫「文明の生態史観序説」『中央公論』1957年2月号
江藤淳「"戦後"知識人の破産」『文藝春秋』1960年11月号
遠藤湘吉「無力な『平和論議』」「毎日新聞」1950年4月20日
遠藤湘吉「『平和』の具体化へ」「毎日新聞」1950年4月21日
大久保孝治「忘れられつつある思想家」『早稲田大学大学院文学研究科紀要』第四四輯第一分冊、1999年2月
大久保孝治「清水幾太郎の『内灘』」『社会学年誌』45号、2004年
大久保孝治「清水幾太郎における戦中と戦後の間」『早稲田大学大学院文学研究科紀要』第五一輯第一分冊、2005年
大久保孝治「清水幾太郎における『庶民』のゆくえ」『社会学年誌』48号、2007年
大久保孝治「清水幾太郎の評伝のための覚書」『早稲田大学大学院文学研究科紀要』第五五輯第一分冊、2009年

社、1990年
山本潔『読売争議』御茶の水書房、1978年
湯浅泰雄『和辻哲郎』ちくま学芸文庫、1995年
吉本隆明「情況とはなにかⅠ——知識人と大衆」『自立の思想的拠点』徳間書店、1966年
吉本隆明「収拾の論理」『吉本隆明全著作集（続）10　思想論Ⅱ』勁草書房、1978年
読売新聞社史編纂室編『読売新聞八十年史』読売新聞社、1955年
ライシャワー、E・O『日本近代の新しい見方』講談社現代新書、1965年
リンガー、F・K『知の歴史社会学』筒井清忠ほか訳、名古屋大学出版会、1996年
ルクセンブルク、ローザ『ローザ・ルクセンブルク選集』第4巻、田窪清秀ほか訳、現代思潮社、1962年
レイン、R・D『自己と他者』志貴春彦ほか訳、みすず書房、1975年
ロストウ、W・W『経済成長の諸段階』木村健康ほか訳、ダイヤモンド社、1961年
渡邊一民『林達夫とその時代』岩波書店、1988年

『経済白書』1956年度版
『国民生活白書』1956年度版
『岩波講座　現代思想』第11巻、岩波書店、1957年
『経済白書』1959年度版
『日本読書新聞』不二出版、1988年
『清水幾太郎先生生誕百年記念文集』2007年
『大学ランキング2013年版』朝日新聞出版、2012年

【雑誌・新聞】
新睦人「日本社会学への提言 」下『現代社会学』1978年10月号
荒川幾男「知性の変貌」『思想』1977年3月号
荒川幾男「闘う学問」『世界』1982年12月号

ほか訳、みすず書房、1961年
マートン、R・K「アンビバランスの社会学理論」『現代社会学大系　第13巻　社会理論と機能分析』森東吾ほか訳、青木書店、1969年
マルクーゼ、L『現代思想3　わが20世紀』西義之訳、ダイヤモンド社、1975年
丸山眞男「日本ファシズムの思想と運動」遠山茂樹ほか『東洋文化講座　第二巻　尊攘思想と絶対主義』白日書院、1948年
丸山眞男『現代政治の思想と行動』上巻、未來社、1956年
丸山眞男「個人析出のさまざまなパターン——近代日本をケースとして」松沢弘陽訳、マリウス・B・ジャンセン編、細谷千博編訳『日本における近代化の問題』岩波書店、1968年
丸山眞男「近代日本の知識人」『後衛の位置から』未來社、1982年
丸山眞男「『日本政治思想史研究』英語版への著者序文」『丸山眞男集』第12巻、岩波書店、1996年
丸山眞男ほか「戦争と同時代」『丸山眞男座談』2、岩波書店、1998年
丸山眞男・鶴見俊輔「普遍的原理の立場」『丸山眞男座談』7、岩波書店、1998年
マンハイム『イデオロギーとユートピア』高橋徹ほか訳、中央公論新社、2006年
見田宗介『社会学入門』岩波新書、2006年
宮城音弥「能力の競争」鶴見俊輔編『語りつぐ戦後史』1、思想の科学社、1969年
村上一郎『明治維新の精神過程』春秋社、1968年
森田尚人ほか編著『教育と政治——戦後教育史を読みなおす』勁草書房、2003年
森田実『進歩的文化人の研究』サンケイ出版、1978年
安田武「清水幾太郎論——一つの『平和論』の破綻」『人間の再建——戦中派・その罪責と矜持』筑摩書房、1969年
安田武『こころ驕れる』合同出版、1972年
山崎正和「『インテリ』の盛衰」『日本文化と個人主義』中央公論

ブルデュー、ピエール『構造と実践　ブルデュー自身によるブルデュー』石崎晴己訳、藤原書店、1991年
ブルデュー、ピエール『ホモ・アカデミクス』石崎晴己・東松秀雄訳、藤原書店、1997年
ブルデュー、ピエール『政治』藤本一勇ほか訳、藤原書店、2003年
ブルデュー、ピエールほか『リフレクシヴ・ソシオロジーへの招待』水島和則訳、藤原書店、2007年
ブルデュー、ピエール『科学の科学――コレージュ・ド・フランス最終講義』加藤晴久訳、藤原書店、2010年
ブルデュー、ピエール『自己分析』加藤晴久訳、藤原書店、2011年
ブルデュー、ピエール『国家貴族』Ⅰ・Ⅱ、立花英裕訳、藤原書店、2012年
フレッチャー、マイルズ『知識人とファシズム』竹内洋・井上義和訳、柏書房、2011年
フロイト、ジークムント「ギムナジウム生徒の心理学のために」道籏泰三訳『フロイト全集』13、岩波書店、2010年
ボスケッティ、A『知識人の覇権』石崎晴己訳、新評論、1987年
ホーフスタッター、リチャード『アメリカの反知性主義』田村哲夫訳、みすず書房、2003年
堀邦維『ニューヨーク知識人』彩流社、2000年
本多顕彰『指導者』光文社、1955年
牧野巽先生追悼録刊行会『牧野巽先生追悼録』1977年
町田祐一『近代日本と「高等遊民」』吉川弘文館、2010年
松浦総三『戦後ジャーナリズム史論――出版の体験と研究』出版ニュース社、1975年
松田道雄『日本知識人の思想』筑摩書房、1965年
松田政男「六月行動委員会の頃」『吉本隆明全講演ライブ集』第5巻付録冊子、弓立社、2002年
松本晃『清水幾太郎の「20世紀検証の旅」』日本経済新聞社、2000年
マートン、R・K「科学の社会学」『社会理論と社会構造』森東吾

独協学園百年史編纂室編『独協百年』第五号、独協学園百年史編纂委員会、1981年
富永健一『戦後日本の社会学』東京大学出版会、2004年
内閣官房内閣調査室編『安保改定問題の記録（資料編）』1951年
中井久夫ほか『昨日のごとく——厄災の年の記録』みすず書房、1996年
中岡哲郎『技術の論理・人間の立場』筑摩書房、1971年
二十世紀研究所編『資本主義社会の構造』思索社、1948年
二十世紀研究所編『ディスカッション　社会科教育』思索社、1948年
二十世紀研究所編『社会主義社会の構造』思索社、1948年
バーガー、P・Lほか『故郷喪失者たち』高山真知子ほか訳、新曜社、1977年
バーガー、P・L『社会学への招待』水野節夫ほか訳、思索社、1979年
芳賀綏『言論と日本人』講談社、1999年
袴田茂樹「清水幾太郎」『文化のリアリティ』筑摩書房、1995年
長谷川時雨『旧聞日本橋』岩波文庫、1983年
畑中繁雄『覚書昭和出版弾圧小史』図書新聞社、1965年
服部之総『服部之総全集24　句稿・草稿』福村出版、1976年
林健太郎『移りゆくものの影』文藝春秋新社、1960年
林健太郎『歴史と体験』文藝春秋、1972年
林健太郎『昭和史と私』文藝春秋、1992年
原田達『鶴見俊輔と希望の社会学』世界思想社、2001年
日高六郎・山住正己『歴史と教育の創造』一ツ橋書房、1972年
福田恆存「白く塗りたる墓」掲載誌不明、1948年7月上旬執筆（『福田恆存全集』第2巻、文藝春秋、1987年所収）
福田恆存「知識人とは何か」『福田恆存全集』第6巻、文藝春秋、1988年
福武直「尾高邦雄教授の人と業績」青井和夫・福武直編『集団と社会心理』中央公論社、1972年
ブルデュー、ピエール「知の場と創造投企」ジョン・ブイヨン編『構造主義とは何か』伊東俊太郎ほか訳、みすず書房、1968年

筒井清忠『帝都復興の時代』中央公論新社、2011年
都築勉『戦後日本の知識人――丸山眞男とその時代』世織書房、1995年
鶴見俊輔「戦後日本の思想状況」『岩波講座　現代思想』第11巻、岩波書店、1957年
鶴見俊輔編『現代日本思想大系12　ジャーナリズムの思想』筑摩書房、1965年
鶴見俊輔『同時代　鶴見俊輔対話集』合同出版社、1971年
哲学年鑑刊行会編『哲学年鑑』創元社、1949年
デュベ、フランソワ『経験の社会学』山下雅之監訳、新泉社、2011年
独逸学協会学校同窓会『独逸学協会学校五十年史』独逸学協会学校同窓会、1933年
東京高等学校史刊行委員会編『東京高等学校史』東京高等学校同窓会、1970年
東京高等学校同窓会『旧制東京高等学校　ジェントルマン教育の軌跡』東京高等学校同窓会、2001年
東京都中央区役所編『中央区史』上・下、1958年
東高時報復刻刊行会『東高時報』不二出版、1982年
東北大学百年史編集委員会編『東北大学百年史 4　部局史 1』東北大学研究教育振興財団、2003年
東北大学百年史編集委員会編『東北大学百年史 8　資料 1』東北大学研究教育振興財団、2004年
東北大学百年史編集委員会編『東北大学百年史 10　資料 3』東北大学研究教育振興財団、2009年
戸坂潤「読書法」『戸坂潤全集』5、勁草書房、1967年
戸田貞三『戸田貞三著作集』第14巻、川合隆男監修、大空社、1993年
戸田貞三『戸田貞三著作集』別巻、川合隆男監修、大空社、1993年
戸田貞三編『社会学研究の栞』中文館書店、1949年
独協学園百年史編纂室編『独協百年』第一号、独協学園百年史編纂委員会、1979年

年
絓秀実『吉本隆明の時代』作品社、2008年
杉山平助『文学的自叙伝』中央公論社、1936年
杉山光信『思想とその装置1　戦後啓蒙と社会科学の思想』新曜社、1983年
鈴木広「戦後日本社会学の問題状況」『都市的世界』誠信書房、1970年
大学新聞連盟編『現代学生の実態』鱒書房、1948年
高畠通敏「日常の思想とは何か」高畠通敏編『戦後日本思想大系』14、筑摩書房、1970年
武井昭夫『武井昭夫学生運動論集　層としての学生運動』スペース伽耶、2005年
竹内洋『日本の近代12　学歴貴族の栄光と挫折』中央公論新社、1999年
竹内洋『丸山眞男の時代』中公新書、2005年
竹内洋『革新幻想の戦後史』中央公論新社、2011年
竹内洋『大衆の幻像』中央公論新社、2014年
竹内芳郎『イデオロギーの復興』筑摩書房、1967年
武田徹『私たちはこうして「原発大国」を選んだ』中公新書ラクレ、2011年
谷川雁『工作者宣言』中央公論社、1959年
谷川雁「工作者の死体に萌えるもの」『原点が存在する』現代思潮社、1963年
谷川雁ほか『民主主義の神話』現代思潮社、1966年
田母神敏雄「日本は侵略国家であったのか」元谷外志雄企画『誇れる国、日本。』APAグループ、2008年
千倉書房編輯部編著『学生に贈る就職必携』千倉書房、1938年
中央区教育委員会事務局社会教育課編『中央区の昔を語る』二、中央区教育委員会、1989年
中央職業紹介事務局『知識階級就職に関する資料』、1935年
月村敏行「田村雅之論」『幻視の鏡』国文社、1976年
対馬貞夫「組織体における閥の問題」新明博士還暦記念論文集刊行会編『社会学の問題と方法』有斐閣、1959年

香山健一『未来学入門』潮出版社、1967年
コーザー、L『知識人と社会』高橋徹監訳、培風館、1970年
コーザー、L・A『社会学的分析の歴史 8　アメリカ社会学の形成』磯部卓三訳、アカデミア出版会、1981年
小島亮『ハンガリー事件と日本』中公新書、1987年
小浜逸郎『吉本隆明――思想の普遍性とは何か』筑摩書房、1999年
小林信彦『和菓子屋の息子』新潮社、1996年
小林信彦『日本橋バビロン』文春文庫、2011年
コンラッド、G／セレニイ、I『知識人と権力』舩橋晴俊ほか訳、新曜社、1986年
作田啓一『価値の社会学』岩波書店、1972年
三一書房編集部編『資料　戦後学生運動』5、三一書房、1969年
参考文献懇談会編『昭和前期　思想資料　第1期』文生書院出版、1971年
宍戸恭一『三好十郎との対話――自己史の追及』深夜叢書社、1983年
思想の科学研究会編『転向』中、平凡社、1960年
篠原敏昭「清水幾太郎における市民主義と国家主義の問題」村上俊介ほか編集『市民社会とアソシエーション――構想と経験』社会評論社、2004年
清水慶子「わが娘の場合」『生活の随筆』9、筑摩書房、1962年
社会学研究会編『文化社会学』同文館、1932年
シャルル、クリストフ『「知識人」の誕生』白鳥義彦訳、藤原書店、2006年
シュッツ、アルフレッド『現象学的社会学の応用』桜井厚訳、御茶の水書房、1980年
上丸洋一『「諸君！」「正論」の研究』岩波書店、2011年
新宮譲治『独逸学協会学校の研究』校倉書房、2007年
新明正道先生生誕百年記念号編集委員会編『新明社会学研究――新明正道先生生誕百年記念号』新明正道先生生誕百年記念事業実行委員会、1999年
ジンメル、ゲオルク『社会学』上・下、居安正訳、白水社、1994

猪俣浩三ほか編『基地日本』和光社、1953年
岩田弘三『近代日本の大学教授職』玉川大学出版部、2011年
ヴィノック、ミシェル『知識人の時代　バレス／ジッド／サルトル』塚原史ほか訳、紀伊國屋書店、2007年
上村忠男『ヴィーコ』中公新書、2009年
ヴェーバー、マックス『宗教社会学論選』大塚久雄ほか訳、みすず書房、1972年
梅本克己・佐藤昇・丸山眞男『現代日本の革新思想』上・下、岩波現代文庫、2002年
大井浩一『メディアは知識人をどう使ったか』勁草書房、2004年
大井浩一『六〇年安保』勁草書房、2010年
大熊信行『国家はどこへ行く』鼎書房、1948年
大熊信行『戦争責任論』唯人社、1948年
小笠原真『日本社会学史への誘い』世界思想社、2000年
小熊英二『〈民主〉と〈愛国〉』新曜社、2002年
小熊英二『清水幾太郎』御茶の水書房、2003年
オルソン、ローレンス『アンヴィバレント・モダーンズ』黒川創ほか訳、新宿書房、1997年
カー、クラーク『インダストリアリズム』川田寿訳、東洋経済新報社、1963年
加藤周一『加藤周一対話集第2巻　現代はどういう時代か』かもがわ出版、2000年
川合隆男・竹村英樹編『近代日本社会学者小伝——書誌的考察』勁草書房、1998年
河村望『日本社会学史研究』下、人間の科学社、1975年
菅孝行『鶴見俊輔論』第三文明社、1980年
ギデンズ、アンソニー『近代とはいかなる時代か』松尾精文ほか訳、而立書房、1993年
木村荘八『東京の風俗』冨山房、1978年
キンモンス、E・H『立身出世の社会史』広田照幸ほか訳、玉川大学出版部、1995年
久野収『久野収対話集　戦後の渦の中で』4、人文書院、1973年

学』Vol. 11/No. 2、1985年
「インタビュー　初めて社会学文献に親しんだ頃」『現代社会学』20号、1985年11月
「百家争鳴　使えない言葉」『室内』1986年1月号
「社会学研究六十年」（インタビュー）『歴史と未来』14号、1987年12月
「百家争鳴　研究室」『室内』1988年1月号
「安保後の知識人」『諸君！』1988年7月号
「封印された対談　岸信介・清水幾太郎」『文藝春秋』2010年12月号
清水幾太郎ほか『二十世紀研究所紀要　唯物史観研究　第一集』1948年

その他の文献資料

【書籍】

秋元律郎「市民社会論の展開と挫折」早稲田大学社会科学研究所プレ・ファシズム研究部会編『日本のファシズム1　形成期の研究』早稲田大学出版部、1970年
秋元律郎『日本社会学史――形成過程と思想構造』早稲田大学出版部、1979年
浅田光輝『激動の時代とともに』情況出版、2000年
浅田光輝『市民社会と国家』三一書房、1975年
天野恵一『危機のイデオローグ――清水幾太郎批判』批評社、1979年
石井洋二郎『差異と欲望――ブルデュー「ディスタンクシオン」を読む』藤原書店、1993年
石崎晴己・立花英裕編『21世紀の知識人――フランス、東アジア、そして世界』藤原書店、2009年
石関善治郎『吉本隆明の東京』作品社、2005年
伊藤整『鳴海仙吉』岩波書店、2006年
稲垣恭子「『私淑』とメディアクラシー」北澤毅編『〈教育〉を社会学する』学文社、2011年

座談会)『週刊東洋経済』1977年4月8日臨時増刊号
「安保後の知識人」『諸君!』1977年6月号(創刊八周年記念特別号)
「マルキシズムの亡霊」『週刊新潮』1977年6月16日号
「傷だらけの人生」「朝日新聞」1977年7月3日
「検閲とレトリック」『月刊言語』1977年11月号
「私の文章修業」『週刊朝日』1978年1月20日
「戦後を疑う」『中央公論』1978年6月号
「震災と日本の社会状況」(柿沢弘治との対談)『月刊新自由クラブ』1978年9月号
「『脱 戦後』を考える」「サンケイ新聞」1979年6月19日
「時評　共犯か」『東京新聞』1979年10月1日
「『あらためて戦後の価値体系を疑う』」『週刊ポスト』1980年1月11日・18日合併号
「60年安保から20年」「朝日新聞」1980年6月18日
「核の選択――日本よ　国家たれ」『諸君!』1980年7月号
「こうじの江戸っ子対談」第二回(柿沢弘治との対談)『月刊新自由クラブ』1980年10月号
「次の辛酉までご辛抱を」『諸君!』1981年5月号
「私と太平洋戦争」『文藝春秋』1981年12月号
「弔辞」『正論』1982年11月号
「東京府士族」『文藝春秋』1984年12月号
「偽者の効用」『ステーツマン』1985年1月号
「五十年前」『中央公論』1985年1月号
「戦後のインテリ」(インタビュー)『諸君!』1985年1月号
「日本の国柄に合った憲法改正を」『Voice』1985年4月特別増刊号
「気をつけろよ」「日本経済新聞」1985年5月8日
「友を失う――志水速雄氏を悼む」『ステーツマン』1985年6月号
「相性の悪い県」『ステーツマン』1985年7月号
「昭和史を問う1」「朝日新聞」1985年7月1日夕刊
「インタビュー　この人この本」(藤竹暁との対談)『現代社会

「万国博から帰って」『潮』1970年8月号
「若き日の銀座など」（林紀子との対談）『銀座百点』1970年8月号
「平和運動と学問の谷間で」「サンケイ新聞」1970年8月25日夕刊
「関東大震災と下町と現代」「毎日新聞」1970年9月1日夕刊
「『ノート』に二年」「朝日新聞」1970年9月14日
「関東大震災がやってくる」『諸君！』1971年1月号
「対岸の地震ではない　ロス災害　揺り戻した『清水警告』」「夕刊フジ」1971年2月12日
「もう12万人の墓地ができた“東京大震災”」『週刊大衆』1971年3月14日号
「二十世紀研究所」（川上源太郎との対談）『季刊社会思想』1巻3号、1971年10月
「精神の独立宣言」『近代経営』1971年11月号
「経験　この人間的なるもの　清水幾太郎」『歴史と人物』1972年7月号
「天皇論」『諸君！』1973年3月号
「人間の幸福と科学に関する対話」（青木昌彦との対談）『中央公論』1973年5月号
「地震・カミナリ・火事・オヤジ」（池波正太郎、植草甚一との座談会）『文藝春秋』1973年9月号
「読者に訴える」『中央公論』1973年9月号
「石油と地震」「朝日新聞」1974年1月18日夕刊
「三木清と昭和研究会」『歴史と人物』1974年4月号
「地震は国難」「新潟日報」1974年6月15日
「戦後の教育について」『中央公論』1974年11月号
「関東大震災　大自然の発狂は人間を狂気の動物にする」『週刊朝日』1974年12月20日号
「あの頃の全学連」『文藝春秋』1975年2月号
「私の書斎」『中央公論』1975年11月号
「私の研究室」『宝石』1977年3月号
「座談会　日本の社会思想と近代経済学」（熊谷尚夫、早坂忠との

聞」1963年11月13日号
「あすの成長に期待　“江田ビジョン”の実現される日」「北海道新聞」1963年11月15日夕刊
「新しい歴史観への出発」『中央公論』1963年12月号
「柳田国男著『定本柳田国男集』別巻第一」（書評）「朝日新聞」1964年2月10日
「仙台と私」『TR』春季号、1964年4月
「私の読書術　最高のスピードで」「朝日新聞」1964年6月10日夕刊
「“近代化論”の現実性」『週刊読書人』1964年6月15日号
「私の一九六四年　師走に思うこと」『週刊読書人』1964年12月21日号
「安倍学習院長追悼の辞」『世界』1966年9月号
「知識人の機能　サルトル氏の発言によせて」上「朝日新聞」1966年10月12日夕刊
「未来とはなにか」『潮』1967年2月号
「ケインズとロレンスとムア――倫理学ノート（一）」『思想』1968年11月号
「ロンドンの宿」『文藝春秋』1968年11月号
「東大紛争・私の立ち場」「信濃毎日新聞」1969年2月14日
「最終講義　オーギュスト・コント」『中央公論』1969年3月号
「余暇時代と人間」『潮』1969年5月号
「戦後史をどう見るか」『諸君！』1969年7月号
「ジャーナリズムのいのち　図書新聞20年によせて」「図書新聞」1969年7月5日号
「中世的世界にすぎなかった東京帝国大学……」『就職ジャーナル』1969年9月号
「来るべき社会の主役は何か」『諸君！』1969年10月号
「見落された変数――一九七〇年代について」『中央公論』1970年3月号
「正統D・Jを確立したい　林紀子」『週刊文春』1970年5月18日号
「大震災で大人になる」『潮』1970年6月号

「石田雄著『現代組織論』」（書評）「朝日新聞」1961年4月14日
「われわれは出発する」『現代思想』創刊号、1961年5月
「マイクロ・ジャーナリズム　今日の“編集”の新しい姿勢」『週刊読書人』1961年5月8日号
「この頃の清水幾太郎家の話題　本の読みかたをめぐって」（家族の座談会）『週刊読書人』1961年5月15日号
「マルクス主義への関心」『週刊読書人』1961年6月12日号
「安保闘争一年後の思想」『中央公論』1961年7月号
「思想の言葉」『思想』1961年8月号
「信夫清三郎著『安保闘争史』」（書評）「朝日新聞」1961年9月15日
「正直すぎる将軍」『朝日ジャーナル』1961年12月24日号
「私の研究室」『輔仁会雑誌』1961年
「歴史の底からの出発」『週刊読書人』1962年1月1日号
「カンズメ」『書窓』1962年3月号
「ネコの首に鈴をつけた話」『数学セミナー』1962年5月号
「修正主義とは何か　フージェロラと私　科学的社会主義というものは存在するか」「図書新聞」1962年5月19日号
「憲法闘争いかに戦うか　敗北の歴史を分析せよ」「東大駒場新聞」1962年5月20日号
「日本社会心理学　その歴史と性格　培風館版『今日の社会心理学』の刊行に寄せて」『週刊読書人』1962年6月25日号
「苦労のない構文　私を変えた本」「日本読書新聞」1962年10月8日号
「EECとフランス共産党」『世界』1962年12月号
「スペイン“内乱”研究の成果　ヒュー・トマス著　スペイン市民戦争　I」（書評）『週刊読書人』1963年1月1日号
「カッパブックス2500万部突破のヒミツ　なぜ？　読者と光文社の信頼ムードが生れたか」『新刊展望』1963年1月1日号
「大衆文化について」『図書』1963年2月号
「無思想時代の思想」『中央公論』1963年7月号
「野党の思想的条件」『中央公論』1963年9月号
「“沈滞”克服のための課題　学生運動の特殊性」「東京大学新

議）『世界』1959年10月号
「安保反対運動の現状——憲法問題研究会における報告」『世界』1960年1月号
「共同討議　ふたたび安保改定について——第二回研究報告」（23名の共同討議）『世界』1960年2月号
「思想の言葉」『思想』1960年2月号
「『朝日ジャーナル』一年の歩み　“安保”に少なからぬ役割　読者大衆の実力と努力が支えに」『週刊読書人』1960年3月14日号
「いまこそ国会へ——請願のすすめ」『世界』1960年5月号
「時評　四月二十六日　あの大成果を生かすために」『社会新報』1960年5月22日号
「最悪の事態に立って　請願行動をどう評価するか／“憤り”を組織せよ　4・26統一行動の反省を」『週刊読書人』1960年5月23日号
「安保斗争、一つの評価　全学連の成果を見つめよう」「日本社会新聞」1960年6月27日号
「森本哲郎著　神々の時代」（書評）「日本読書新聞」1960年7月18日号
「批判を思想的に深く——ともに手をとり進むために…」『週刊読書人』1960年7月25日号
「サルトルたちと学生たち——故樺美智子に捧げる」（霧生和夫との対談）『思想』1960年9月号
「安保戦争の『不幸な主役』——安保闘争はなぜ挫折したか・私小説風の総括」『中央公論』1960年9月号
「現代の歴史哲学」『立命評論』1960年9月号
「清水幾太郎氏の組織と人間　5.19と知識人の『軌跡』③／トコトンまで安保を　運動批判と新研究会の仕事」（インタビュー）『週刊読書人』1960年10月3日号
「キューバ革命と日本」『現代思想』2号、1960年11月
「平和問題談話会と安倍先生」『輔仁会雑誌』183号、1961年
「大根賞をイタダく」「図書新聞」1961年1月14日号（『CBCレポート』1961年1月号よりの転載）

聞」1956年12月25日号
「ウチナーダとスナカーワ」『中央公論』1957年4月号
「平和について」『小説春秋』1957年7月号
「日本のうちそと（12）　アメリカ人としての私」「熊本日日新聞」1958年1月17日
「日本のうちそと（21）　ハンガリア騒ぎ」「熊本日日新聞」1958年1月26日
「日本のうちそと（22）　教育研究全国集会」「熊本日日新聞」1958年1月27日
「現代の読書と人生――テレビ時代」『図書』1958年8月号
「洋妾根性への怒り――いっさいは筋書きの通りに動いた」『週刊読書人』1958年8月11日号
「学問と現実　二つの学会に出席して」「朝日新聞」1958年10月28日
「テレビジョン時代」『思想』1958年11月号
「その後の砂川基地反対闘争」『世界』1958年11月号
「“ダラシのない世代”の汚名――もう一度その役割はしたくない」『週刊読書人』1958年11月3日号
「思想の言葉」『思想』1959年1月号
「国民の安全保障」『世界』1959年1月号
「新しい歴史の流れは始っている――1960年を迎えて」（6名の座談会）『週刊労働情報』1959年1月13日号
「静かな声明の背景――安保改定と知識人」『共同通信』（特信F）1959年3月28日
「教育・教師・教組」『世界』1959年4月号
「これまでの十年これからの十年――全面講和論者の立場から」『世界』1959年6月号
「失われた人間を求めて　オートメーション時代における苦悩と解明」（6名の座談会）『日販通信』1959年6月号
「『伝説』の壁をつき崩す途　安保条約問題研究会の課題」『週刊読書人』1959年7月13日号
「思想の言葉」『思想』1959年8月号
「共同討議　政府の安保改定構想を批判する」（20名の共同討

「はかなき抵抗」『文藝春秋』1952年12月臨時増刊号
「占領下の天皇」『思想』1953年6月号
「人違い」『社会タイムス』1953年7月11日号
「内灘」『世界』1953年9月号
「中山村長への手紙」『世界』1953年11月号
「私の書斎」『図書』1953年12月号
「私はまず何を読むことをすすめるか」『自由国民』55号、1953年
「私の教師稼業」『改造』1954年1月号
「知識人の生き方——1954年の課題」（平野謙、高見順との座談会）「日本読書新聞」1954年1月1日号
「わが愛する左派社会党について」『中央公論』1954年2月号
「父兄に見せたかった——教育研究大会を傍聴して」「アカハタ」1954年2月10日
「一つの不思議」『改造』1954年7月号
「この目でみたソ連と中国」『婦人公論』1954年10月号
「帰国の清水教授に聞く」「学習院大学新聞」1954年10月11日号
「中国大衆からの教訓」「北陸新聞」1954年10月14日
「中・ソ西欧より帰って　清水幾太郎氏の報告」『婦人タイムス』1954年10月30日号
「『知性の方法』——旅で会つた人たち」『改造』1954年12月号
清水幾太郎ほか「新しい年への展望」「平和新聞」1955年1月2日
「足繁き訪客」1955年5月
「ぼくの外国旅行　中国の青年」『学図だより』16号、1955年5月
「巡査に捕まったら」「東京新聞」1955年7月31日
「インテリをも少し御利用になったら」『国民』1956年1月号
「時流裁断（5）」（木下順二、日高六郎との座談会）『群像』1956年5月号
「砂川はこうして守られた　現地で座談会」上・中・下「アカハタ」1956年10月17〜19日
「ハンガリヤ問題を清水幾太郎氏に聞く」「東京一般中小労連新

「架空編集長就任の辞についてふたたび」『新聞協会報』1951年1月8日号
「平和を叫ぶ勇気　知識人と社会党大会」「社会新聞」1951年1月30日号
「『警察予備隊』と『再武装論』について——断固として立ち上がろう」『改造』1951年2月号
「今日の教育哲学」『思想』1951年4月号
「日本の思想と文学」（福田恆存との対談）『人間』1951年4月号
「清水幾太郎氏への十問」（インタビュー）『ベストセラー』1951年6月号
「臣道連盟の教訓」「中部日本新聞」1951年6月16日
「じゃーなる放談」「都新聞」1951年7月31日
「ふるさとの人々」『世界』1951年9月号
「日本人の課題　醜態！　平和乞食」「新大阪新聞」1951年10月28日
「声なき民のこえ（清水氏に寄せられた手紙）　投書の発表に際して」『改造』1951年11月号
「三木清の文化評論」『思想』1951年11月号
「素人退場」『教育』1951年11月号
「教育社会学」『教育月報』1951年12月号
「清水幾太郎氏を訪う」（インタビュー）「独協新聞」1951年12月20日号
「問答有用」『週刊朝日』1952年1月20日号
「ファッシズムの心理——E. フロム『自由からの逃走』」『世界』1952年3月号
「寄贈本のこと」『文藝春秋』1952年5月号
「『二つの平和論』　平林たい子さんへ」『文藝』1952年5月号
「第二十三回メーデー祝辞」1952年5月1日
「日本の独立と世界平和のために——一九五二年メーデーへのあいさつ」『人民文学』1952年6月号
「地方の読者の前で」『図書』1952年9月号
「座談会　総選挙の結果から何をくみとるか——分析と展望」（4名の座談会）『世界』1952年12月号

1946年10月23日
「『ヒューマニズム』の性格」『世界』1947年2月号
「難しい綜合雑誌——現代ジャーナリズム批判（上）」「東京新聞」1947年11月12日
「真人間の顔」「アカハタ」1948年1月9日
「唯物史観と主体性」（7名の座談会）『世界』1948年2月号
「思想の中だるみ」「毎日新聞」1948年3月8日
「哲学者との約束」『哲学』2巻1号、1948年4月
「世代の差違をめぐって——進歩的思潮の批判と反批判」（8名の座談会）『世界』1948年8月号
「研究会の方法」「中部日本新聞」1948年8月16日
「清水幾太郎氏との一時間——科学と人間について」（片山修三によるインタビュー）『個性』1948年12月号
「戦争と平和に関する日本の科学者の声明」（安倍能成らとともに）『世界』1949年3月号
「平和のための教育」（8名の座談会）『世界』1949年7月号
「私は走りつゞけた　前田善子さんに督励されて」「図書新聞」1949年10月18日号
「愛国心前後」『図書』1950年1月号
「右と左の暴力」『文藝春秋』1950年2月号
「戦争と平和に関する日本の科学者の声明」『三つの声明——世界平和と講和の問題』『世界』1950年4月号別冊附録
「講和問題に関する平和問題談話会の声明」『三つの声明——世界平和と講和の問題』『世界』1950年4月号別冊附録
「喰物にされたユネスコ　新聞はもっと日常的実相を見よ」『新聞協会報』1950年5月11日号
「鼎談　米国観」『改造』1950年7月号
「危険な傾向」『新聞協会報』1950年7月3日号
「運命の岐路に立ちて」『朝日評論』1950年8月号
「清水幾太郎氏にきく　“始めか終りか”」「アサヒ芸能新聞」1950年9月3日号
「忘れられぬ言葉」『女性改造』1950年10月号
「わたしの執筆史」『日本評論』1951年1月号

「大東亜戦の思想的課題」「読売新聞」1942年1月2日
「学制改革と大学院の充実」「読売報知」1943年1月18日
「撃ちてし止まむ」『日本短歌』1943年3月号
「敵としてのアメリカニズム」『中央公論』1943年4月号
「山本精神に生きる学生の道」「読売報知」1943年6月9日
「枢軸文化への道」「読売報知」1943年7月13日
「百年を一瞬に」「読売報知」1943年7月19日
「学鷲の使命」「読売報知」1943年7月30日
「文科系統の質的向上を」「読売報知」1943年12月24日
「決戦下の言論指導」「読売報知」1944年8月11日
「国民総武装と政府への期待」「読売報知」1944年8月12日
「感傷を超克せよ」「読売報知」1944年8月20日
「上級学校を閉鎖せよ　文相の英断を望む」『青年読売』2巻9号、1944年9月
「技術戦力化の条件」「読売報知」1944年9月6日
「本土決戦は既に始つてゐる」「読売報知」1945年8月9日
「社説　知識人に訴ふ」「読売報知」1945年9月2日
「『総懺悔』を越えて進め」「読売報知」1945年9月29日
「無能教授を追放せよ」「読売報知」1945年11月5日
「学生の勇気と責任」「読売報知」1945年11月20日
「学園の民主化」『時事通信』1945年12月17日号
「国民性の改造」『新人』1946年2月号（『世界の感覚』所収）
「論壇時評（2）新しい見識・手腕」「東京新聞」1946年4月17日
「青眼白眼　文化」『朝日評論』1946年5月号
「体験と内省」『朝日評論』1946年6月号
「再建第二年への構想　上　主眼は学術の普及」「東京新聞」1946年8月19日
「再建第二年への構想　中　学問的態度とは」「東京新聞」1946年8月20日
「再建第二年への構想　下　新たなる循環体系」「東京新聞」1946年8月21日
「明るい市民の中で――進歩的中立の立場」「帝国大学新聞」

「大学の現実暴露　大学の自治と国家の統制②」「東京朝日新聞」1938年8月25日
「有害無益な派閥　大学の自治と国家の統制③」「東京朝日新聞」1938年8月26日
「学の自由と奉仕　大学の自治と国家の統制④」「東京朝日新聞」1938年8月27日
「論理の誠実さ」『日本評論』1938年11月号
「全体主義と個性」「法政大学新聞」1938年11月10日号
「学生生活調査に寄せて」「帝国大学新聞」1938年11月21日号
「論壇一九三八年」『日本評論』1938年12月号
「疲れたる論壇」「福岡日日新聞」1938年12月4日
「新しき全体主義」「福岡日日新聞」1938年12月6日
「新しき全体主義」「福岡日日新聞」1938年12月7日
「東亜の理想と現実」「福岡日日新聞」1938年12月8日
「東亜の理想と現実」「福岡日日新聞」1938年12月9日
「日記抄」『文藝』1939年2月号
「帝大経済学部論（1）『学派』を持たず『派閥』を作る」「東京朝日新聞」1939年2月4日
「帝大経済学部論（2）一つの思想に二つの評価」「東京朝日新聞」1939年2月5日
「帝大経済学部論（3）『消極的不適格』教授を去れ」「東京朝日新聞」1939年2月6日
「大学と社会」『文藝春秋』1939年3月号
「生活調査の示すもの」「帝国大学新聞」1939年4月10日号
「アカデミズムとジャーナリズムとの間」「早稲田大学新聞」1939年4月26日号
「槍騎兵　複雑怪奇か」「東京朝日新聞」1939年10月15日
「“学生論”の動機喪失」「中央大学新聞」1940年4月15日号
「英仏敗退と知識人の反省」『改造』1940年8月号
「新体制と文化人」『日本評論』1940年9月臨時号
「学科と哲学」『文藝春秋』1941年7月号
「明治神宮国民体育大会」「読売新聞」1941年10月31日
「知識人の立場」『新女苑』1942年1月号

「社会と有機体」「京都日出新聞」1933年5月22日
「非日本主義的な日本研究」「帝国大学新聞」1933年9月18日号
「日本社会学の成立に就いて」上・下『思想』1933年11月、12月号
「ファシズム教程」『文藝春秋』1934年1月号
「現代に於ける人間の危機」『思想』1934年3月号
「社会学の悲劇」『中央公論』1934年3月号
「日本の子供について　ノエル・ヌエット」『児童』1巻1号、1934年6月
「民族精神とは何か」「法政大学新聞」1934年7月4日号
「創刊の辞に代へて」『社会学評論』1934年9月号
「日本的なものゝ昂奮」「帝国大学新聞」1935年1月1日号
「日本社会学の特質に就いて」『歴史科学』第四巻三号、1935年3月
「アメリカ的研究法の必要」「帝国大学新聞」1935年4月22日号
「入学試験の形骸化　欺瞞と偽装」「帝国大学新聞」1936年3月2日号
「ヒューマニズムと教育」「東京朝日新聞」1936年10月31日
「フランス学派の長老ブーグレの社会学」「日本読書新聞」1937年10月5日号
「大学教育現状論④　私立大学（上）支配する一原則」「中外商業新報」1937年11月18日
「大学教育現状論⑤　私立大学（下）学問の進歩との関係」「中外商業新報」1937年11月19日
「三七年論壇を貫けるもの」『日本評論』1937年12月号
「知識階級と環境」『中央公論』1938年6月号
「知識階級の理論」『日本評論』1938年6月号
「知識階級と日本主義」『日本評論』1938年6月号
「大学教授の理想」「法政大学新聞」1938年6月23日号
「教育社会学の新しき方向」『教育・国語教育』1938年8月号
「学生・学生を語る　座談会」『日本評論』1938年8月号
「其後に来るもの　大学の自治と国家の統制①」「東京朝日新聞」1938年8月24日

号、1980年
『現代史の旅』文藝春秋、1983年
『ジョージ・オーウェル 「一九八四年」への旅』文藝春秋、1984年
「私の震災体験」『日本百年写真館』朝日新聞社、1985年
「“おまけの人生”転じて豊饒な人生」梅田幸雄編著『生涯現役』協和企画、1985年
『「社交学」ノート』文藝春秋、1986年
「『距離の人』」『田中美知太郎全集』第13巻月報、筑摩書房、1987年
「若き読書子に告ぐ」『清水幾太郎集』の内容見本　新評論、1988年3月
『私の文章作法』中公文庫、1995年
「清水幾太郎集 全11巻 予告パンフレット」『新評論』
カー、E・H『歴史とは何か』清水幾太郎訳、岩波書店、1962年
トロツキー『トロツキー選集第8集　スペイン革命と人民戦線』清水幾太郎・沢五郎訳、現代思潮社、1963年
ジンメル、ゲオルク『断想』清水幾太郎訳、岩波書店、1968年
ジンメル、ゲオルク『愛の断想・日々の断想』清水幾太郎訳、岩波書店、1980年

【雑誌・新聞】
「オーギュスト・コントに於ける秩序と進歩」『思想』1931年8月号
「文化社会学とマルクス主義社会学」『理想』1932年5・6月号
「非常時の社会学」『思想』1932年10月号
「パースンズ『経済学と社会学』(Parsons, T., Economics and sociology: Marshall in relation to the thought of his time, *Qaurt. J. Econom*. 46-2, Feb. 1932)」『思想』1932年10月号
「社会学とは何か——社会学と社会主義」『理想』1932年12月号
「社会学としての史的唯物論」『唯物論研究』3号、1933年1月
「社会学と社会科学（座談的に）」『理想』1933年3月臨時号
「史的唯物論と社会学」『唯物論研究』6号、1933年4月

『人間を考える』文藝春秋、1970年
『孤独な少年　愛国心について』ポプラ社、1970年
「コントとスペンサー」清水幾太郎責任編集『世界の名著36　コント　スペンサー』中央公論社、1970年
『本はどう読むか』講談社現代新書、1972年
『倫理学ノート』岩波書店、1972年
清水幾太郎／ケネス・E・ボールディング「未来への挑戦」中日新聞文化部編『討議　日本人とは何か』新人物往来社、1973年
「近代日本の社会科学」有沢広巳ほか編『近代日本を考える』東洋経済新報社、1973年
「思想について」清水幾太郎編『人生というもの』〈人間の世紀〉第7巻、潮出版社、1973年
『日本人の突破口』中央公論社、1975年
『世界の名著　続6　ヴィーコ』清水幾太郎責任編集、中央公論社、1975年
「政治との距離」鶴見俊輔編『語りつぐ戦後史』上、講談社文庫、1975年
『わが人生の断片』上・下、文藝春秋、1975年
『手記　関東大震災』清水幾太郎監修、新評論、1975年
「良心の迷路“昭和研究会”」三国一朗編『昭和史探訪』③、番町書房、1975年
Faktoren des japanischen Modernisierungsprozesses, *Die Gesellschaft Japans : Soziale Gruppen und Soziale Prozeß*, Band 2, Westdeutscher Verlag, 1976
『私の読書と人生』講談社学術文庫、1977年
『昨日の旅』文藝春秋、1977年
「私自身の書く『現代用語』三十年　戦後の事件・『敗戦の涙』から『ミグ25』まで」『現代用語の基礎知識　1978年版』自由国民社、1978年
『オーギュスト・コント』岩波新書、1978年
『戦後を疑う』講談社、1980年
「独協時代の想い出」独協学園百年史編纂室編『独協百年』第四

『思索する人生』要書房、1955年
「『啓蒙篇』の解説」清水幾太郎・三枝博音編『日本哲学思想全書』第四巻、平凡社、1956年
「社会学を学ぶ人のために」上原専禄ほか編『現代学生講座4　学生と教養』河出書房、1956年
「平和の問題」「日本の革命」『現代思想』第11巻、岩波書店、1957年
『組織と人間』平凡社、1957年
「古典」臼井吉見編『現代教養全集14　読書』筑摩書房、1959年
『社会学入門』光文社、1959年
『論文の書き方』岩波新書、1959年
「日本人の自然観」伊藤整・清水幾太郎編『近代日本思想史講座』3巻、筑摩書房、1960年
「樺美智子さん追悼の辞」全京都出版委員会編『樺美智子追悼詩集　足音は絶ゆる時なく』白川書院、1960年
『現代を生きる三つの知恵』青春出版社、1962年
『現代の経験』現代思潮社、1963年
『現代思想事典』清水幾太郎編、講談社、1964年
『精神の離陸』竹内書房、1965年
『思想の歴史（10）ニーチェからサルトルへ』清水幾太郎編、平凡社、1966年
「解説　三木清の人と作品」三木清『人生論ノート』ポプラ社、1967年
「解説　三木清の人と作品」三木清『哲学ノート』ポプラ社、1967年
「庶民」『日本的なるもの』潮新書、1968年
「わがプラグマティズム体験」（上山春平との対談）上山春平責任編集『世界の名著48　パース　ジェームズ　デューイ』附録24、中央公論社、1968年
「教育と人生」清水幾太郎責任編集『講座　日本の将来』6、潮出版社、1969年
「歴史観の条件」「討論　新しい歴史像をめぐって」清水幾太郎責任編集『講座　日本の将来』8、潮出版社、1969年

『三つの生命』鱒書房、1948年
『ジャーナリズム』岩波書店、1949年
『私の読書と人生』要書房、1949年
『教育論』乾元社、1950年
『政治とは何か』みすず書房、1950年
「独協時代の想ひ出」『日本の運命とともに』河出書房、1951年
「巣立ち」『日本の運命とともに』河出書房、1951年
『私の社会観』創元社、1951年
『私の教育観』河出書房、1951年
『若い人々に』要書房、1951年
『社会心理学』岩波書店、1951年
『学生論』河出書房、1951年
『声なき民のこえ』要書房、1951年
『幸福について』和光社、1953年
『基地の子』清水幾太郎ほか編、光文社、1953年
「マス・コミュニケーション」戒能通孝ほか編『日本資本主義講座』第三巻、岩波書店、1953年
『現代文明論』岩波書店、1953年
三木清・清水幾太郎『現代随想全集13　三木清・清水幾太郎集』創元社、1953年
「松本先生」松本達治編『松本潤一郎追憶』松本達治発行、1953年
「書物は道具である」瀬沼茂樹編『若き日の読書』河出新書、1953年
『幸福はどこに』牧書店、1954年
『人生案内』岩波書店、1954年
『現代社会批判』大日本雄弁会講談社、1954年
「文体について」『文章講座2　文章構成』河出書房、1954年
「現代論文の文章」伊藤整編『文章読本』河出新書、1954年
「解説」笠信太郎『ものの見方について』河出文庫、1954年
『日本が私をつくる——ドレイ根性からの解放』光文社、1955年
『女性のための人生論』上・下、河出書房、1955年
「霧に包まれて」大河内一男編『学生生活』要書房、1955年

参考文献

清水幾太郎の著作

【書籍】

『清水幾太郎著作集』全19巻、講談社、1992〜93年

「子供と戦争」尾高豊作編『子供の問題全集6　子供の問題とその取扱』刀江書院、1935年
「自己本位の立場」『日本文化形態論』サイレン社、1936年
『青年の世界』同文館出版部、1937年
『現代の精神』三笠書房、1939年
『常識の名に於いて』古今書院、1940年
『心の法則』古今書院、1940年
『組織の条件』東洋経済新報社、1940年
『新しき人間』河出書房、1941年
『評論集　美しき行為』実業之日本社、1941年
「サラリマン」中山伊知郎ほか編『社会科学新辞典』河出書房、1941年
「現代アメリカの倫理思想」『岩波講座　倫理学』第12冊、岩波書店、1941年
『思想の展開』河出書房、1942年
『生活の叡智』実業之日本社、1942年
「新しい国民文化」三枝博音編『日本文化の構想と現実』〈大東亜基礎問題研究〉第三巻、中央公論社、1943年
『現実の再建』白日書院、1946年
「戦争の経験」『人間の再建』白日書院、1947年
『世界の感覚』羽山書房、1947年
『社会的人間論』五元書庫、1948年
「社会主義の確認」『現代の考察』思索社、1948年

ヤ　行

ラ　行

ワ　行

マ　行

ナ　行

ハ　行

サ　行

タ　行

カ 行

人名索引

ア　行

『メディアと知識人――清水幾太郎の覇権と忘却』二〇一二年、中央公論新社刊
文庫化にあたり改題した。

中公文庫

清水幾太郎《しみずいくたろう》の覇権《はけん》と忘却《ぼうきゃく》
――メディアと知識人《ちしきじん》

2018年2月25日　初版発行

著　者　竹《たけ》 内《うち》　洋《よう》

発行者　大橋善光

発行所　中央公論新社
〒100-8152　東京都千代田区大手町1-7-1
電話　販売 03-5299-1730　編集 03-5299-1890
URL http://www.chuko.co.jp/

ＤＴＰ　市川真樹子
印　刷　三晃印刷
製　本　小泉製本

Published by CHUOKORON-SHINSHA, INC.
Printed in Japan　ISBN978-4-12-206545-1 C1136

中公文庫既刊より

革新幻想の戦後史（上）　竹内　洋
た-74-2
戦後社会を席捲した「左派にあらざればインテリにあらず」という空気を、膨大な文献と聞き取り調査から描き出す。読売・吉野作造賞受賞作を増補した決定版。
206172-9

革新幻想の戦後史（下）　竹内　洋
た-74-3
〈革新幻想〉は何をもたらし、その結果どんなねじれが生じたのか。左派と保守の二項対立では要約できない「あの時代の空気」を様々な切り口から掬い上げる。
206173-6

私の文章作法　清水幾太郎
し-23-2
文字に対するこだわりが大切、新聞の文章の真似はだめ、など、いい文章を書くための心得を、希代の思想家がやさしく解き明かす。〈解説〉狐
202411-3

ある昭和史　自分史の試み　色川大吉
い-41-3
十五年戦争を主軸に、国民体験の重みをふまえつつ昭和という時代を鋭い視角から描き切り、「自分史」のさきがけとなった異色の同時代史。毎日出版文化賞受賞作。
205420-2

ぼくもいくさに征くのだけれど　竹内浩三の詩と死　稲泉　連
い-103-1
映画監督を夢見つつ23歳で戦死した若者が残した詩は、戦後に蘇り、人々の胸を打った。25歳の著者が、戦場で死ぬことの意味を見つめた大宅壮一ノンフィクション賞受賞作。
204886-7

昭和16年夏の敗戦　猪瀬直樹
い-108-1
開戦直前の夏、若手エリートで構成された模擬内閣が出した結論は〈日本必敗〉だった。だが……。知られざる秘話から日本の意思決定のあり様を探る。
205330-4

天皇の影法師　猪瀬直樹
い-108-4
天皇崩御そして代替わり。その時何が起こるのか。天皇という日本独自のシステムを〈元号〉を突破口に徹底取材。著者の処女作、待望の復刊。〈解説〉網野善彦
205631-2

各書目の下段の数字はISBNコードです。978-4-12が省略してあります。

い-108-5
唱歌誕生 ふるさとを創った男
猪瀬直樹
「故郷」「春の小川」「朧月夜」等多くの文部省唱歌を生み出した高野辰之と岡野貞一を軸に、明治時代の「夢」を浮き彫りにした傑作ノンフィクション。
205796-8

い-121-1
自由と秩序 競争社会の二つの顔
猪木武徳
手放しの競争礼讃は20世紀の教訓を忘れていないか。競争原理の激化に警鐘を鳴らし、公共利益の必要性を説く。読売・吉野作造賞受賞作。〈解説〉宇野重規
206170-5

き-34-1
自民党 政権党の38年
北岡伸一
鳩山内閣から宮沢内閣まで、三八年にわたって政権を独占した政党の軌跡を、権力基盤としての派閥構造の変遷を軸に辿る。吉野作造賞受賞。〈解説〉飯尾 潤
205036-5

き-34-2
独立自尊 福沢諭吉の挑戦
北岡伸一
明治維新期の日本をどうしたいと、福沢諭吉は考えたのか。そのビジョンと方法を、「独立自尊」の精神を貫いた生涯を追いつつ明らかにする。〈解説〉猪木武徳
205442-4

さ-4-2
回顧七十年
斎藤隆夫
陸軍を中心とする革新派が台頭する昭和十年代、「粛軍演説」「現状維持」を訴え、除名されても信念を曲げなかった議会政治家の自伝。〈解説〉伊藤 隆
206013-5

し-45-2
昭和の動乱（上）
重光葵
重光葵元外相が巣鴨獄中で書いた、貴重な昭和の外交記録である。上巻は満州事変から宇垣内閣が流産するまでの経緯を世界的視野に立って描く。
203918-6

し-45-3
昭和の動乱（下）
重光葵
重光葵元外相は巣鴨に於いて新たに取材をし、この記録を書いた。下巻は終戦工作からポツダム宣言受諾、降伏文書調印に至るまでを描く。〈解説〉牛村 圭
203919-3

し-45-1
外交回想録
重光葵
駐ソ・駐英大使等として第二次大戦への日本参戦を阻止するべく心血を注ぐが果たせず。日米開戦直前まで約三十年の貴重な日本外交の記録。〈解説〉筒井清忠
205515-5

各書目の下段の数字はISBNコードです。978－4－12が省略してあります。

し-6-57
日本人の内と外〈対談〉
司馬遼太郎
山崎正和

欧米はもちろん、アジアの他の国々とも異なる日本文化の独自性を歴史のなかに探り、「日本人」が国際社会で真に果たすべき役割について語り合う。

203806-6

た-5-1
高橋是清自伝（上）
高橋是清
上塚司 編

日本財政の守護神と讃えられた是清が、数奇を極めた足跡を語る。生い立ち、ペルー銀山失敗、落魄と波瀾の前半生がのちの是清の経済哲学を形成する。

200347-7

た-5-2
高橋是清自伝（下）
高橋是清
上塚司 編

明治二十五年日銀に奉職し頭角を顕わした是清は、日露戦争に特派財務委員として渡欧し、外債成立を成し遂げ財政家として歩み始める。〈解説〉小島直記

200361-3

た-84-1
物語「京都学派」 知識人たちの友情と葛藤
竹田篤司

西田幾多郎と田辺元という異質な個性の持ち主を中心に展開した近代知性たちの一大絵巻。豊かな学問的達成から、師弟の友情や葛藤までを鮮やかに描く。

205673-2

つ-18-1
虹の岬
辻井喬

トップの座を目前に住友を去った一代の歌人川田順と、若き京大教授夫人の灼熱の恋を、端正に香り高く描く。谷崎潤一郎賞受賞作。〈解説〉宮田毬栄

203056-5

つ-18-2
彷徨の季節の中で
辻井喬

複雑な生い立ちへの負い目と、政財界の鬼として一族に君臨する父との軋轢。反逆と挫折を繰り返した青春の日々を描く自伝的デビュー作。〈解説〉丸谷才一

205165-2

つ-18-4
叙情と闘争 辻井喬＋堤清二回顧録
辻井喬

詩人にして、セゾングループ経営者。二つの名前で語られる希有な個人史であり、戦後日本の政財界・芸術界の熱い息吹を伝える貴重な記録。主要人名録つき。

205641-1

ふ-7-5
藝術とは何か
福田恆《つね》存《あり》

非情な現代文明の本質を分析し、それへの抵抗として藝術の存在を意義づけ、可能性における人間の美しさを追求した傑作長篇評論。〈解説〉松原正

205154-6

ふ-7-6
私の英国史
福田恆存
ノルマン人征服前からチャールズ一世処刑まで。史劇さながらに展開する歴代国王の事績を、公正な眼差しで叙述。バートン編「空しき王冠」付。〈解説〉浜崎洋介
206084-5

ま-36-1
群衆 機械のなかの難民
松山巖
二十世紀は「群衆」の時代だった。その本質と変容を色彩豊かに描き、戦後大衆社会論を超克する視座を提示した名著。読売文学賞受賞。〈解説〉猪木武徳
205230-7

ま-17-11
二十世紀を読む
丸谷才一
山崎正和
昭和史と日蓮主義から『ライフ』の女性写真家まで、皇女から匪賊まで、人類史上全く例外的な百年を、大知識人二人が語り合う。〈解説〉鹿島茂
203552-2

ま-17-12
日本史を読む
丸谷才一
山崎正和
37冊の本を起点に、古代から近代までの流れを語り合う。想像力を駆使して大胆な仮説をたてる、談論風発、実に面白い刺戟的な日本史および日本人論。
203771-7

み-44-1
馬場恒吾の面目 危機の時代のリベラリスト
御厨貴
一ジャーナリストから読売新聞社長へ。戦前、評論家として時代を語り、戦後、経営者として書く場を守り抜いた言論人の気概。平成九年度吉野作造賞受賞。
205843-9

や-9-1
柔らかい個人主義の誕生 消費社会の美学
山崎正和
消費文化論ブームを惹き起こした日本の同時代史。新しい個人主義と成熟した「顔の見える大衆社会」を提唱する。吉野作造賞受賞。〈解説〉中谷巌
201409-1

や-9-3
社交する人間 ホモ・ソシアビリス
山崎正和
グローバル化によって衰退する組織原理。国家や企業を離れ、茫漠とした「地球社会」のなかに曝される現代人に、心の居場所はあるのか。〈解説〉三浦雅士
204689-4

や-9-5
装飾とデザイン
山崎正和
秩序と逸脱、簡素と過剰、普遍への志向と個物への固執……。人間の根源的な営み、「造形」を支える対極的な二つの意志を読み解く文明論。〈解説〉三浦篤
206199-6

各書目の下段の数字はISBNコードです。978－4－12が省略してあります。

や-9-6
世界文明史の試み（上）神話と舞踊 山崎正和
いまや地球的な規模で普遍化しつつある現代文明。その始原を先史時代に探り、人類の文明史を一貫した趨勢として捉える、身体論から構想された野心的論考。
206482-9

や-9-7
世界文明史の試み（下）神話と舞踊 山崎正和
「ある」身体と「する」身体、そして「世界洞窟」と「世界開豁」。人類史の始原から現代の知識基盤社会の成立までを見通す独創的な文明論。〈解説〉三浦雅士
206483-6

よ-24-7
日本を決定した百年 附・思出す侭 吉田茂
偉大なるわがままと楽天性に満ちた元首相の個性が描き出した近代史。世界各国に反響をまき起した名篇が文庫にて甦る。単行本初収録の回想記を付す。
203554-6

よ-24-8
回想十年（上） 吉田茂
政界を引退してまもなく池田勇人や佐藤栄作らを相手に語った回想。戦後政治の内幕を述べつつ日本が進むべき「保守本流」を訴える。〈解説〉井上寿一
206046-3

よ-24-9
回想十年（中） 吉田茂
吉田茂が語った「戦後日本の形成」。中巻では、自衛隊創立、農地改革、食糧事情そしてサンフランシスコ講和条約締結の顛末等を振り返る。〈解説〉井上寿一
206057-9

よ-24-10
回想十年（下） 吉田茂
戦後日本はどのように復興していったのか。下巻では、ドッジライン、朝鮮戦争特需、三度の行政整理など、主に内政面から振り返る。〈解説〉井上寿一
206070-8

よ-24-11
大磯随想・世界と日本 吉田茂
政界を引退したワンマン宰相が、日本政治の「貧困」を憂いつつ未来への希望をこめ、その政治思想を余すことなく語りつくしたエッセイ。〈解説〉井上寿一
206119-4

よ-15-9
吉本隆明 江藤淳 全対話 吉本隆明 江藤淳
二大批評家による四半世紀にわたる全対話を収める。『文学と非文学の倫理』に吉本のインタビューを増補し改題した決定版。〈解説対談〉内田樹・高橋源一郎
206367-9

S-24-1
日本の近代1
開国・維新 1853～1871
松本健一
太平の眠りから目覚めさせられた日本は否応なしに開国、そして近代国家への道を踏み出していく。黒船来航に始まる十五年の動乱、勇気と英知の物語。
205661-9

S-24-2
日本の近代2
明治国家の建設 1871～1890
坂本多加雄
近代化に踏み出した明治政府を待ち受けていたのは、一揆、士族反乱、そして自由民権運動といった試練であった。廃藩置県から憲法制定までを描く。
205702-9

S-24-3
日本の近代3
明治国家の完成 1890～1905
御厨貴
明治憲法制定・帝国議会開設と近代国家へのスタートを切った日本は、内に議会と藩閥の抗争、外には日清・日露の両戦争と、多くの試練にさらされる。
205740-1

S-24-4
日本の近代4
「国際化」の中の帝国日本 1905～1924
有馬学
「日露戦後」の時代。偉大な明治が去り、関東大震災がおき、帝国日本は模索しながらどこへむかおうとしたのか。大正デモクラシーの出発点をさぐる。
205776-0

S-24-5
日本の近代5
政党から軍部へ 1924～1941
北岡伸一
政治の腐敗、軍部の擡頭。時代は非常時から戦時へと移っていく。しかし、社会が育んだ自由な精神文化は戦後復興の礎となった。昭和戦前史の決定版。
205807-1

S-24-6
日本の近代6
戦争・占領・講和 1941～1955
五百旗頭真
日本はなぜ対米戦争に踏み切り、敗戦をどう受け入れたのか。国内政治の弱さを内包したまま戦後再生し、冷戦下で経済大国となった日本の政治の有様は。
205844-6

S-24-7
日本の近代7
経済成長の果実 1955～1972
猪木武徳
一九五五年、日本は「経済大国」への軌道を走り出す。日本人は何を得、何を失ったのか。高度経済成長期を現在の視点から遠近感をつけて立体的に再構成する。
205886-6

S-24-8
日本の近代8
大国日本の揺らぎ 1972～
渡邉昭夫
沖縄の本土復帰で「戦後」を終わらせた日本だが、石油危機、狂乱物価、日米貿易摩擦など、内外の試練をうけ続ける。経済大国の地位を築いた日本の行方。
205915-3